de Gruyter Lehrbuch
Stommel · Betriebliche Terminplanung

Heinz Josef Stommel

Betriebliche Terminplanung

Mit 127 Abbildungen

W DE G

Walter de Gruyter · Berlin · New York · 1976

Dr.-Ing. *Heinz Josef Stommel,*
Lehrbeauftragter für Arbeitsingenieurwesen, insbesondere Terminplanung, an der RWTH Aachen,
Leiter der Abteilungen „Systemtechnik" und „Kapazitäts- und Budgetplanung" bei der Firma Klöckner-Humboldt-Deutz AG in Köln

CIP-Kurztitelaufnahme der Deutschen Bibliothek

Stommel, Heinz Josef
Betriebliche Terminplanung
(De-Gruyter-Lehrbuch
ISBN 3-11-006543-6)

Satz: IBM-Composer, Walter de Gruyter & Co., Berlin. – Druck: Walter de Gruyter & Co., Berlin. – Bindearbeiten: Lüderitz & Bauer, Buchgewerbe GmbH, Berlin.

Vorwort

Terminplanungsprobleme sind in ihrer Bedeutung für ein Unternehmen zwar seit langem bekannt, ihre Lösung bereitet jedoch vielfach in der Praxis erhebliche Schwierigkeiten, da in der Regel komplexe Abläufe zu ermitteln, zahlreiche Vorgänge zu koppeln und zu terminieren sind, für die bisher nur unzureichende manuelle Verfahren vorhanden waren. Erst mit der Entwicklung leistungsfähiger Datenverarbeitungsanlagen hat sich in den sechziger Jahren auch auf dem Gebiet der Terminplanung eine rege Forschungs- und Entwicklungsarbeit vollzogen. Für die unterschiedlichsten Terminierungsaufgaben entstanden häufig gleichzeitig an verschiedenen Orten ähnliche Verfahren und Systeme.

Bisher hat sich jedoch kein einheitliches Gebiet der Terminplanung bilden können. In Literatur und Praxis bestehen nebeneinander zwei Gruppen: die Netzplantechniker und die Fertigungsterminplaner. Da jedoch von der Sache her in beiden Fällen eine hohe Ähnlichkeit in den Aufgabenstellungen und ihren Lösungen besteht, wird in diesem Buch eine Gesamtdarstellung des Gebietes „Terminplanung" gebracht. So werden die Methoden zur Ermittlung von Projektstrukturen, die Verfahren der Netzplantechnik und Entscheidungsnetzplantechnik und ihre Anwendungsmöglichkeiten auf praktische Fälle, die Möglichkeiten von Erzeugnisdarstellungen in Form von Stücklisten, die Vorgehensweisen zur Terminplanung von Produktions- und Fertigungsaufträgen und schließlich die Verarbeitung von Termininformationen in einem Unternehmensinformationssystem erläutert. Wegen des Stoffumfangs kann auf spezielle, meist praxisfremde Lösungswege im Detail nicht eingegangen werden. Aus gleichem Grund wird auf umfangreiche mathematische Beweise verzichtet. Bei Bedarf kann Näheres in der angeführten Literatur nachgelesen werden. Dagegen werden eingehend die Probleme der Terminplanung und ihre Bedeutung für das Unternehmen erörtert.

Dieses Buch soll Studierenden einen besseren Einblick in die Aufgaben, Zusammenhänge und Lösungen auf dem Gebiet der Terminplanung geben und den Praktiker anregen, Terminplanungsprobleme in seinem Unternehmen in besserer Weise zu lösen.

Mein besonderer Dank für die großzügige Unterstützung bei der Anfertigung des Buches gilt Herrn Professor Dr.-Ing. Rolf Hackstein und allen Mitarbeitern des Forschungsbereiches „Terminplanung" am Forschungsinstitut für Rationalisierung an der Technischen Hochschule Aachen, von denen mir Herr Dipl.-Ing., Dipl.-Wirtsch.-Ing. H. Arping besonders hilfreich zur Seite stand.

Aachen, im Juli 1975 *Heinz-Josef Stommel*

Inhalt

1. Einleitung

1.1 Begriff „Terminplanung"

Jedes Geschehen benötigt zu seiner Verwirklichung eine bestimmte Zeitspanne, die durch einen Anfangs- und Endzeitpunkt begrenzt ist. Die Ermittlung dieser Zeitpunkte erfolgt durch die Terminplanung, indem Geschehnisse, Abläufe oder Vorgänge in der Planungsphase terminlich so fixiert werden, daß bestimmte Zielsetzungen in der Durchführungsphase erreicht werden. Diese Zielsetzungen lassen sich jedoch meist nur dann verwirklichen, wenn die Terminfindung nicht intuitiv, wie bei der Improvisation, sondern rational erfolgt, denn nur so kann zukünftiges Handeln objektiviert werden. Unter dem Begriff „Terminplanung" versteht man demnach, für Geschehnisse, die sich in der Zukunft ereignen, in der Gegenwart auf rationalem Wege Anfangs- und/oder Endzeitpunkte unter Beachtung vorgegebener Ziele zu ermitteln. Im Industriebetrieb handelt es sich hierbei meist um die Unternehmensziele Termintreue, schnelle Auftragserfüllung, gleichmäßig hohe Kapazitätsauslastung, geringe Kapitalbindung u.a.m., deren Erfüllung die Wirtschaftlichkeit des Unternehmensergebnisses in hohem Maße positiv beeinflussen.

1.2 Geschichtliche Entwicklung

Vor allem in den letzten Jahren hat die Terminplanung nahezu sprunghaft in Wirtschaft und Verwaltung an Bedeutung gewonnen. Hierfür sind im wesentlichen folgende Gründe maßgebend: Mit Beginn der 60er Jahre kamen leistungsfähige EDV-Anlagen zu einem kostengünstigen Preis auf den Markt, mit denen sich zahlreiche Daten speichern und in kurzer Zeit verarbeiten lassen, so daß die benötigten Informationen rechtzeitig zur Verfügung stehen.

Etwa zur gleichen Zeit wurden leistungsfähige Terminplanungsverfahren entwickelt, die auf die Möglichkeiten einer elektronischen Datenverarbeitung ausgerichtet sind, so daß auch komplexe und umfangreiche Planungsabläufe mit wirtschaftlichem Aufwand terminiert werden können.

Im einzelnen zählen hierzu die Verfahren der Netzplantechnik, mit deren Hilfe sich Auftragsabläufe von nahezu beliebiger Größe terminlich planen und überwachen lassen. Die ersten Netzplanverfahren sind unter den Abkürzungen CPM, PERT und MPM bekanntgeworden. 1957 wurden in den USA die „Methode des kritischen Weges" von W. R. Kelley – CPM (Critical Path Method) – und etwa zur gleichen Zeit das PERT-Verfahren (Program Evaluation and Review Technique, zu deutsch etwa „Methode zur Programmberechnung und -überwachung") entwickelt, mit denen der Bau einer Chemiefabrik (CPM) bzw. das Polaris-Raketen-Programm (PERT) geplant wurden. 1958 folgte in Frankreich als drittes Verfahren die Metra-Potential-Methode (MPM).

Aufbauend auf diesen drei Grundverfahren entstanden in den 60er Jahren die Verfahren der Entscheidungsnetzplantechnik und unabhängig hiervon umfangreiche Netzplanprogrammsysteme. Letztere führen auf der Grundlage terminierter Netzpläne vielfach noch Kosten-, Kapazitäts- und Finanzplanungen für den vorliegenden Auftrag durch. Von den zahlreichen Systemen dieser Art seien hier nur wenige beispielhaft aufgeführt: SINETIK [1], GRASP [2], ASTRA-DISK [3], PMS [4], PROJACS [5], PPS [6] und MANDAS [7].

Aufträge, in deren Ablauf Entscheidungen auftreten, die Einfluß auf den weiteren Fortgang der Arbeiten nehmen, können durch die Verfahren der Entscheidungsnetzplantechnik terminlich geplant werden. So wurde z. B. der Ablauf für das Raumfahrtprojekt „Apollo" mit dem sogenannten GERT-Verfahren („Graphical Evaluation and Review Technique") terminiert, das in den USA auf der Grundlage der PERT-Methode entwickelt wurde.

Neben den Verfahren der Netzplantechnik entstanden Anfang der 60er Jahre für die Fertigungsplanung und -steuerung EDV-Programme, mit deren Hilfe die Aufträge in der Teilefertigung, die sogenannten Werkstattaufträge, terminlich und kapazitiv geplant werden konnten. Weithin bekannt wurde von den Verfahren das Programm CLASS [8] der Firma IBM. Zur gleichen Zeit wurden Programme für die Bedarfs-, Bestands-, Bestellrechnung u.a.m. entwickelt, auf deren Ergebnissen die Verfahren der Terminplanung fußen. Diese Programme stellten anfangs nur Teillösungen dar, da sie vielfach unvollständig aufeinander abgestimmt waren. Erst gegen Ende der 60er/Anfang der 70er Jahre wurden die ersten integrierten Systeme für die Material- und Zeitwirtschaft auf der Grundlage von Datenbanken erstellt. Sie sind unter den Bezeichnungen PICS von IBM [9], MIACS von Honeywell Bull [10], ISI von Siemens [11] und PSS von Telefunken [12] bekannt. Als Besonderheit weisen sie einen modularen Aufbau auf, d. h. sie wurden so konzipiert, daß sie ohne große Änderungen an die Bedürfnisse vieler Anwender angepaßt werden können. Die Termin- und Kapazitätsplanung bilden in diesen Systemen meist einen eigenständigen Modul, der vom Anwender durch eigene Programmteile erweitert werden kann.

1.3 Industrieauftrag

Das Objekt der Terminplanung im Industriebetrieb ist der Auftrag. Nach AWF soll unter einem Auftrag eine „Willenserklärung einer befugten Stelle innerhalb eines Betriebes" verstanden werden, „welche die empfangende Stelle zur Ausführung einer Lieferung oder Leistung verpflichtet" [13]. Im Gegensatz zur Bestellung, die vom Kunden von außen in das Unternehmen gelangt, entsteht also ein Auftrag innerhalb eines Unternehmens.

Im Industriebetrieb läßt sich der Begriff „Auftrag" weiter unterteilen. Aus terminlicher Sicht kann zwischen einem

- Kurzauftrag,
- Projektauftrag,
- Entwicklungsauftrag,
- Produktionsauftrag und
- Fertigungsauftrag

unterschieden werden. Die Hauptaufgabe der Terminplanung besteht darin, für diese Aufträge bei ihrer Erteilung einen realistischen Fertigstellungstermin zu ermitteln. Bei dem Kurzauftrag, bei dem es sich z. B. um das Schreiben eines Berichtes auf einer Schreibmaschine handeln könnte, wird dieser Termin in Absprache mit dem Auftragnehmer vom Auftraggeber festgelegt. In diesem einfachen Fall reicht die Erfahrung der Beteiligten aus, um zu einem realistischen Termin zu gelangen.

Bei den vier restlichen Auftragstypen ist der Vorgang der Terminplanung wesentlich umfangreicher und komplexer. Hier muß zunächst die Ablaufstruktur des Auftragsgegenstandes ermittelt werden. Erst dann kann in einem zweiten Schritt der Ablauf terminlich geplant werden. In welcher Weise, mit welchen Mitteln und Verfahren die Terminplanung durchgeführt wird, soll in den nächsten Abschnitten für die verbleibenden Auftragstypen erläutert werden.

2. Terminplanung von Projektaufträgen

In einem Unternehmen werden Projektaufträge weitgehend unabhängig von den Unternehmensbereichen – Konstruktion, Beschaffung, Arbeitsvorbereitung, Teilefertigung und Montage – durchgeführt. Überwiegend sind Fremdfirmen oder innerbetriebliche Abteilungen, wie Organisation, Fabrikplanung, Werksbauten, Anlagenplanung, Instandhaltung u.a.m. mit der Auftragsausführung beschäftigt, die nicht direkt einen Beitrag zum Unternehmenshauptzweck erbringen.

Eine allgemeingültige Definition für den Begriff „Projekt" bzw. „Projektauftrag" besteht bis heute nicht. In der Regel wird ein Projekt durch folgende Kriterien gekennzeichnet [14, S. 10 und 15, S. 2]:

- großer Auftragsumfang,
- hohe Komplexität der Ablaufstruktur,
- zeitlich definierter Anfang- und Endzeitpunkt,
- einmaliger Auftrag,
- hohe wirtschaftliche Bedeutung für das Unternehmen.

Als Beispiele für einen Projektauftrag wären anzuführen: Bilanzerstellung für einen Konzern, Generalüberholung eines Siemens-Martin-Ofens, Umzugsplanung einer Fertigung, Neubau einer Fabrikhalle u.a.m.

2.1 Strukturanalyse von Projektaufträgen

Die Strukturanalyse dient zur Ermittlung aller Vorgänge, die bei der Durchführung eines Auftrags anfallen. Hierzu wird der vorliegende Auftrag so lange in Unteraufträge aufgeteilt, bis sinnvoll terminierbare Einheiten, sogenannte Vorgänge, vorliegen. Bei einer unsystematischen Vorgehensweise können diese Vorgänge vom Planer in Form einer Stoffsammlung aufgeschrieben werden. Diese Methode erfordert jedoch viel Erfahrung. Es besteht die Gefahr, daß Vorgänge vergessen werden.

2.1.1 Projektstrukturplan

Bei der systematischen Vorgehensweise, die vor allem bei größeren Projektaufträgen unbedingt anzuwenden ist, beginnt die Strukturanalyse mit der Erstellung eines sogenannten Projektstrukturplans. Er gibt Auskunft über den Aufbau und die Abhängigkeiten der Elemente eines Projektes. Der Plan kann objektorientiert oder funktionsorientiert erstellt werden [16, S. 9f.].

2.1.1.1 Objektorientierte Projektgliederung

Bei einem objekt- oder auch erzeugnisorientierten Aufbau eines Projektstrukturplans wird das Erzeugnis in Hauptbaugruppen, Baugruppen, Unterbaugruppen bis hin zu den Einzelteilen bzw. allgemein das Objekt in Teilaufgaben oder Teilobjekte zerlegt. Entsprechend dieser Aufteilung entsteht ein hierarchisches System mit verschiedenen Ebenen bzw. Ordnungsgruppen. Die Einheiten der letzten Ebene – z. B. Einzelteile oder Einzelaufgaben –, die nicht weiter aufgeteilt werden, erhalten die Bezeichnung „Arbeitspaket". Ein objektorientierter Projektstrukturplan für einen Generator hätte z. B. folgendes Aussehen (Abb. 1):

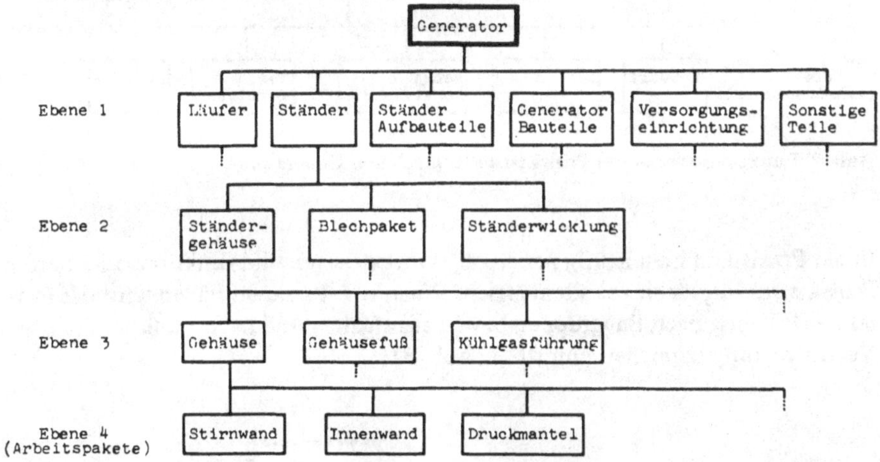

Abb. 1. Objektbezogener Projektstrukturplan eines Generators

Im allgemeinen beginnt die Erstellung eines Projektstrukturplans beim Erzeignis (Objekt), das vertikal in sinnvolle Gruppen weiter aufgegliedert wird (analytische Vorgehensweise). Die Abgrenzung der Gruppen gegeneinander wird meist vom Erzeugnis (Objekt) selbst vorgegeben. Die Anzahl der Gruppen in einer Ebene kann von Erzeugnis zu Erzeugnis unterschiedlich sein.

2.1.1.2 Funktionsorientierte Projektgliederung

Eine funktionsorientierte Gliederung richtet sich nach den Funktionen, die anfallen, um ein Projekt zu realisieren. Vielfach stellt der funktionsorientierte Projektstrukturplan ein mehr oder weniger umfassendes Bild der Aufbauorganisation eines Betriebes dar. Alle Abteilungen werden aufgeführt, die bei der Realisierung eines Projektes berührt werden. Es ergibt sich wie beim objektorientierten Strukturplan ein hierarchischer Aufbau von Ebenen, ein sog. Stammbaum. In einer übergeordneten Ebene sind Funktionen dargestellt, die sich in der untergeordneten Ebene weiter aufgliedern. Wie weit diese Aufgliederung durchgeführt wird, hängt wesentlich vom Projekt und der Aufbauorganisation des jeweiligen Betriebes ab. Für den bekannten Generator würde sich der in Abb. 2 dargestellte Strukturplan ergeben.

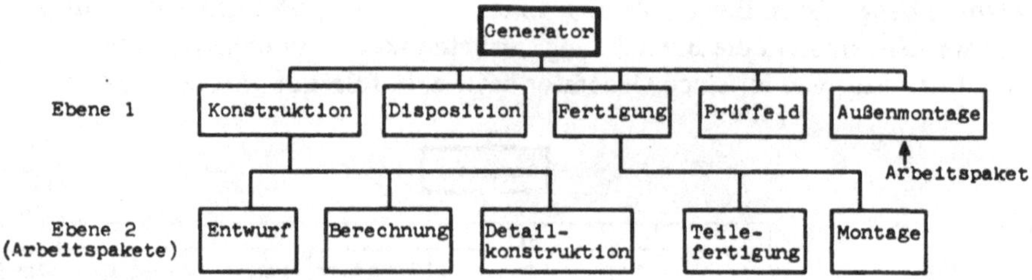

Abb. 2. Funktionsorientierter Projektstrukturplan eines Generators

In der Praxis kommen häufig neben objektorientierten und funktionsorientierten Projektstrukturplänen vor allem Mischformen vor. In diesen Fällen wird das Projekt gleichzeitig nach Baugruppen bzw. Teilaufgaben und nach Funktionen bzw. Verantwortungsbereichen unterteilt (Abb. 3).

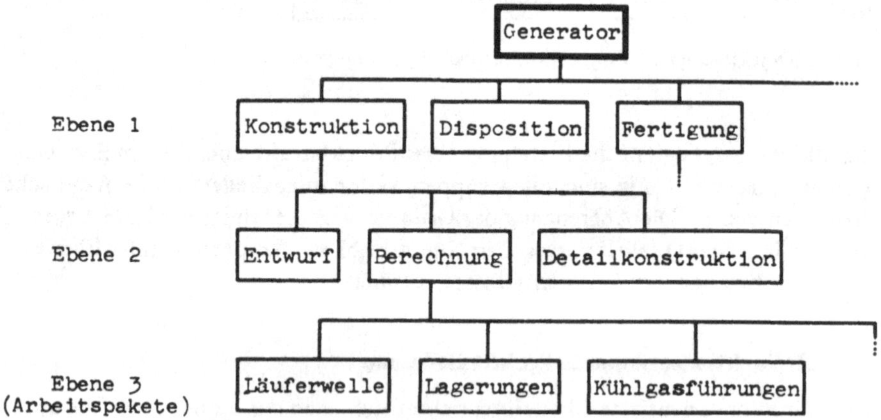

Abb. 3. Projektstrukturplan eines Generators als Mischform

2.1.2 Ermittlung der Ablaufstruktur

Auf der Grundlage des Projektstrukturplans wird die Ablaufstruktur des Projektes in zwei Schritten gewonnen: Zunächst werden für alle Arbeitspakete die anfallenden Vorgänge ermittelt, aufgelistet und nach den einzelnen Arbeitspaketen sortiert. Unter einem Vorgang versteht DIN 69900 [17] ein „zeitforderndes Geschehen mit definiertem Anfang und Ende". Damit wird ausgedrückt, daß zu jedem Vorgang eine Zeitdauer gehört und daß Vorgänge nicht notwendig mit einer Verrichtung verbunden sein müssen. Ein Vorgang kann also auch z. B. das Abkühlen einer Gußform darstellen.

Im nachfolgenden Beispiel wurde für ein Projekt „Neubau einer Fabrikhalle" zunächst ein Projektstrukturplan erstellt. Für jedes Arbeitspaket dieses Planes sind ferner in einer sogenannten Vorgangssammelliste alle Vorgänge aufgeführt, die anfallen, wenn ein Arbeitspaket, wie z. B. Vorbereitungsarbeiten, durchgeführt wird.

Im zweiten Schritt wird die Ablaufstruktur des Projektes festgelegt, indem für jeden Vorgang entweder seine unmittelbaren Nachfolger oder seine unmittelbaren Vorgänger angegeben werden. In der Abb. 5 ist die Ablaufstruktur für das Projekt „Neubau einer Fabrikhalle" in Form einer Tabelle dargestellt. Um den Umfang der Darstellung in Grenzen zu halten, wurden nur wenige wichtige Vorgänge aus den Vorgangssammellisten der Abb. 4 so ausgewählt, daß eine zusammenhängende Ablaufstruktur für den gesamten Projektablauf trotz der Verdichtung erhalten bleibt.

Die Angabe des unmittelbar vorgeordneten und unmittelbar nachgeordneten Vorgangs führt zu einer Überbestimmung der Ablaufstruktur. Die Stellung eines Vorgangs im Projektablauf ist eindeutig durch die Kenntnis über seine unmittelbaren Vorgänger oder Nachfolger fixiert. Einige EDV-Programme zur Netzplanberechnung verlangen dennoch beide Angaben, um eine Kontrollmöglichkeit für die Eingabedaten zu besitzen. In der letzten Spalte der Abb. 5 sind Vorgangszeiten eingetragen, die bis zur Erledigung der entsprechenden Vorgänge anfallen. Auf ihre Ermittlung soll im nächsten Abschnitt näher eingegangen werden.

2.2 Zeitanalyse von Projekten

Aufbauend auf den Ergebnissen der Strukturanalyse werden in der Zeitanalyse für die Vorgänge eines Projektes Zeitwerte ermittelt, auf deren Grundlage die Termine dieser Vorgänge mit Hilfe eines Terminierungsverfahrens berechnet werden. Von der Genauigkeit dieser Zeitwerte hängt entscheidend die Güte der Terminplanung ab. Daher soll zunächst näher auf mögliche Vorgehensweisen der Zeitermittlung und anschließend auf die Verfahren der Terminplanung eingegangen werden.

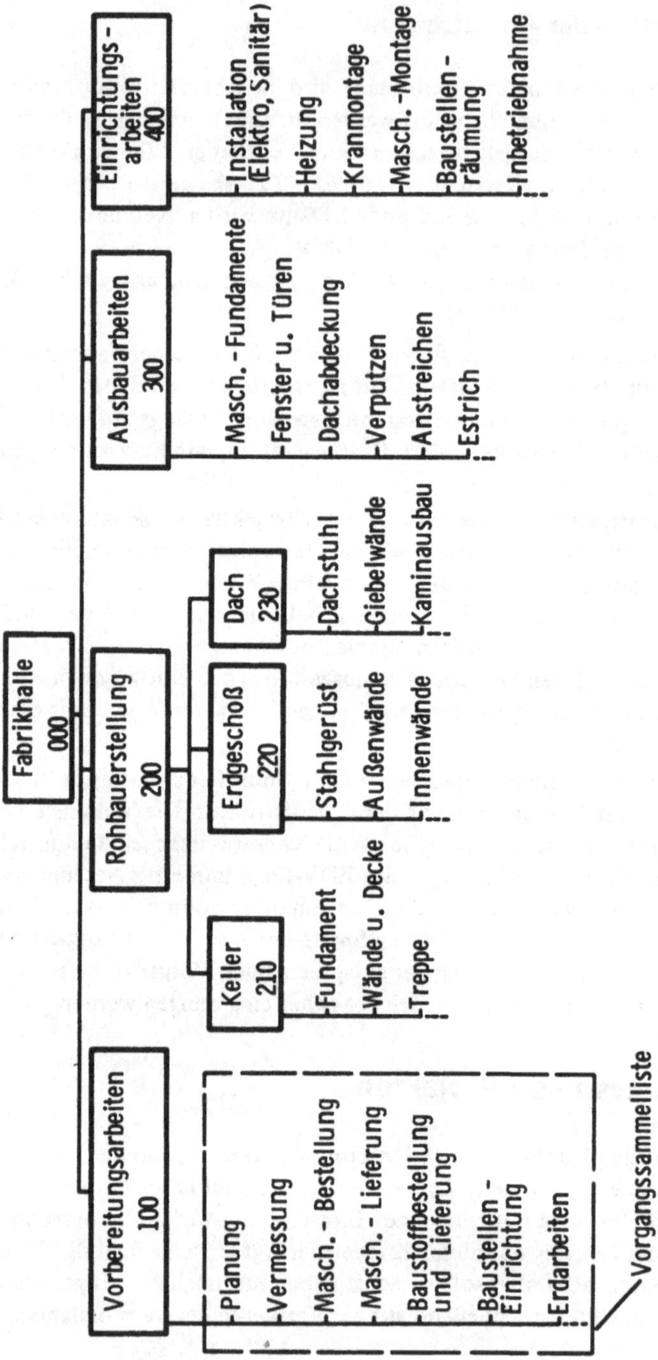

Abb. 4. Projektstrukturplan mit Vorgangssammellisten für den Auftrag „Neubau einer Fabrikhalle".

Nr.	Vorgangsbezeichnung	unmittelbar vorgeordnete Vorgänge	unmittelbar nachgeordnete Vorgänge	Vorgangszeiten [Wo]
1	Planung	-	2, 3, 4	8
2	Maschinen bestellen	1	5	5
3	Baustoffe liefern	1	6, 7	6
4	Baustelle einrichten	1	6, 7	8
5	Lieferz. d. Maschinen	2	10	15
6	Wände/Decke erstellen	3, 4	8, 9	13
7	Maschinenfundam. legen	3, 4	10	2
8	Verputzen u. Anstreichen	6	10	5
9	Installat., Fenster, Türen	6	10	6
10	Montage, Inbetriebnahme	5, 7, 8, 9	-	8

Abb. 5. Ablaufstruktur des Projektes „Neubau einer Fabrikhalle"

2.2.1 Ermittlung der Zeitwerte

Bei den Zeitwerten, die für die Terminplanung von Vorgängen benötigt werden, handelt es sich immer um Soll-Zeitwerte, die aus Ist-Zeitwerten der Vergangenheit abgeleitet wurden. Die Zeitwerte der Vorgänge werden daher unter Unsicherheit ermittelt, da ihre Höhe von zahlreichen Einflußgrößen, z. B. Arbeitspersonen, Arbeitsmitteln, Arbeitsmethoden und Arbeitsbedingungen, abhängt, die in der Planungsphase zum Teil unbekannt sind und häufig nicht oder nur unter erheblichem Aufwand quantifiziert werden können. Grundsätzlich stehen zwei Vorgehensweisen bei der Zeitermittlung zur Auswahl [18, S. 29 und S. 13ff.]:

(1) die *direkte* Zeitermittlung, bei der die benötigten Zeitwerte durch Messen oder Beobachten gewonnen werden und
(2) die *indirekte* Zeitermittlung, bei der schon bekannte Zeiten, sogenannte Planzeitwerte, auf gleiche oder ähnliche Vorgänge übertragen werden.

Für die Ermittlung der Vorgangszeitwerte bei der Terminplanung eignet sich jedoch allein die indirekte Zeitermittlung, da mit ihr schon im Planungsstadium die benötigten Sollzeitwerte ermittelt werden können. Bei der direkten Zeitermittlung fallen die Werte erst nach der Durchführung der Arbeiten als Istzeitwerte an. Sie wird nur dann angewendet, wenn die Arbeiten mehrmals unter gleichen Bedingungen wiederholt werden. In diesem Fall kann der Istzeitwert für die Wiederholungen als Sollzeitwert vorgegeben werden.

Bei der indirekten Zeitermittlung stehen folgende Möglichkeiten zur Auswahl:

- Berechnen,
- Systeme vorbestimmter Zeiten,
- Vergleichen,
- Schätzen.

Eine Sollzeit läßt sich immer dann berechnen, wenn der zeitliche Ablauf durch eine mathematische Formel beschrieben werden kann und die einzelnen Variablen der Gleichung bis auf die Zeitgröße bekannt sind. Vielfach werden die formelmäßigen Zusammenhänge in Form eines Diagramms dargestellt, aus denen der Zeitbedarf ohne eine aufwendige Rechnung abgelesen werden kann. An die Stelle des Diagramms tritt ein Nomogramm, wenn mehr als zwei Einflußgrößen zu berücksichtigen sind [19, S. 86].

Die Ermittlung von Sollzeiten mit Hilfe der Systeme vorbestimmter Zeiten beruht im wesentlichen auf der Zerlegung menschlicher Arbeitsverrichtungen in eine Anzahl von Standardbewegungen. Für diese Bewegungen werden entsprechende Zeitwerte aus Tabellen ermittelt. Die Summe der Werte für einen Vorgang ergibt die Sollzeit. Da dieses Verfahren sehr aufwendig und nur bei menschlicher Arbeit einsetzbar ist, wird es zur Ermittlung von Vorgangszeiten für die Terminplanung in der Praxis meist nicht eingesetzt.

Die Methode des Vergleichens läßt sich immer dann zur Zeitermittlung heranziehen, wenn ähnliche Vorgänge aus der Vergangenheit bekannt sind. In diesem Fall werden der zu planende und der schon erledigte Vorgang nebeneinandergestellt, um die Unterschiede und die Übereinstimmungen der Sachen bzw. Sachverhalte festzustellen. Zum Beispiel ließe sich für eine Baugruppe ermitteln, wieviele Teile gegenüber dem Vergleichsobjekt völlig identisch, wieviele ähnlich bzw. wieviele neu sind. Da ferner ein Zeitwert für den Vorgang der Vergangenheit aus Aufschreibungen vorliegt, kann dieser Wert für den zu planenden Vorgang übernommen oder entsprechend der Größe der Unterschiede abgeändert werden, d.h. ein Zeitbetrag würde von dem bekannten Wert subtrahiert oder zu dem Wert addiert, je nachdem ob mehr oder weniger Arbeit zur Erledigung des Vorgangs anfällt.

Die Höhe dieses Zeitbetrags kann dabei meist nur durch Schätzen ermittelt werden. Beim Schätzen wird die Sollzeit für einen Vorgang aus der Erinnerung bzw. Erfahrung bestimmt. Ist-Daten der Vergangenheit stehen bei dieser Methode nicht zur Verfügung. Die Genauigkeit des Schätzens hängt daher entscheidend von der Erfahrung des Schätzenden im Quantifizieren von Zeitabläufen ab. Der Schätzende wird versuchen, die Einflußgrößen auf den Zeitbedarf zu ermitteln und ihre Bedeutung abzuschätzen. Er wird bemüht sein, sich an den Zeitbedarf ähnlicher Abläufe zu erinnern und, wenn möglich, grobe Überschlagsrechnungen anzustellen. Obgleich also beim Schätzen sowohl Elemente der Methode des

Berechnens als auch Vergleichens miteingehen können, wird der Schätzwert dennoch weniger genau ausfallen, da zahlreiche subjektive Einflüsse, die nicht zu quantifizieren sind, den Wert mitbestimmen. In der Praxis ist dennoch die Methode des Schätzens bisher sehr verbreitet, da sie in der Regel schnell und mit wenig Aufwand durchgeführt werden kann. Für eine gründliche Zeitermittlung steht im Planungsstadium häufig keine Zeit zur Verfügung.

Um dennoch zu einem annähernd genauen Zeitwert zu kommen, werden vornehmlich bei Vorgängen aus dem Bereich der Entwicklung und Forschung mehrere Zeitwerte für einen Vorgang von mehreren Personen geschätzt. Aus diesen Werten wird dann mit Hilfe der mathematischen Statistik ein sogenannter Erwartungswert und eine Varianz errechnet. Der Erwartungswert entspricht dann der Vorgangsdauer, und die Varianz gibt an, in welchem Maße die Zeitwerte um den Erwartungswert streuen können. Ausführlich wird auf diese Vorgehensweise im Abschnitt 2.2.3.2.3 eingegangen.

2.2.2 Balkendiagramm

In den letzten Jahren wurde eine Reihe unterschiedlicher Terminplanungsverfahren entwickelt, bei denen in gleicher Weise die Termine durch Addition bzw. Subtraktion der Zeitwerte für die Vorgänge errechnet werden. Sie unterscheiden sich jedoch erheblich in der Darstellung der Ablaufstruktur und in der Möglichkeit der Anpassung des terminlichen Ablaufs an neue Gegebenheiten.

Bei dem Verfahren des Balkendiagramms werden die Termine auf zeichnerischem Wege ermittelt. Das Besondere dieses Verfahrens besteht darin, daß der Zeitbedarf eines Vorgangs als Balken bzw. Strich veranschaulicht wird.

2.2.2.1 Gantt[1]-Tafel

Bei der Gantt-Tafel, benannt nach ihrem Erfinder Gantt, werden zum erstenmal über einer Zeitachse die Zeitwerte der Vorgänge einer Ablaufstruktur als Balken aufgetragen. Die Anordnung der Balken entspricht dabei der logischen Reihenfolge der Vorgänge; d. h. bei der Erstellung beginnt man mit den Vorgängen, die keine unmittelbaren Vorgänger aufweisen, an die diejenigen Vorgänge angeschlossen werden, die ihnen unmittelbar nachfolgen usw. Der Anfang eines Balkens markiert auf der Zeitachse den geplanten Beginn und das Ende des Balkens den geplanten Abschluß der Arbeiten.

Die Vorgehensweise bei der Erstellung eines Balkendiagramms nach Gantt soll an dem bekannten Beispiel „Neubau einer Fabrikhalle" näher erläutert werden. Die einzelnen Vorgänge mit ihren Vorgangszeitwerten und die Ablaufstruktur des Projektes wurden in Abb. 6 aufgeführt.

1 Henry Lawrence Gantt, amerikanischer Betriebswirt 1861–1919.

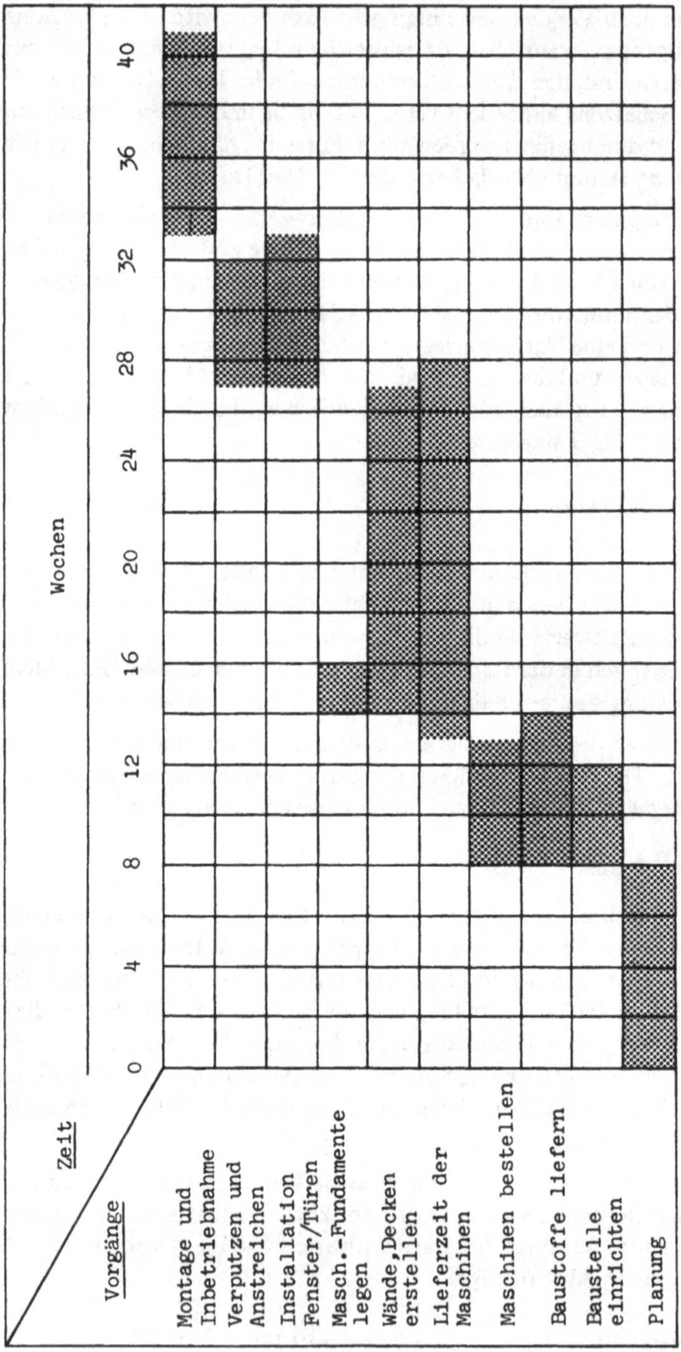

Abb. 6. Gantt-Tafel für das Projekt „Neubau einer Fabrikhalle“

Für diese Vorgänge ist in Abb. 6 eine Gantt-Tafel erstellt worden. An der Ordinate sind die Vorgangsbezeichnungen untereinander in der Reihenfolge ihres zeitlichen Ablaufs aufgetragen. Die Abszisse bildet die Zeitachse, auf der die Anfangs- und Endtermine der Vorgänge abgelesen werden können. Da in diesem Beispiel ein Zeitmaßstab gewählt wurde, der kalenderunabhängig ist, wird diese Darstellungsform häufig auch als Fristenplan bezeichnet.

Dieses Terminplanungsverfahren weist besonders bei umfangreichen Planungsabläufen folgende Nachteile auf:

(1) Die Ablauf- und Zeitplanung wird in einer Darstellung verknüpft. Dies hat zur Folge, daß bei einer Verspätung nur eines Vorgangs das Balkendiagramm überholt ist, so daß alle nachfolgenden Vorgänge sich in der Regel zeitlich und damit auch im Balkendiagramm örtlich verschieben. Während der Projektdurchführung müssen daher Balkendiagramme immer dann neu gezeichnet werden, wenn Terminabweichungen auftreten.

(2) Eine eindeutige Bestimmung der Reihenfolge der Vorgänge in der Gantt-Tafel ist nicht möglich. Folgendes einfache Beispiel in Abb. 7 soll dies verdeutlichen.

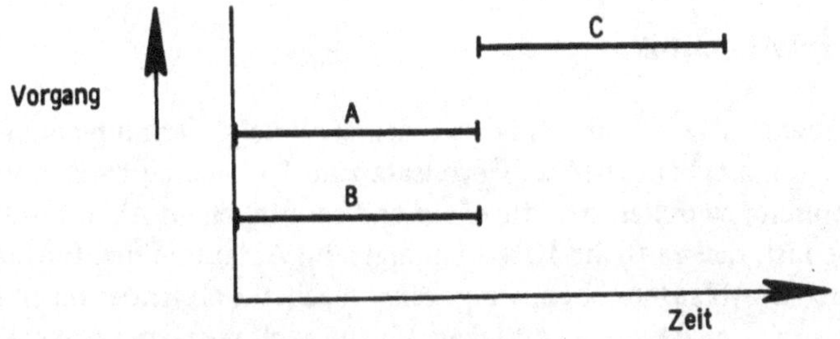

Abb. 7. Gantt-Tafel für die Vorgänge A, B und C

Obgleich durch die Zuordnung der Anfangs- und Endpunkte der Balken die drei Vorgänge zeitlich fixiert sind, ist über ihre Reihenfolge im Ablauf noch keine eindeutige Aussage getroffen. Folgende Möglichkeiten sind vorhanden:

a) Vorgang C kann unabhängig von Vorgang B nach Beendigung von Vorgang A beginnen.
b) Vorgang C kann unabhängig von Vorgang A nach Beendigung von Vorgang B beginnen.
c) Vorgang C kann erst nach Beendigung von Vorgang A und B beginnen.

Trotz dieser Nachteile sind Gantt-Tafeln vornehmlich zur Überwachung von Projektabläufen in der Praxis weit verbreitet, da sie nur geringe Anforderungen an eine Vorbildung stellen, übersichtlich und anschaulich sind. Leistungsfähige Terminplanungssysteme werden daher auch in Zukunft auf die Ausgabe von Gantt-Tafeln nicht verzichten können (vgl. auch Abschnitt 6.2.4.1).

2.2.2.2 Transplantechnik

Bei dem Verfahren der Transplantechnik wird der zeitliche Ablauf eines Projektes in ähnlicher Weise wie bei dem Verfahren nach Gantt dargestellt. Zusätzlich läßt sich bei der Transplantechnik die Reihenfolge der Vorgänge im Ablauf erkennen. In der Regel wird hierzu das Ende eines Balkens (Vorgangs) mit dem Anfang aller Balken (Vorgänge), die unmittelbar folgen, durch eine gestrichelte senkrechte Linien verknüpft (vgl. Abb. 8).

Diese zusätzliche Information über die Reihenfolge der Vorgänge ist mit einem höheren Zeichenaufwand und in der Regel mit einem Verlust an Übersichtlichkeit verbunden. Bei Terminverschiebungen in der Durchführungsphase müssen die Diagramme der Transplantechnik ebenso wie die Gantt-Tafeln neu gezeichnet werden.

2.2.3 Netzplantechnik

Unter dem Begriff „Netzplantechnik“ werden zahlreiche Terminplanungsverfahren zusammengefaßt, bei denen im Gegensatz zum Balkendiagramm eine vollständige Trennung zwischen strukturellem und terminlichem Ablauf in der Weise gegeben ist, daß zeitliche Verschiebungen im Ablauf keinen Einfluß auf den strukturellen Ablauf ausüben. Umgekehrt machen sich Änderungen in der Ablaufstruktur in der Regel im zeitlichen Ablauf auch weiterhin bemerkbar.
Bei den Verfahren der Netzplantechnik liegt weiterhin die Reihenfolge der Vorgänge eindeutig fest. Diese wichtige Eigenschaft hat zur Folge, daß die Terminierung von EDV-Anlagen mittels geeigneter Programme vorgenommen werden kann.

2.2.3.1 Vorgangspfeilnetzplan (VPN)

Die Grundverfahren CPM, PERT und MPM unterscheiden sich vornehmlich in der graphischen Darstellung der Vorgänge im Netzplan. Ein Netzplan ist nach DIN 69 900 dabei eine Darstellung „der Abläufe eines Planungsgegenstandes und ihrer gegenseitigen Abhängigkeiten in graphischer, tabellarischer oder algebraischer Form“ [17].

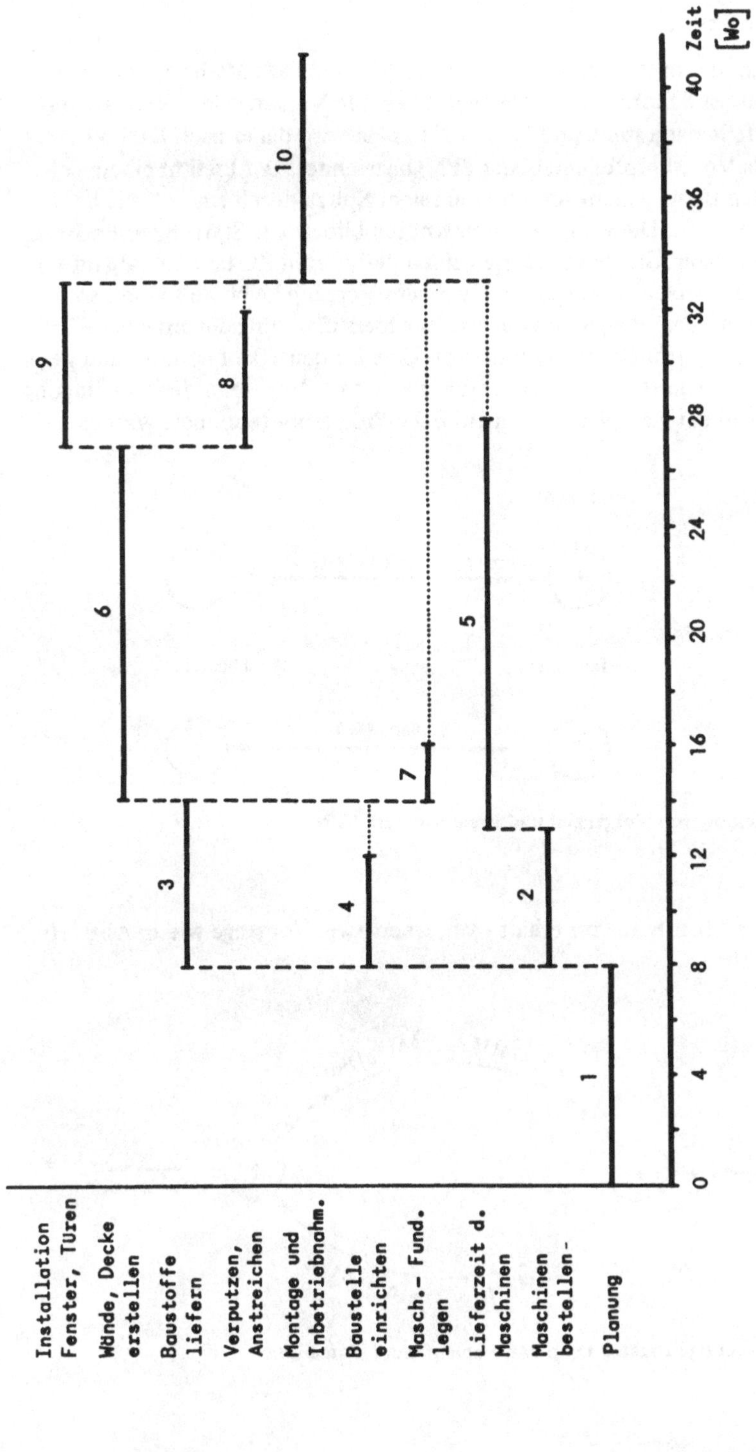

Abb. 8. Transplan für das Projekt „Neubau einer Fabrikhalle"

2.2.3.1.1 Strukturelemente

Ein Netzplan, der nach dem Verfahren CPM (Critical Path Method) berechnet werden kann, ist dadurch gekennzeichent, daß alle Vorgänge im Netzplan graphisch als Pfeile dargestellt sind. Dieser Netzplan wird daher nach DIN 69 900 [17] auch als Vorgangspfeilnetzplan (VPN) bezeichnet. Der Pfeil in einem solchen Netzplan ist an seinem Anfang und seiner Spitze durch einen Kreis begrenzt (vgl. Abb. 9). Diese sogenannten Knoten bilden das Start- bzw. Endereignis für den Vorgang. Sie kennzeichnen einen definierten Zustand im Ablauf eines Projektes und besitzen im Gegensatz zu einem Vorgang keine Zeitdauer, sondern stellen Zeitpunkte im Projektablauf dar. Zur Identifizierung der Ereignisse werden die Knoten fortlaufend numeriert. Eine Eindeutigkeit ist nur dann gegeben, wenn jeder Knoten eine andere Nummer erhält. Nur wenn diese Bedingung erfüllt ist, kann der Netzplan von einem EDV-Programm terminiert werden.

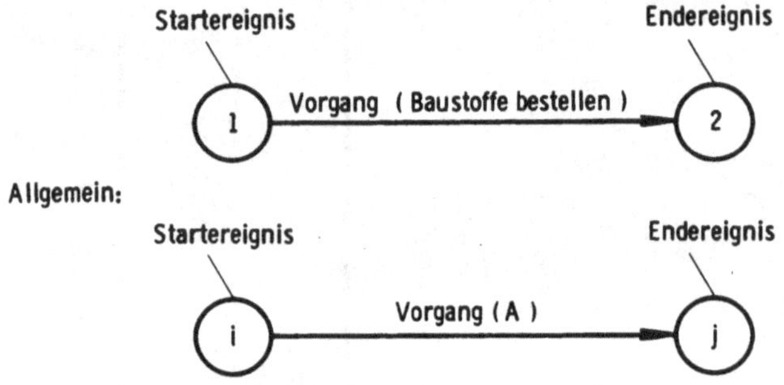

Abb. 9. Darstellung von Vorgängen und Ereignissen im VPN

Eine einfache Ablaufstruktur erhält man, wenn zwei Vorgänge wie in Abb. 10 parallel ablaufen.

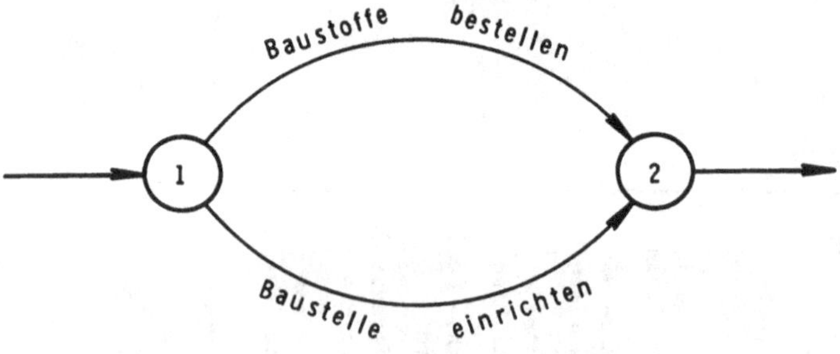

Abb. 10. Mehrdeutige Darstellung parallel ablaufender Vorgänge

Diese Darstellungsform läßt keine eindeutige Zuordnung von Vorgang und Ereignisknoten zu, da in diesem Fall durch die Angabe der Knotennummer der Weg zum Knoten 2 nicht eindeutig festliegt. Vom Knoten mit der Nummer 1 kann der Knoten mit der Nummer 2 sowohl über den Vorgang „Baustoffe bestellen" als auch über den Vorgang „Baustelle einrichten" erreicht werden. Die Eindeutigkeit läßt sich jedoch relativ einfach wieder herstellen, indem ein sogenannter Scheinvorgang eingeführt wird. Dieser Scheinvorgang ist ein Vorgang ohne Zeitverbrauch. DIN 69 900 [17] bezeichnet ihn daher auch als fiktiven Vorgang. Er wirkt sich auf die Termine nicht aus. Dieser Grenzfall eines Vorgangs wird wie die übrigen Vorgänge durch Start- und Endereignisse eingeschlossen und durch einen gestrichelten Pfeil graphisch von den übrigen Vorgängen unterschieden. Im Gegensatz zu den Ereignissen wird durch ihn kein definierbarer Zustand im Projektablauf ausgedrückt.

Da der Scheinvorgang keinen Zeitbedarf aufweist, ergeben sich bei parallel ablaufenden Vorgängen mehrere gleichwertige Möglichkeiten der Anordnung eines Scheinvorgangs im Strukturablauf, wie die Beispiele in Abb. 11 zeigen.

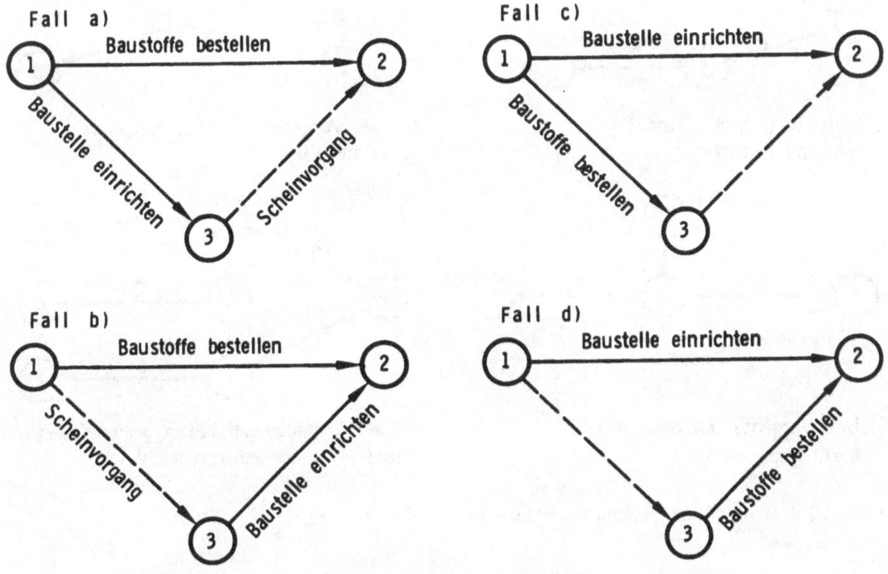

Abb. 11. Eindeutige Darstellung parallel ablaufender Vorgänge

Bei der Erstellung der Ablaufstruktur für ein Projekt als Vorgangspfeilnetzplan gilt folgende wichtige Grundregel:

> Ein Vorgang kann nicht beginnen, bevor sämtliche Vorgänge, die in das vorhergehende Ereignis münden, abgeschlossen sind.

Diese Regel besagt, daß zwei Vorgänge, die sich zeitlich überlappen, prinzipiell im Vorgangspfeilnetzplan nicht dargestellt werden können. In solchen Fällen muß einer der beiden Vorgänge in zwei Teilvorgänge unterteilt werden, was im Grunde nur einer feineren Untergliederung der Ablaufstruktur entspricht.

In Abb. 12 sind einige kleine Vorgangspfeilnetzpläne aufgeführt. Sie sollen zeigen in welch unterschiedlicher Weise einzelne Vorgänge miteinander verknüpft sein können.

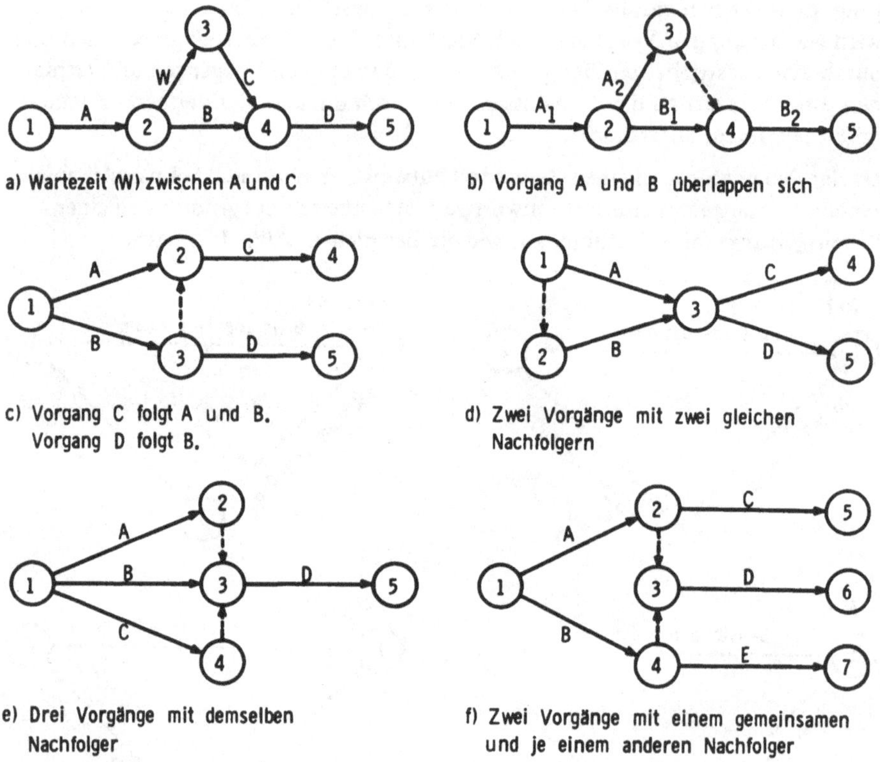

Abb. 12. Verschiedene Verknüpfungsfälle in VPN-Darstellung

Die Verknüpfung dieser Vorgänge muß so erfolgen, daß kein geschlossener Weg im Netzplan entsteht; d. h. beim Durchlaufen eines Weges vom Startknoten bis zum Endknoten darf kein Vorgang zwei oder mehrmals vorkommen. Ein Netzplan mit einem geschlossenen Weg, der auch als Zyklus bezeichnet wird, ergibt einen widersinnigen Strukturablauf, der sich nicht terminieren läßt. Ein solcher Netzplan mit Zyklus liegt in Abb. 13 vor, der von den Vorgängen B, C und dem Scheinvorgang gebildet wird.

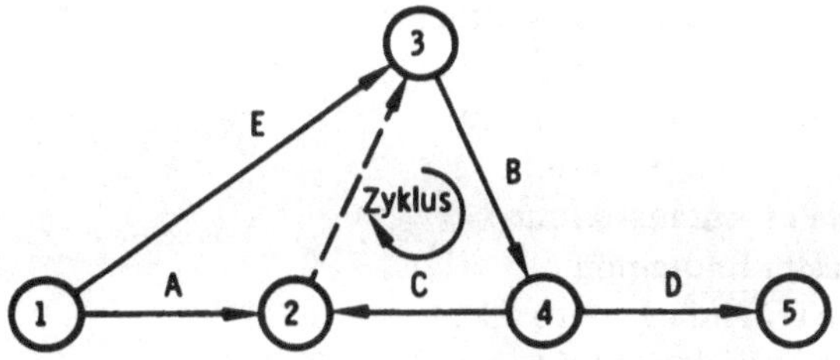

Abb. 13. Netzplan mit Zyklus

Bei der Erstellung eines Vorgangspfeilnetzplanes sollte man zweckmäßig folgende Bearbeitungsreihenfolge einhalten:

(1) Ermittlung und Bezeichnung der anfallenden Vorgänge,
(2) Auflisten und Numerierung der Vorgänge,
(3) Klärung der logischen Reihenfolge der Vorgänge,
(4) Zeichnen des Netzplanes und überprüfen hinsichtlich Zyklen,
(5) Eindeutige Numerierung der Ereignisse.

Ein solcher Netzplan weist weder Zeitwerte für die Vorgänge noch irgendwelche Termine auf. Er gibt lediglich Auskünfte über den strukturellen Projektablauf. Der Bezug zur Zeit fehlt vorerst noch; d. h. hier ist im Gegensatz zum Balkendiagramm die Trennung zwischen zeitlichem und strukturellem Ablauf vollzogen. Erst in einem zweiten Schritt wird die Terminierung eines solchen Netzplans durchgeführt.

2.2.3.1.2 Berechnungsgrundlagen

Die Vorgänge in einem Netzplan sind mit Ausnahme der Scheinvorgänge zeitbeanspruchende Netzplanelemente. Ihnen werden möglichst realistische Zeitwerte zugeordnet. Auf der Grundlage der Ablaufstruktur und dieser Zeitangaben läßt sich ein Vorgangspfeilnetzplan terminieren; d. h. durch Addition oder Subtraktion dieser Zeitwerte von einem Termin werden den Ereignissen im Netzplan entweder kalenderunabhängige Zeitpunkte oder Kalendertermine zugeordnet. Da bei der Netzplanberechnung für die einzelnen Ereignisse früheste und späteste Zeitpunkte bzw. Termine ermittelt werden, unterscheidet DIN 69 900 [17] entsprechend nach:

FZ: frühester Zeitpunkt }
SZ: spätester Zeitpunkt } kalenderunabhängig
FT: frühester Termin }
ST: spätester Termin } kalenderabhängig

Entsprechend ergeben sich für die Vorgänge:

FAZ: frühester Anfangszeitpunkt
FEZ: frühester Endzeitpunkt
FAT: frühester Anfangstermin
FET: frühester Endtermin
SAZ: spätester Anfangszeitpunkt
SEZ: spätester Endzeitpunkt
SAT: spätester Anfangstermin
SET: spätester Endtermin

Die weiteren Ausführungen und Beispiele beziehen sich nur auf kalenderunabhängige Zeitpunkte. Die Aussagen und Gleichungen gelten aber in gleicher Weise auch für Kalendertermine, wenn die Bezeichnungen entsprechend abgeändert werden.

Die Berechnung der *frühesten Zeitpunkte* FZ der Ereignisse erfolgt in einer sogenannten Vorwärtsterminierung:

> Für das erste Ereignis im Netzplan, den Start des Projektes, wird ein frühester Zeitpunkt angenommen. In den vorliegenden Beispielen wird dieser Zeitpunkt in der Regel gleich Null gesetzt. Die frühesten Zeitpunkte der restlichen Ereignisse errechnen sich, indem man die Dauer D der unmittelbar nachfolgenden Vorgänge addiert und den zeitlich höchsten Zeitpunkt einsetzt.

Formelmäßig läßt sich dieser Sachverhalt in folgender Weise darstellen:

$$FZ(1) = 0$$
$$FZ(j) = \max \{FZ(i) + D(i, j)\}$$

Hierbei ist j ein unmittelbar nachfolgendes Ereignis (Nachereignis) des betrachteten Ereignisses i.

Die *spätesten Zeitpunkte* SZ der Ereignisse werden in einer sogenannten Rückwärtsterminierung ermittelt:

> Für das letzte Ereignis im Netzplan (Zielereignis) wird der späteste Zeitpunkt SZ wiederum angenommen. In der Regel wird er gleich dem Liefertermin oder dem frühesten Zeitpunkt FZ dieses Ereignisses gesetzt, der von der Vorwärtsterminierung her bekannt ist. Die restlichen spätesten Zeitpunkte der Ereignisse errechnen sich, indem die Dauer der unmittelbar vorhergehenden Vorgänge von den Zeitpunkten der unmittelbar vorhergehenden Ereignisse subtrahiert werden. Von den errechneten Zeitpunkten wird der kleinste für das Ereignis ausgewählt.

Mathematisch ausgedrückt, ergeben sich folgende Gleichungen:

$$SZ(n) = FZ(n)$$
$$SZ(i) = \min \{SZ(j) - D(i, j)\}$$

Hierbei wird vorausgesetzt, daß SZ (j) bereits terminiert und i eine dem Ereignis j unmittelbar vorhergehendes Ereignis (Vorereignis) ist.

Die Terminierung eines Vorgangsnetzplanes sollte zweckmäßig in folgenden Schritten ablaufen:

(1) Dauer jedes Vorgangs festlegen,
(2) früheste Zeitpunkte FZ der Ereignisse berechnen (Vorwärtsterminierung),
(3) späteste Zeitpunkte SZ der Ereignisse berechnen (Rückwärtsterminierung),
(4) Ermittlung weiterer Werte, z. B. Vorgangstermine, Pufferzeiten (s. Abschnitt 2.2.3.1.3).

Zur Veranschaulichung des Aufgeführten wurde in Abb. 14 das Beispiel „Neubau einer Fabrikhalle“, dessen Struktur vom Balkendiagramm her bekannt ist, als Vorgangspfeilnetzplan dargestellt und berechnet.

2.2.3.1.3 Ermittlung von Pufferzeiten

Ein Vergleich der ermittelten Ereignistermine im Vorgangspfeilnetzplan „Neubau einer Fabrikhalle“ zeigt, daß bei zahlreichen Ereignissen die frühesten und spätesten Ereignistermine gleich groß sind, d. h. die zeitliche Lage dieser Ereignisse kann nicht verändert werden, ohne daß das Zielereignis sich zeitlich verschiebt. Entsprechendes gilt für die Vorgänge im Netzplan. Sie müssen zum frühesten Zeitpunkt der Anfangsereignisse beginnen, damit sie zum spätesten Zeitpunkt des Endereignisses beendet sind, wenn für sie gilt:

$$FZ(i) + D(i, j) = SZ(j)$$

In diesem Fall könnten sie nicht in gewissen Grenzen zeitlich verschoben werden, ohne daß dies einen Einfluß auf die Zeitpunkte nachfolgender Ereignisse, insbesondere auf den Projektendtermin (Zielereignis) hat. Dagegen können alle Vorgänge innerhalb gewisser Grenzen zeitlich verschoben werden, ohne daß dies einen Einfluß auf den Projektendtermin hat, wenn folgende Ungleichung gilt:

$$FZ(i) + D(i, j) < SZ(j)$$

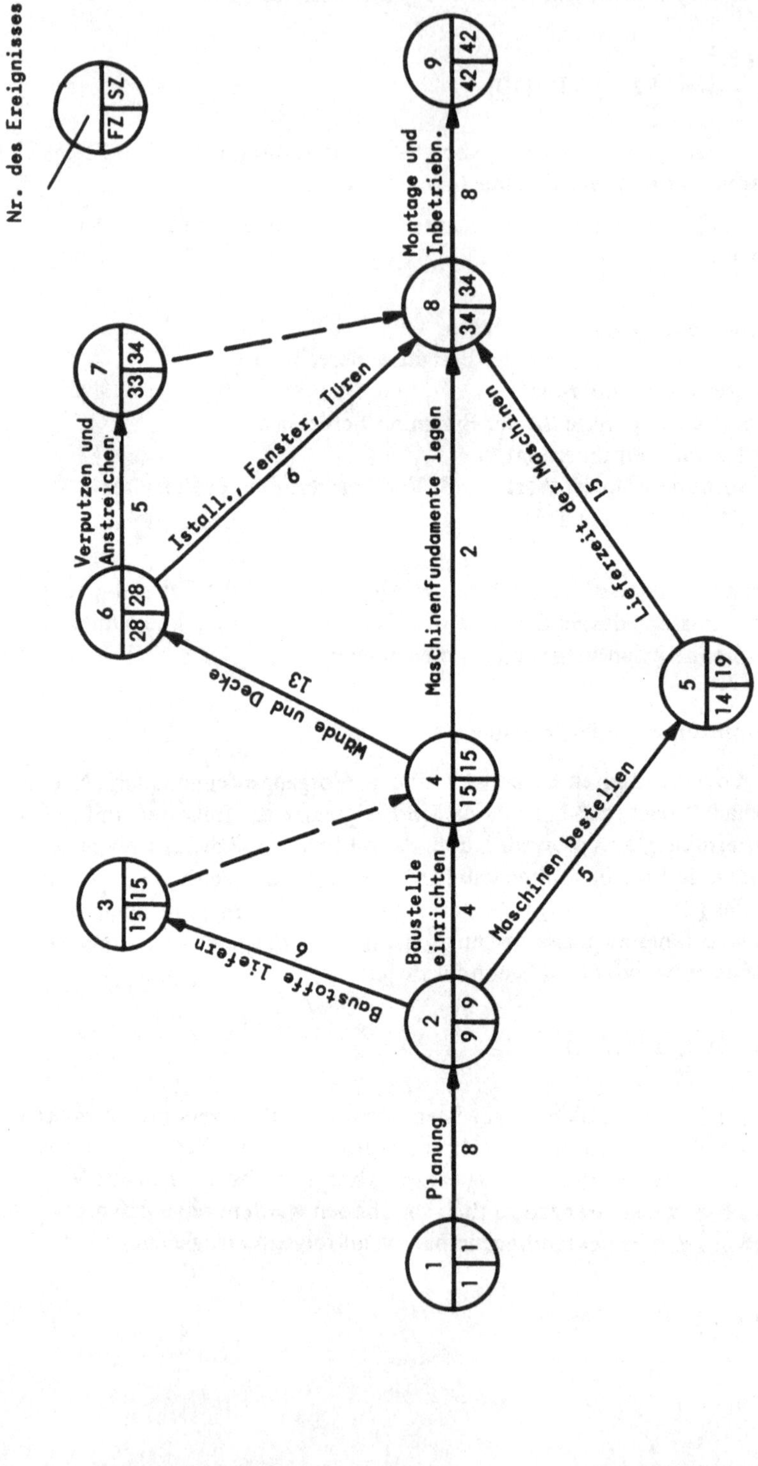

Abb. 14. Vorgangspfeilnetzplan für das Projekt „Neubau einer Fabrikhalle“

Die Zeitspanne, um die sich ein Ereignis bzw. Vorgang verschieben läßt, wird nach DIN 69 900 [17] als Pufferzeit bezeichnet. Im einzelnen unterscheidet man folgende Arten von Pufferzeiten:

(1) Gesamtpufferzeit GP,
(2) freie Pufferzeit FP,
(3) freie Rückwärtspufferzeit FRP,
(4) unabhängige Pufferzeit UP.

Unter der *Gesamtpufferzeit* GP (i, j) des Vorgangs zwischen den Ereignissen i und j versteht man die Zeitspanne zwischen seinem frühesten Anfangszeitpunkt FZ (i) und seinem spätesten Endzeitpunkt SZ (j) abzüglich der Vorgangsdauer D (i, j):

$$GP(i, j) = SZ(j) - FZ(i) - D(i, j)$$

Die *freie Pufferzeit* FP (i, j) des Vorgangs zwischen den Ereignissen i und j ist die Zeitspanne, um die dieser Vorgang gegenüber seinem frühesten Anfangszeitpunkt verschoben werden kann, ohne die frühesten Anfangszeitpunkte nachfolgender Vorgänge zu beeinflussen:

$$FP(i, j) = FZ(j) - FZ(i) - D(i, j)$$

In entsprechender Weise gibt die *freie Rückwärtspufferzeit* FRP (i, j) des Vorgangs zwischen den Ereignissen i und j die Zeitspanne an, um die der Vorgang gegenüber seinem spätesten Endzeitpunkt rückwärts verschoben werden kann, ohne den spätesten Anfangszeitpunkt des unmittelbar vorhergehenden Vorgangs zu beeinflussen:

$$FRP(i, j) = SZ(j) - SZ(i) - D(i, j)$$

Die *unabhängige Pufferzeit* UP (i, j) des Vorgangs zwischen den Ereignissen i und j ist die Zeitspanne, um die der Vorgang verschoben werden kann, ohne daß der späteste Zeitpunkt des Vorereignisses i und der früheste Zeitpunkt des Nachereignisses j beeinflußt werden:

$$UP(i, j) = FZ(j) - SZ(i) - D(i, j)$$

Zur Veranschaulichung dieser Zusammenhänge wurde der zeitliche Ablauf für einen Vorgangspfeilnetzplan in unterschiedlicher Weise so verändert, daß alle vier Arten der Pufferzeit aus dem Balkendiagramm in Abb. 15 zu erkennen sind.

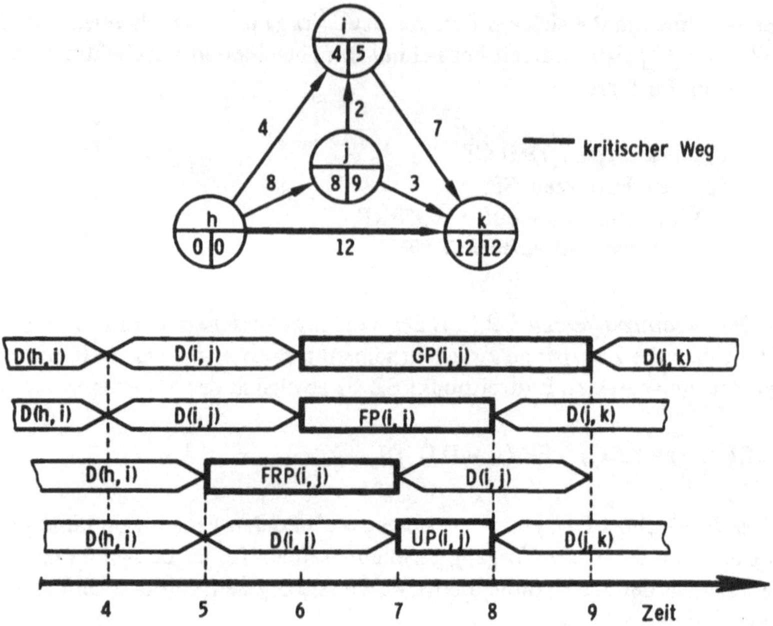

Abb. 15. Darstellung verschiedener Arten von Pufferzeiten

In gleicher Weise wie für Vorgänge kann auch für die Ereignisse eine Gesamtpufferzeit gebildet werden. Sie errechnet sich nach folgender Gleichung zu:

$$GP(i) = SZ(i) - FZ(i)$$

Von besonderer Bedeutung in einem Netzplan sind diejenigen Vorgänge, deren Gesamtpufferzeit gegenüber den restlichen Vorgängen im Netzplan minimal ist.

Diese Vorgänge bzw. Ereignisse werden als „kritische" bezeichnet, da sie terminbestimmend für den Projektendtermin sind. Eine Folge von kritischen Vorgängen bzw. Ereignissen ergibt einen sogenannten kritischen Weg. Beim Vorgangspfeilnetzplan liegen die kritischen Vorgänge immer auf dem zeitlängsten Weg, der vom Startereignis zum Zielereignis führt.

Die Höhe der Gesamtpufferzeit für die kritischen Vorgänge richtet sich nach der Wahl des spätesten Zeitpunktes des Zielereignisses. Grundsätzlich lassen sich drei Fälle unterscheiden:

(1) Die Gesamtpufferzeit GP ist für alle kritischen Vorgänge gleich Null, wenn der späteste Zeitpunkt SZ des Zielereignisses n gleich dem frühesten FZ gesetzt wird:

$$GP = 0, \text{ wenn } FZ(n) = SZ(n)$$

(2) Die Gesamtpufferzeit ist größer als Null, wenn der späteste Zeitpunkt des Zielereignisses größer als der früheste gesetzt wird:

$$GP > 0, \text{ wenn } FZ(n) < SZ(n)$$

(3) Die Gesamtpufferzeit ist negativ, wenn der späteste Zeitpunkt des Zielereignisses kleiner als der früheste gesetzt wird:

$$GP < 0, \text{ wenn } FZ(n) > SZ(n)$$

Im dritten Fall läßt sich der gewählte Projektendtermin schon in der Planungsphase nicht realisieren. Die Höhe des Terminverzugs entspricht der negativen Pufferzeit der kritischen Vorgänge. Die Dauer dieser Vorgänge ist daher um den Betrag der negativen Pufferzeit zu verkürzen. Ein realisierbarer Terminplan ergibt sich aber erst dann, wenn bei einer erneuten Terminberechnung keine weiteren Vorgänge negative Pufferzeit aufweisen.

Mit Hilfe der kritischen Vorgänge auf dem kritischen Weg können bei einem Netzplan in jedem Fall sehr einfach Terminengpässe beim Projektablauf aufgedeckt werden. In der Durchführungsphase ist die termingerechte Durchführung gerade dieser Vorgänge besonders zu überwachen.

Entsprechend dieser Bedeutung wird das Terminplanungsverfahren auf der Grundlage von Vorgangspfeilnetzplänen auch Methode des kritischen Weges mit der englischen Bezeichnung „Critical Path Method" oder kurz „CPM" genannt.

2.2.3.2 Ereignisknotennetzplan (EKN)

Während das Vorgangspfeilnetz den Projektablauf durch Aneinanderreihung von Vorgängen aufbaut und darstellt und den Vorgang zum Träger der Zeitgröße macht, stellt das Ereignisknotennetz den Ablauf als eine Folge von Ereignissen dar. Das Vorgangspfeilnetz ist daher „vorgangsorientiert", das Ereignisknotennetz (EKN) „ereignisorientiert". Dabei bedeutet „ereignisorientiert", daß die Ereignisse und nicht die Vorgänge den Netzplan beschreiben.

2.2.3.2.1 Strukturelemente

Die Ereignisse werden im EKN durch die Knoten symbolisiert. In Abb. 16 sind zwei grundsätzliche Möglichkeiten dargestellt, wie man Ereignisse in einem Ereignisknotennetzplan beschreiben kann.

Im Fall a) bezieht man sich auf das Ende des Vorgangs, im Fall b) auf seinen Beginn. Ein Ereignis kann aber auch der Beginn oder das Ende mehrerer Vorgänge sein.

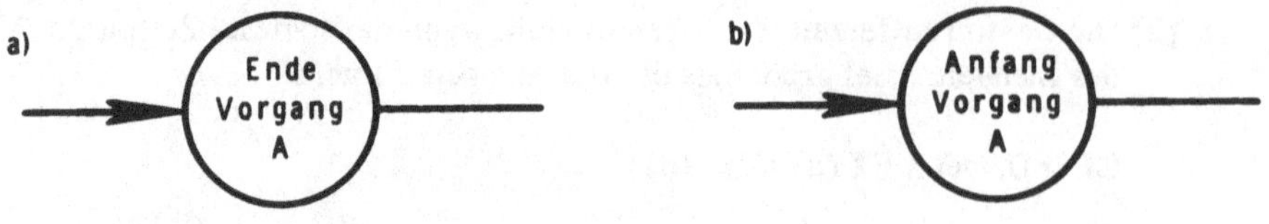

Abb. 16. Möglichkeiten zur Beschreibung von Ereignissen in einem EKN

Die Pfeile, in der Regel als Anordnungsbeziehung bezeichnet, kennzeichnen die Reihenfolgebeziehung zwischen den Ereignissen. Die Beziehungen drücken aus, welche Ereignisse eingetreten sein müssen, damit nachfolgende eintreten können. An folgendem Beispiel soll dies kurz erläutert werden:

Abb. 17. Einfache Netzplanstruktur

Abb. 17, als Vorgangspfeilnetzplan gedeutet, besagt, daß der Vorgang zwischen den Ereignissen 2 und 3 erst beginnen kann, wenn der Vorgang zwischen den Ereignissen 1 und 2 beendet ist. Das Ereignisknotennetz kennt im Gegensatz zum VPN nur Ereignisse. Das Beispiel in Abb. 17 wurde daher folgendermaßen interpretiert: Das Ereignis 3 kann erst erreicht werden, wenn das Ereignis 2 eingetreten ist, und dieses kann wiederum nur erreicht werden, wenn Ereignis 1 eingetreten ist.

Die Zeitwerte an den Pfeilen geben den zeitlichen Abstand zwischen zwei Ereignissen an. Wenn zwei Ereignisknoten – was meist der Fall ist – das Ende je eines Vorgangs darstellen, entspricht der Zeitwert gleich der Dauer des Vorgangs zwischen den beiden Ereignissen. Er kann aber auch die Dauer mehrerer hintereinander liegender Vorgänge bedeuten. Wenn das eine Ereignis das Ende eines Vorgangs und das nächste der Beginn des unmittelbar nachfolgenden Vorgangs ist, hat der Pfeil zwischen beiden Ereignissen die Bedeutung einer Anordnungsbeziehung, deren Zeitwert Null ist.

Der Unterschied zwischen EKN und VPN soll anhand eines einfachen Beispiels verdeutlicht werden. In Abb. 18 ist die Verknüpfung von 4 Vorgängen in einem VPN bzw. EKN dargestellt.

Durch die unterschiedliche Auswahl der Ereignisse ergeben sich verschiedene graphische Strukturen bei derselben logischen Verknüpfung. In der zweiten EKN-

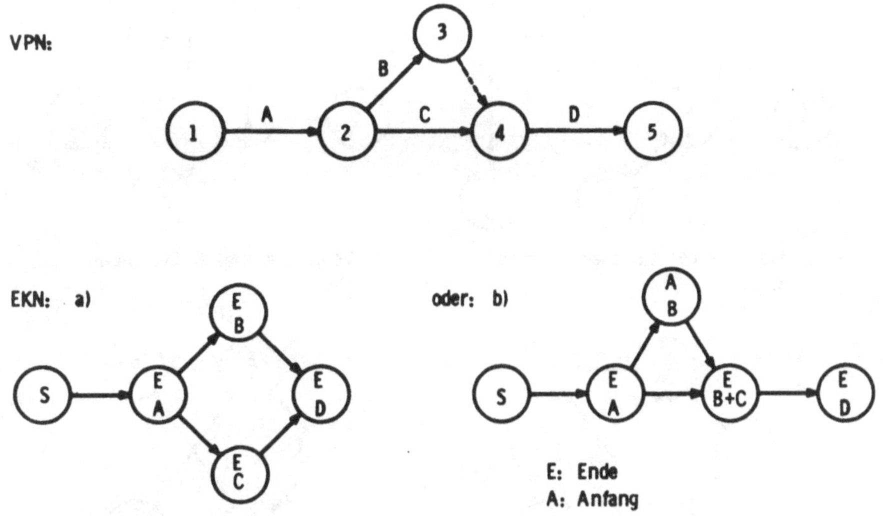

Abb. 18. Unterschiedliche Darstellung von Strukturen im Vorgangspfeil- und Ereignisknotennetzplan für die Vorgänge A, B, C und D

Darstellung ist der Pfeil zwischen den Ereignissen (E/A) und (A/B) eine Anordnungsbeziehung mit der Zeitdauer Null. Sie entspricht einem Scheinvorgang im VPN, wird jedoch nicht gestrichelt, sondern durchgezogen gezeichnet.

In Abb. 19 sind in EKN-Darstellung dieselben Verknüpfungsfälle von Vorgängen bzw. Ereignissen wiedergegeben, wie sie in Abb. 12 für das VPN gezeigt wurden.

2.2.3.2.2 Berechnungsgrundlagen

Die Berechnung der frühesten und spätesten Termine bzw. Zeitpunkte der Ereignisknotennetzplan erfolgt nach denselben Regeln, die im Abschnitt 2.2.3.1.2 für den Vorgangspfeilnetzplan aufgestellt wurden. In gleicher Weise wie beim VPN lassen sich ebenfalls für die Ereignisse im EKN nur Gesamtpufferzeiten errechnen. Sie ergeben sich aus der Differenz zwischen spätestem und frühestem Termin bzw. Zeitpunkt eines Ereignisses.

Zur Veranschaulichung des bisher Gesagten ist in Abb. 20 der bekannte Vorgangspfeilnetzplan „Neubau einer Fabrikhalle“ als Ereignisknotennetzplan umgezeichnet worden. In dieser Darstellung wurde bis auf das Startereignis im Ereignisknoten das Ende des Vorgangs und nicht der Anfang festgehalten. Der Zeitwert an dem Pfeil entspricht immer der Dauer des Vorgangs, der in diesem Fall zwischen den durch den Pfeil verbundenen Ereignissen abläuft.

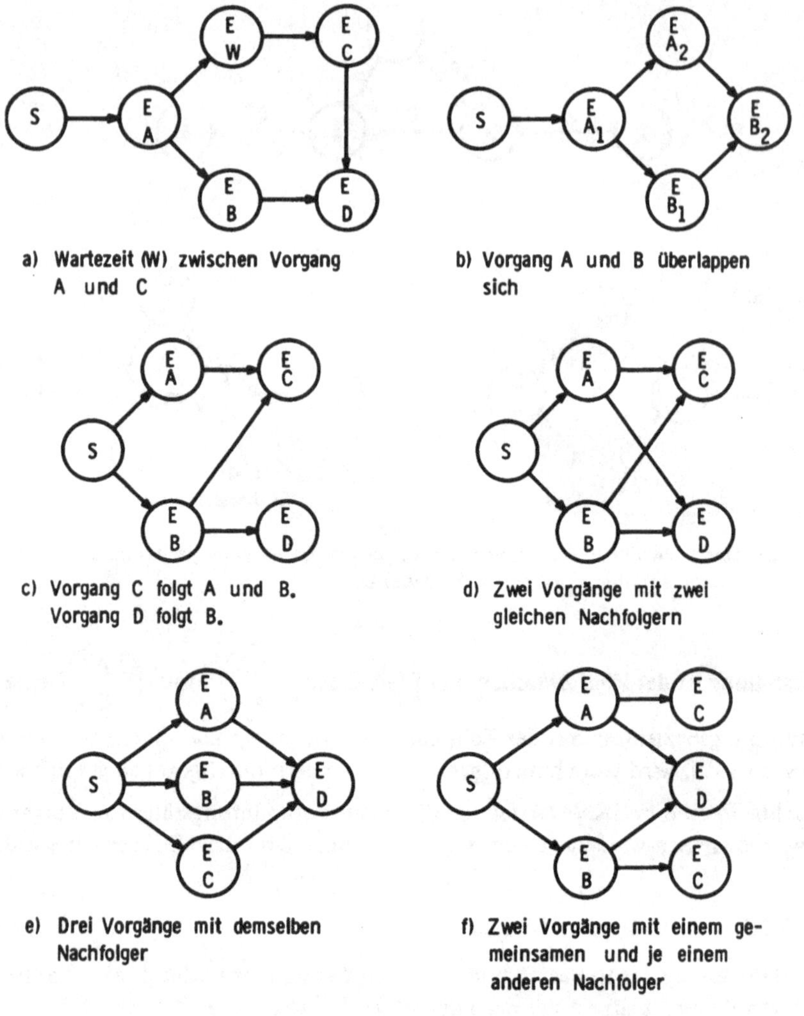

Abb. 19. Verschiedene Verknüpfungsfälle in EKN-Darstellung mit End- (E) und Anfangsereignissen (A)

2.2.3.2.3 Die PERT-Methode

Das erste Verfahren der Netzplantechnik, das mit Ereignisknotennetzplänen arbeitet, ist die PERT-Methode (Program Evaluation and Review Technique). Ursprünglich wurden bei PERT-Netzplänen nur Endereignisse dargestellt. Bei PERT wird grundsätzlich nicht mehr mit deterministischen Zeitwerten gerechnet. Vielmehr

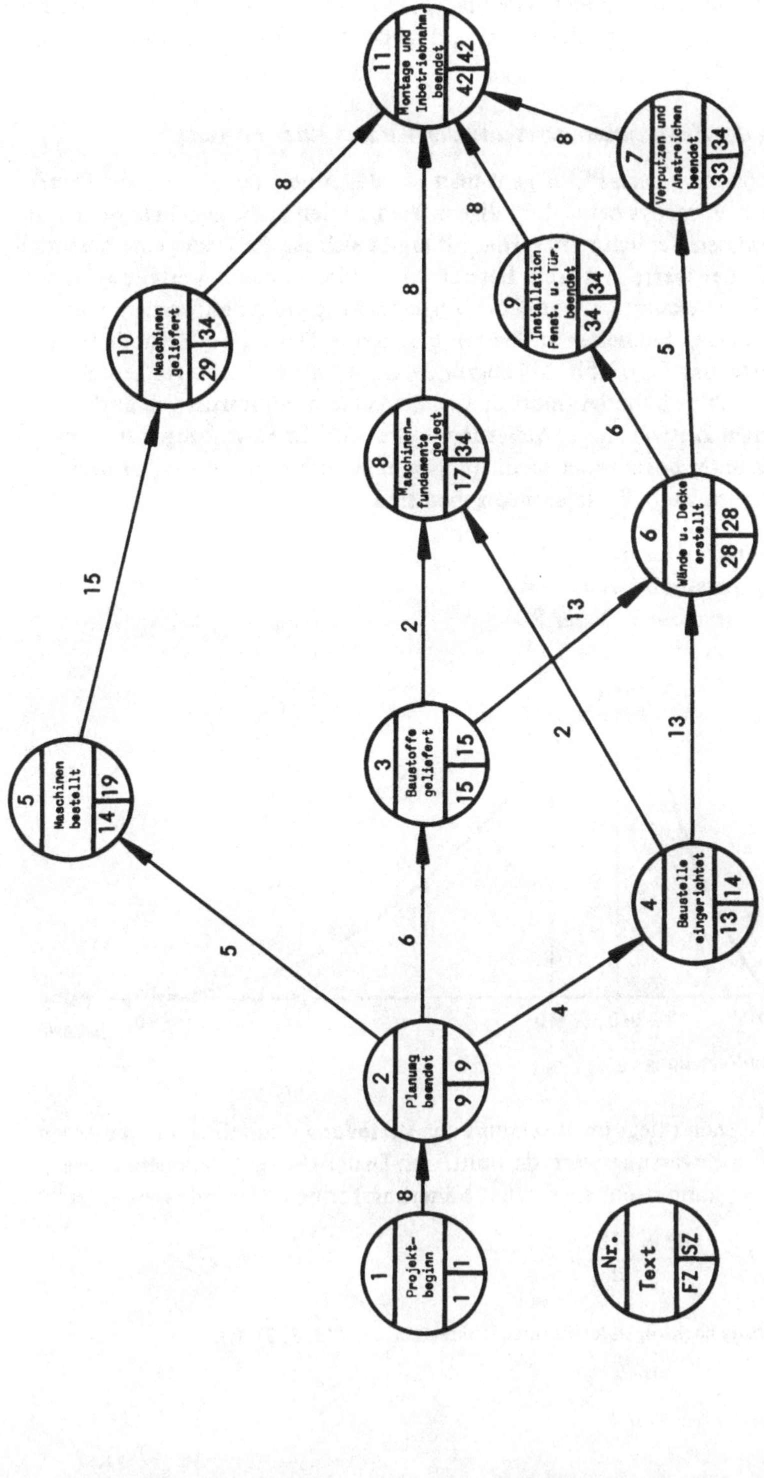

Abb. 20. Ereignisknotennetzplan für das Projekt „Neubau einer Fabrikhalle“

ermittelt man aufgrund einer Verteilung einen Erwartungswert für die Dauer eines Vorgangs und führt hiermit die Terminierung des Netzplanes in bekannter Weise durch.

Berechnung des Erwartungswertes und der Varianz eines Vorgangs

Bei der Zeitplanung nach PERT geht man von der Annahme aus, daß die Dauer eines gleichen Vorgangs bei mehrmaligem Wiederholen nicht gleichbleibt, sondern in einem gewissen Bereich streut. Hiermit ergibt sich für die Dauer eine bestimmte Verteilung der Werte in diesem Bereich. Da die Form dieser Verteilung in der Regel jedoch unbekannt ist, muß eine Verteilung angenommen werden, die die wirklichen Gegebenheiten am besten beschreibt. Der PERT-Methode liegt die Beta-Verteilung (vgl. Abb. 21) zugrunde. Sie erfüllt die Bedingung, daß sie in einem endlich begrenzten Intervall zwischen einem optimistischen und pessimistischen Zeitwert liegt. Außerdem lassen sich ihr Erwartungswert und ihre Varianz unter bestimmten Bedingungen in guter Näherung aus nur drei Zeitangaben ermitteln. Diese drei Angaben sind:

(1) häufigste Dauer HD,
(2) optimistische Dauer OD,
(3) pessimistische Dauer PD.

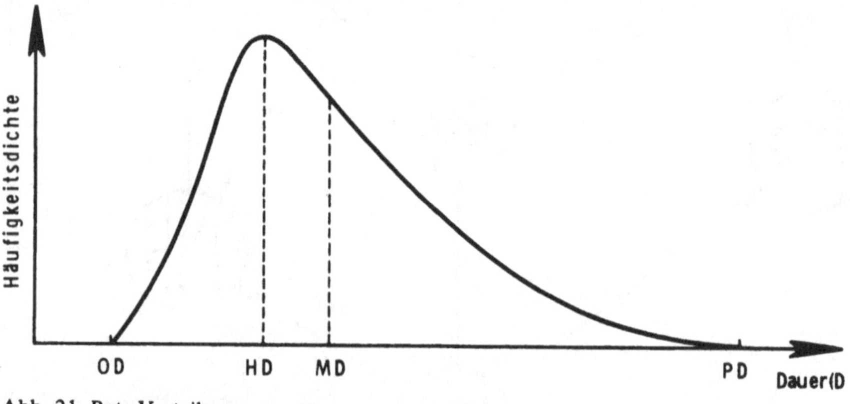

Abb. 21. Beta-Verteilung

Die häufigste Dauer liegt im Maximum der Verteilung und fällt im allgemeinen nicht mit dem Erwartungswert, der mittleren Dauer (MD), zusammen. Diese mittlere Dauer kann nach einer guten Näherungsformel bestimmt werden zu[2]:

$$M \approx \frac{OD + 4\,HD + PD}{6}$$

[2] Eine Herleitung nachfolgender Formeln findet sich bei [20, S. 51ff.].

Für die Berechnung der Varianz σ_D^2 der Verteilung benutzt man ebenfalls eine Näherungsformel:

$$\sigma_D^2 \approx \frac{(PD - OD)^2}{36}$$

Diese beiden Gleichungen liefern die Grundlage für die Terminrechnung nach PERT. Für jeden Vorgang werden aus den drei geschätzten Zeitwerten (OD, HD, PD) der Erwartungswert und die Varianz errechnet. Da die tatsächliche Dauer der einzelnen Vorgänge nicht mit der errechneten mittleren Dauer übereinstimmen muß, sind auch die daraus ermittelten Zeitpunkte der Ereignisse mit Unsicherheit behaftet. Die Zeitpunkte der Ereignisse darf man bei genügend großer Zahl vorhergehender Vorgänge (> 10) nach dem zentralen Grenzwertsatz der Statistik als normalverteilt ansehen [21, S. 403 ff. u. 22]. Die Varianz dieser Normalverteilung errechnet sich nach einem anderen Satz als Summe der Varianzen der Zeitwerte auf dem zeitlängsten Weg zu einem Ereignis:

$$\sigma_{FZ_i}^2 = \sum_{\nu} \sigma_D^2$$

ν = laufender Index für die Vorgänge auf dem zeitlängsten Weg vom Startereignis bis zum Ereignis i

Die Summierung über den zeitlängsten Weg erfolgt deshalb, weil dieser für den frühesten Zeitpunkt bzw. Termin eines Ereignisses bestimmend ist.

In Abb. 22 ist eine Normalverteilung um den frühesten Ereigniszeitpunkt FZ_i und ein vorgegebener Zeitpunkt Z_i für das Eintreten des Ereignisses i dargestellt.

Die Wahrscheinlichkeit dafür, daß der Zeitpunkt Z_i nicht überschritten wird, entspricht der schraffierten Fläche unter der Kurve. Um die Wahrscheinlichkeit leicht bestimmen zu können, verwendet man tabellierte Werte einer standardisierten Normalverteilung. Dazu muß der Wert von Z_i transformiert werden zu:

$$u = \frac{Z_i - FZ_i}{\sqrt{\sigma_{FZ_i}^2}}$$

Mit dem Funktionswert kann die Wahrscheinlichkeit aus einer entsprechenden Tabelle für die Standard-Normalverteilung abgelesen werden. Die Überlegungen, die für die Verteilung des frühesten Zeitpunktes eines Ereignisses gemacht wurden, gelten in analoger Weise auch für die Verteilung des spätesten Termins. Bei

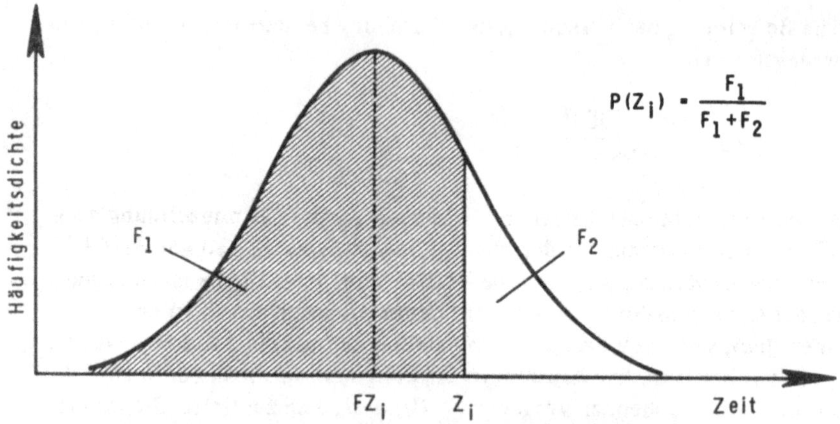

Z_i = vorgegebener Zeitpunkt für das Ereignis i.
$P(Z_i)$ = Wahrscheinlichkeit, daß Z_i nicht überschritten wird.
FZ_i = Mittelwert = errechneter frühester Zeitpunkt für das Ereignis i.

Abb. 22. Normalverteilung des Zeitpunktes eines Ereignisses i

der Berechnung der Varianz $\sigma^2_{SZ_i}$ ist dabei zu beachten, daß man vom Zielereignis bis zum Ereignis 1 zurückrechnet.

$$\sigma^2_{SZ_i} = \sum_{\mu} \sigma^2_D$$

μ = laufender Index für die Vorgänge auf dem zeitlängsten Weg vom Zielereignis bis zum Ereignis i

Obwohl der späteste Zeitpunkt des Zielereignisses, wenn er gleich dem frühesten Zeitpunkt gesetzt wurde, mit Unsicherheit behaftet ist, wird er bei dieser Rechnung als fest vorgegeben angesehen, d. h. seine Varianz wird gleich Null angenommen. Die Varianz $\sigma^2_{SZ_i}$ wird benötigt, um die Varianz der Gesamtpufferzeit GP_i des Ereignisses i, deren Verteilung wiederum normalverteilt ist, bestimmen zu können:

$$\sigma^2_{GP_i} = \sigma^2_{FZ_i} + \sigma^2_{SZ_i}$$

mit

$$GP_i = SZ_i - FZ_i$$

In Abb. 23 ist die Normalverteilung der Gesamtpufferzeit dargestellt. Mit dieser Verteilung lassen sich Wahrscheinlichkeitsaussagen über die Einhaltung bestimmter Pufferzeiten machen. Insbesondere interessiert die Wahrscheinlichkeit, mit der eine Gesamtpufferzeit kleiner oder gleich Null wird, d. h. der zugehörige Vorgang kritisch wird. Diese entspricht in Abb. 23 der schraffierten Fläche.

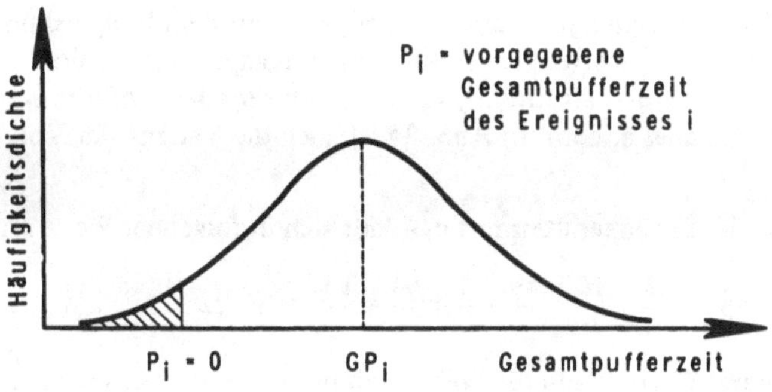

Abb. 23. Normalverteilung der Gesamtpufferzeit des Ereignisses i

Die numerische Bestimmung der Wahrscheinlichkeit erfolgt wiederum mit Hilfe der Tabellen der standardisierten Normalverteilung über die Transformationsformel:

$$u = \frac{P_i - GP_i}{\sqrt{FZ_i^2 + SZ_i^2}}$$

Zur Veranschaulichung des bisher Ausgeführten soll der bekannte Netzplan „Neubau einer Fabrikhalle" benutzt werden, der bereits als Ereignisknotennetzplan (vgl. Abb. 20) gezeichnet wurde. In Abb. 24 sind die zu den einzelnen Vorgängen

Nr.	Vorgang	Zeitwerte			Errechnete Werte	
		OD	HD	PD	MD	σ_D^2
1	Planung	6	8	10	8	$\frac{4}{9}$
2	Maschinen bestellen	2	5	8	5	1
3	Baustoffe liefern	2	6	10	6	$\frac{16}{9}$
4	Baustelle einrichten	1	4	7	4	1
5	Lieferzeit d. Maschinen	10	15	20	15	$\frac{25}{9}$
6	Wände, Decke erstellen	8	12	22	13	$\frac{49}{9}$
7	Masch.-Fundamente legen	1	2	3	2	$\frac{1}{9}$
8	Verputzen und Anstreichen	2	4	12	5	$\frac{25}{9}$
9	Installation, Fenster, Türen	4	6	8	6	$\frac{4}{9}$
10	Montage, Inbetriebnahme	2	7	18	8	$\frac{64}{9}$

Abb. 24. Zeitwerte und Varianzen der Vorgänge eines PERT-Netzplans

gehörigen Daten zusammengefaßt. Ein Vergleich mit dem Ereignisknotennetzplan zeigt, daß der Erwartungswert MD_i des Vorgangs i mit der dort angenommenen Vorgangsdauer übereinstimmt, so daß sich weder die Struktur noch die Termine des Netzplanes ändern. In Abb. 24 ist auch die Varianz der Vorgangsdauer aufgeführt.

Die Varianz des Projektendtermins σ^2_{PE} läßt sich in folgender Weise errechnen:

$$\sigma^2_{PE} = \frac{4}{9} + \frac{16}{9} + \frac{49}{9} + \frac{4}{9} + \frac{64}{9} = \frac{137}{9} = 15{,}22$$

Mit Hilfe dieses Wertes kann die Wahrscheinlichkeit ermittelt werden, daß ein fest vorgegebener Projektendtermin von z. B. 46 nicht überschritten wird. Mit dem bekannten Projektendtermin 42 ergibt die Transformationsformel

$$u = \frac{46 - 42}{\sqrt{15{,}22}} = 1{,}03$$

Die Abbildung der standardisierten Normalverteilung liefert hierfür eine Wahrscheinlichkeit von P (PE) = 0,8485 bzw. 84,85 %.

Kritik zur PERT-Methode

Die PERT-Methode wird vornehmlich für Projekte eingesetzt, bei denen sich keine oder nur sehr ungenaue Aussagen über die Höhe der Dauer der Vorgänge machen lassen. Mit Hilfe verschiedener Schätzwerte und der Statistik versucht man dennoch, die Terminplanung solcher Projekte in den Griff zu bekommen. Vor allem gelingt es, mit der PERT-Methode diejenigen Vorgänge und Ereignisse im Netzplan aufzuzeigen, die terminlich verhältnismäßig sicher sind, und diejenigen, die unsicher erscheinen, also besonders überwacht werden müssen.

Diese zeitlichen Informationen müssen allerdings mit einem erheblichen Mehraufwand an Datenerhebung, Speicherplatz und Rechenzeit erkauft werden. Hierzu kommt, daß die Ergebnisse von PERT mit Fehlern behaftet sein können. Im einzelnen sind u. a. anzuführen:

(1) Die Gleichungen zur Berechnung des Erwartungswertes und der Varianz für die Vorgangsdauer sind Näherungsgleichungen.

(2) In bestimmten Fällen könnte eine andere Verteilung für das Merkmal „Vorgangsdauer" (z. B. eine Rechteck-, Dreieck- oder Gammaverteilung) den terminlichen Ablauf besser als die Betaverteilung beschreiben, so daß mit der Betaverteilung in diesen Fällen schlechtere Erwartungswerte für die Vorgangsdauer bzw. Varianzen errechnet würden.

(3) Bei der Terminierung von PERT-Netzplänen bleibt die Varianz der Vorgangsdauer völlig unberücksichtigt. Dies führt an Knoten, in die zwei

oder mehrere Wege münden, den sogenannten Konjunktionspunkten, zu ungenauen Terminen, wenn die frühesten und spätesten Termine nach den bekannten Berechnungsregeln ermittelt werden; denn für den Fall, daß die Terminrechnung 100mal auf der Grundlage zufälliger Zeitwerte für die Vorgänge wiederholt wird (Berücksichtigung der Varianz), ergibt sich z. B. bei der Ermittlung des frühesten Termins der größte · Zeitwert in der Regel nicht immer auf dem gleichen Weg wie bei PERT. Bildet man mit diesen errechneten Terminen daher eine Verteilung, so wird der Erwartungswert dieser Verteilung größer ausfallen als der früheste Zeitpunkt des Ereignisses, der nach PERT berechnet wurde.

Inwieweit diese und andere Fehlermöglichkeiten von Bedeutung sind, kann nur im Anwendungsfall entschieden werden.

Abschließend ist noch zu erwähnen, daß die Art der 3-Zeitenschätzung auch bei Vorgangspfeil- und Vorgangsknotennetzplänen, die im folgenden vorgestellt werden, angewendet werden kann. Häufig wird daher unter der Bezeichnung PERT auch eine Vorgangspfeildarstellung mit stochastischer Zeitermittlung verstanden.

2.2.3.3 Vorgangsknotennetzplan (VKN)

Im Gegensatz zum Vorgangspfeilnetzplan werden im Vorgangsknotennetzplan die Vorgänge eines Projektablaufs nicht als Pfeil, sondern als Knoten dargestellt. Zur Kennzeichnung der Abhängigkeiten der Knoten bzw. Vorgänge untereinander, also ihrer Reihenfolge im Projektablauf, dienen Pfeile, die nach Norm auch Anordnungsbeziehungen genannt werden. Die Gesamtheit der Vorgänge und Pfeile ergeben den sogenannten Vorgangsknotennetzplan.

2.2.3.3.1 Strukturelemente

Vorgang

Zur Unterscheidung von einem Vorgangspfeilnetzplan werden die Knoten bei einem Vorgangsknotennetzplan meist als Rechtecke aufgezeichnet. Diese Rechtecke sind mehrfach unterteilt, um alle Angaben aufzunehmen, die zur terminlichen Planung notwendig sind. In der Regel weist er folgende Struktur mit folgenden Angaben auf (vgl. Abb. 25):

FAZ: frühester Anfangszeitpunkt
FEZ: frühester Endzeitpunkt
SAZ: spätester Anfangszeitpunkt
SEZ: spätester Endzeitpunkt
D: Dauer des Vorgangs
GP: Gesamtpufferzeit

<table>
<tr><td colspan="3">Nr.</td></tr>
<tr><td colspan="3">Vorgangsbeschreibung</td></tr>
<tr><td>FAZ</td><td>D</td><td>FEZ</td></tr>
<tr><td>SAZ</td><td>GP</td><td>SEZ</td></tr>
</table>

Abb. 25. Gestaltung des Knotens für einen Vorgangsknotennetzplan

Die Darstellung der Abb. 25 kann bei Bedarf nach unten erweitert werden, um die Werte der Kapazitätsnachfrage, die Vorgangskosten und weitere Pufferzeitarten aufnehmen zu können.

Anordnungsbeziehungen

Die Verbindung der Vorgänge erfolgt durch Anordnungsbeziehungen, die graphisch als Pfeil dargestellt sind. Dabei bedeutet prinzipiell, daß der Vorgang an der Pfeilspitze dem Vorgang am Pfeilende nachfolgt. Da ein Pfeil in diesem Fall keinen Vorgang symbolisiert, trägt er keine Vorgangsbezeichnung, wohl aber einen Zeitwert. Dieser Zeitwert bezieht sich nicht auf die Dauer des Vorgangs, sondern nur auf den zeitlichen Abstand der Vorgänge am Pfeilende bzw. an der Pfeilspitze. Die Dauer einer Anordnungsbeziehung kann den minimalen oder maximalen Zeitabstand zwischen zwei Vorgängen darstellen.

Der *minimale Zeitabstand* zweier aufeinanderfolgender Vorgänge gibt die mindestens notwendige Zeitdauer an, die zwischen den Anfangs- oder Endzeitpunkten der beiden, durch den Pfeil verbundenen Vorgänge verstreichen muß.

Je nachdem auf welchen Zeitpunkt man sich beim vorhergehenden und nachfolgenden Vorgang bezieht, ergeben sich vier verschiedene Arten von Anordnungsbeziehungen. In Abb. 26 sind die vier möglichen Typen von Zeitabständen in einem Balkendiagramm dargestellt.

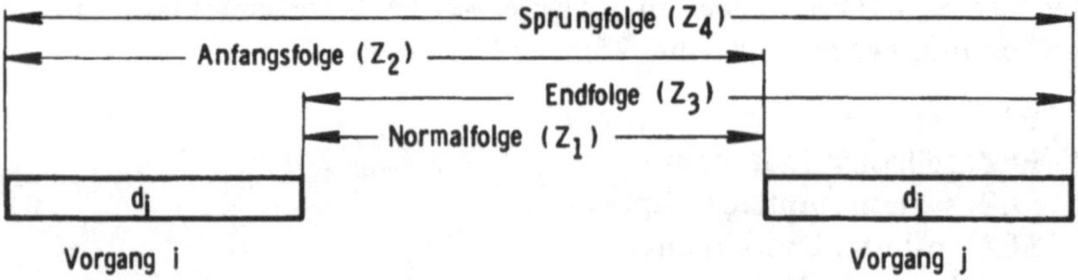

Abb. 26. Arten von Zeitabständen zwischen zwei Vorgängen

Normalfolge

Die übliche Art von Anordnungsbeziehungen ist die Normalfolge NF. Wie aus Abb. 26 hervorgeht, wird durch sie der minimale Zeitabstand Z_1 zwischen dem Endzeitpunkt von Vorgang A und dem Anfangszeitpunkt von Vorgang B angegeben; d. h. Vorgang B kann frühestens Z_1 Zeiteinheiten nach dem Endzeitpunkt von A beginnen. Zwischen den Vorgängen A und B liegt also eine Wartezeit von mindestens der Größe Z_1.

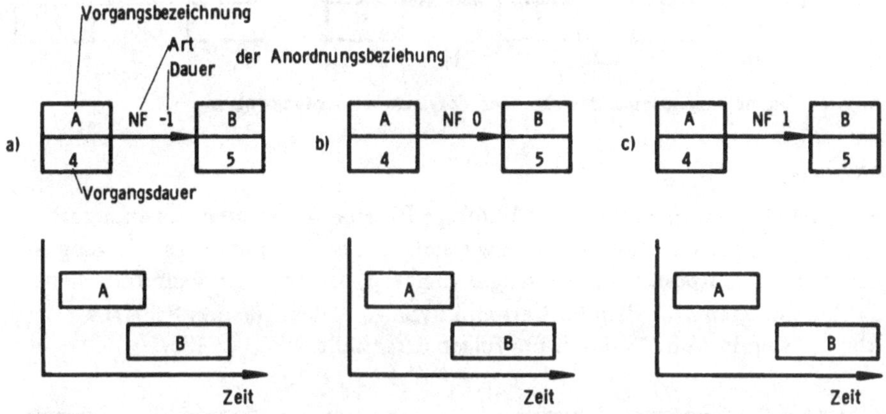

Abb. 27. Darstellung aufeinanderfolgender Vorgänge mit Normalfolgen

Aus den Beispielen geht hervor, daß die Grundvoraussetzung des Vorgangspfeilnetzplans, daß erst alle vorhergehenden Vorgänge abgeschlossen sein müssen, bevor die unmittelbar nachfolgenden Vorgänge beginnen können, beim Vorgangsknotennetzplan nicht mehr gegeben ist. Der minimale Zeitabstand kann unabhängig von der Vorgangsdauer festgelegt werden. Je nach Wahl der Dauer der Anordnungsbeziehung lassen sich beim Vorgangsknotennetz auf sehr einfache Weise Überlappungen von Vorgängen oder Wartezeiten zwischen Vorgängen realisieren. Nur wenn bei der Normalfolge die Dauer der Anordnungsbeziehung Null ist, trifft die oben angeführte Grundvoraussetzung wieder zu.

Die Balkendiagramme in Abb. 27 veranschaulichen diese Zusammenhänge. Im Fall a) handelt es sich um eine zeitliche Überlappung der Vorgänge A und B. Bei Normalfolgen tritt sie immer auf, wenn ein negativer Zeitwert vorliegt. Im Fall b) kann B unmittelbar nach Beendigung von A beginnen, und im Fall c) tritt eine Wartezeit zwischen beiden Vorgängen auf.

Anfangsfolge

Bei der Anfangsfolge AF erstreckt sich der minimale Zeitabstand zwischen den Anfangszeitpunkten von Vorgang A und B, d. h. der Vorgang B kann frühestens Z_2 Zeiteinheiten nach dem Anfangszeitpunkt von A beginnen.

In Abb. 28 sind die bekannten Fälle aus Abb. 27 mit Anfangsfolgen dargestellt. Das ursprüngliche Netzplanverfahren MPM berechnet Vorgangsknotennetzpläne, die nur Anfangsfolgen aufweisen durften.

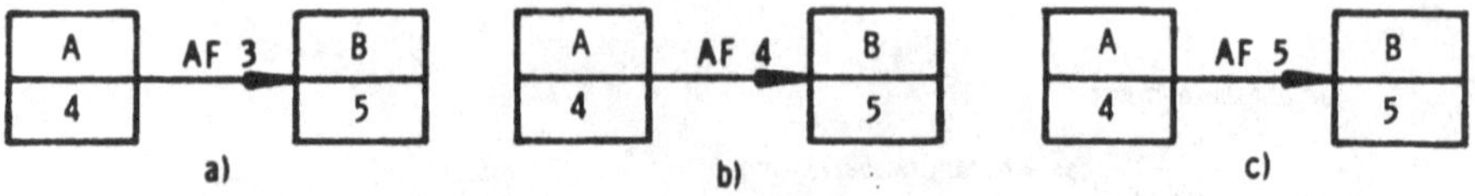

Abb. 28. Darstellung aufeinanderfolgender Vorgänge mit Anfangsfolgen

Endfolge

Aus Abb. 29 geht hervor, daß die Endfolge EF eine Anordnungsbeziehung ist, die den minimalen Zeitabstand Z_3 zwischen dem Endzeitpunkt von Vorgang A und dem Endzeitpunkt von Vorgang B angibt; d. h. Vorgang B kann frühestens Z_3 Zeiteinheiten nach dem Endzeitpunkt von A enden. Die drei Fälle aus Abb. 27 sind in Abb. 29 durch Endfolgen dargestellt.

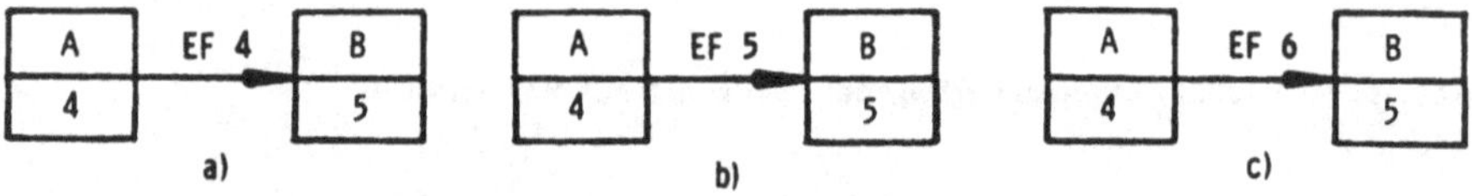

Abb. 29. Darstellung aufeinanderfolgender Vorgänge mit Endfolgen

Sprungfolge

Die Sprungfolge SF ist die am seltesten verwendete Art der Anordnungsbeziehung. Abb. 30 zeigt, daß durch sie der minimale Zeitabstand Z_4 zwischen dem Anfangszeitpunkt von Vorgang A und dem Endzeitpunkt von Vorgang B angegeben wird; d. h. Vorgang B kann frühestens Z_4 Zeiteinheiten nach dem Anfangszeitpunkt von A enden.

Abb. 30 zeigt wiederum die drei Fälle aus Abb. 27 unter Verwendung von Sprungfolgen.

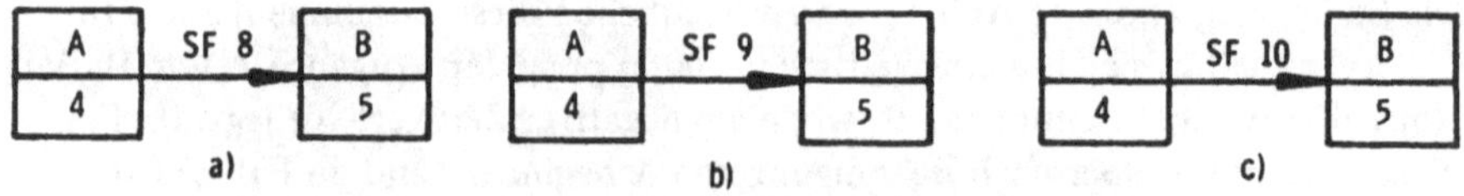

Abb. 30. Darstellung aufeinanderfolgender Vorgänge mit Sprungfolgen

Neben einem minimalen Zeitabstand treten in einem Vorgangsknotennetzplan auch *maximale Zeitabstände* auf. Während die minimalen Zeitabstände den unmittelbar nachfolgenden Vorgang terminlich gegenüber dem frühesten Beginn abgrenzten, wird die zeitliche Lage des gleichen Vorgangs durch einen maximalen Zeitabstand gegenüber dem spätesten Anfang festgelegt. Im ersten Fall heißt es, der Vorgang B kann frühestens X-Zeiteinheiten nach dem Anfang bzw. Ende von Vorgang A beginnen bzw. enden. Im zweiten Fall muß der Vorgang B spätestens nach X-Zeiteinheiten nach dem Anfang bzw. Ende von Vorgang A begonnen bzw. beendet worden sein. Je nach der Wahl des Zeitpunktes beim vorhergehenden und nachfolgenden Vorgang ergeben sich wieder vier Arten von Anordnungsbeziehungen, die wie in Abb. 27 in gleicher Weise durch ein Balkendiagramm dargestellt werden können; statt einer mindestens erforderlichen handelt es sich hier um eine maximal zulässige Wartezeit zwischen den beiden Vorgängen.

Bisher wurde häufig in der Literatur [2] ein maximaler Zeitabstand im Netzplan als gestrichelter, rückwärts gerichteter Pfeil kenntlich gemacht, dessen Zeitwert das umgekehrte Vorzeichen des entsprechenden minimalen Zeitbestandes aufweist. Da der gestrichelte Pfeil zur Kennzeichnung eines Scheinvorgangs im Vorgangspfeilnetzplan reserviert ist, sollen in Zukunft in Vorgangsknotennetzplänen nur durchgezogene Pfeile verwendet werden. Die Kennzeichnung des Zeitabstandes zwischen den Vorgängen muß dann verbal erfolgen, und zwar für einen minimalen Zeitabstand mit MINZ und für einen maximalen Zeitabstand mit MAXZ. Folgende Abhängigkeitsfälle a) und b) wären dann völlig identisch (vgl. Abb. 31):

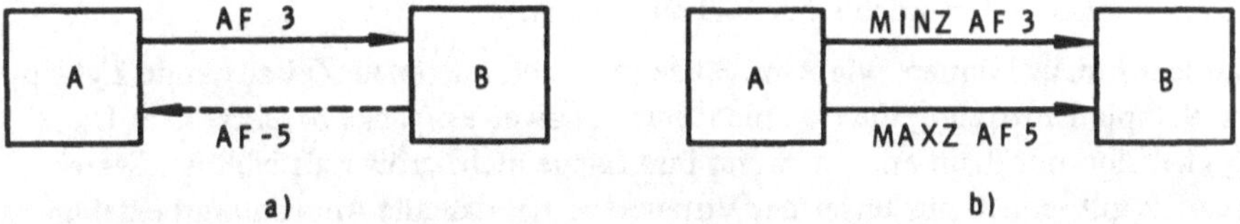

Abb. 31. Darstellung zweier aufeinanderfolgender Vorgänge mit minimalem und maximalem Zeitabstand

Beide Darstellungen drücken folgenden Sachverhalt aus:

a) Minimaler Zeitabstand: B kann frühestens 3 Zeiteinheiten nach dem Anfangszeitpunkt von A beginnen.

b) Maximaler Zeitabstand: B muß spätestens 5 Zeiteinheiten nach dem Anfangszeitpunkt von A begonnen haben.

Da die Darstellungsart eines gestrichelten, rückwärtsgerichteten Pfeils für einen der nachfolgende Vorgang müßte nämlich andernfalls spätestens zu einem Zeit-

maximalen Zeitabstand bei der manuellen Netzplanberechnung einige Vorteile aufweist, soll in den weiteren Ausführungen diese Form allein verwendet werden.

Durch die Angabe eines maximalen Zeitabstandes gestaltet sich bei einem Vorgangsknotennetzplan die Zyklussuche etwas schwieriger. Das Kriterium, daß Vorgänge auf einem Weg nicht mehrmals durchlaufen werden dürfen, trifft wie beim Vorgangspfeilnetzplan auch beim Vorgangsknotennetzplan grundsätzlich zu. Hinsichtlich der Terminrechnung ergeben sich jedoch hier zwei Arten von Zyklen. In Abb. 32 liegt zwar nach diesem Kriterium im Fall a) ein Zyklus vor, der jedoch die Terminrechnung nicht verfälschen würde. In Vorgangsknotennetzplänen mit maximalen Zeitabständen treten somit erlaubte und unerlaubte Zyklen auf. Die Summe der Zeitwerte für den maximalen und minimalen Zeitabstand zwischen zwei Vorgängen muß bei erlaubten Zyklen immer kleiner oder gleich Null sein, da sich sonst beide Abhängigkeitsbedingungen widersprechen;

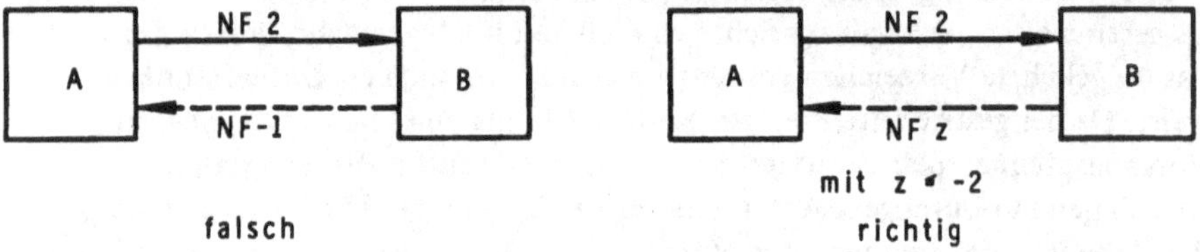

Abb. 32. Richtige und Falsche Darstellung maximaler Zeitabstände

der nachfolgende Vorgang müßte nämlich andernfalls spätestens zu einem Zeitpunkt begonnen haben (maximaler Zeitabstand), der früher liegt als der Zeitpunkt, zu dem er frühestens beginnen kann (minimaler Zeitabstand). In Abb. 32 ist ein solcher widersprüchlicher Fall aufgeführt.

Darüber hinaus können, wie Abb. 33 zeigt, durch maximale Zeitabstände Zyklen im Netzplan auftreten, die sich nicht nur auf zwei Vorgänge beschränken. Diese Zyklen sind nur dann erlaubt, wenn ihre Länge nicht größer als Null ist. Diese Aussage gilt jedoch nur unter der Voraussetzung, daß alle Anordnungsbeziehun-

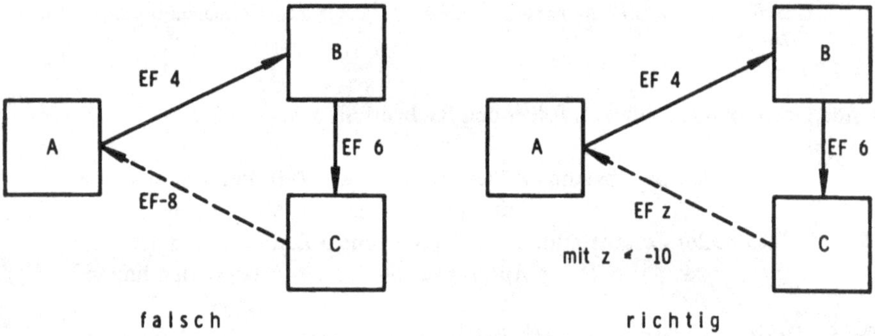

Abb. 33. Richtige und falsche Darstellung von Zyklen

gen vom gleichen Typ sind und mindestens ein minimaler Zeitabstand im Zyklus liegt.

2.2.3.3.2 Berechnungsgrundlagen

Nachdem alle Zyklen in einem Netzplan beseitigt worden sind, kann mit der Terminierung begonnen werden. Ein Vorgangsknotennetzplan liefert im wesentlichen dieselben Ergebnisdaten wie die bereits vorgestellten Netzplanverfahren: frühest mögliche und spätest zulässige Anfangs- und Endzeitpunkte sowie die Pufferzeit der Vorgänge. Die Berechnung dieser Daten ist wegen der größeren Zahl von Verknüpfungsmöglichkeiten manchmal etwas schwieriger. Im folgenden soll die Terminierung von Netzplänen zunächst nur mit *minimalen Zeitabständen* durchgeführt werden.

Terminierung mit minimalen Zeitabständen

Die Ermittlung der frühesten Anfangs- (FAZ) und Endzeitpunkte (FEZ) erfolgt wie bei den Vorgangspfeil- und Ereignisknotennetzplänen in einer Vorwärtsrechnung; die spätesten Anfangs- (SAZ) und Endzeitpunkte (SEZ) liefert eine Rückwärtsrechnung. Der früheste Anfangszeitpunkt des ersten Vorgangs wird vorgegeben (in der Regel gleich Null oder eins). Bei der Rückwärtsrechnung wird der späteste Endzeitpunkt des letzten Vorgangs gleich seinem frühesten oder einem fest vorgegebenen Endzeitpunkt gesetzt. Die Berechnung mit den vier Arten von Anordnungsbeziehungen soll im folgenden an den Beispielen (vgl. Abb. 35–38) erläutert werden, für die folgende Ablaufstruktur in Tabellenform vorliegt (vgl. Abb. 34).

Vorg.	unmittelbar vorhergeh. Vorgang	Vorgangs-dauer	Dauer der Anordnungs-beziehung
A	-	4	-
B	A	5	NF=1
C	A	6	NF=0
D	C, B	3	NF=-1 für C; NF=-3 für B
E	B, D	4	NF=0 für B und D

Abb. 34. Ergebnis der Struktur- und Zeitanalyse für einen Vorgangsknotennetzplan

In den angegebenen Berechnungsformeln wurde der minimale Zeitabstand zwischen dem Vorgang I und dem unmittelbar nachfolgenden Vorgang J mit MINZ (I, J) abgekürzt.

Normalfolgen

Abb. 35 gibt den Netzplan der Tabelle aus Abb. 34 mit *Normalfolgen* graphisch wieder.

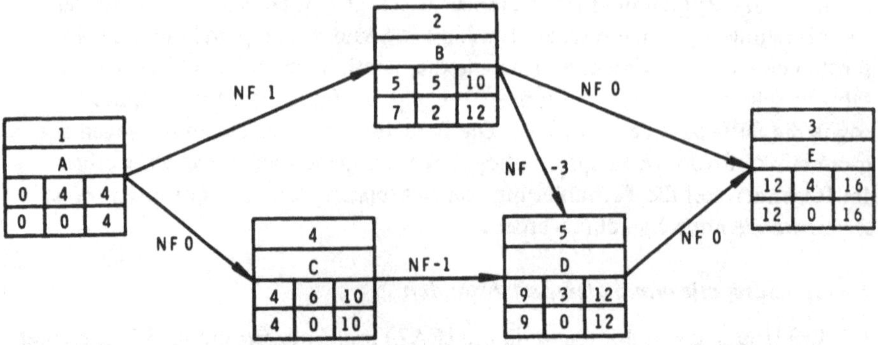

Abb. 35. Netzplandarstellung mit Normalfolgen

Die Terminierung des Netzplans in Abb. 35 erfolgte, da es sich um Normalfolgen handelt, nach folgenden Berechnungsformeln:

Vorwärtsrechnung: FAZ (J) = max { FEZ (I) + NF MINZ (I, J) }
Rückwärtsrechnung: SEZ (I) = min { SAZ (J) – NF MINZ (I, J) }

Mit Hilfe dieser Termine lassen sich der späteste Anfangszeitpunkt bzw. der früheste Endzeitpunkt eines Vorgangs I in folgender Weise errechnen:

FAZ (I) = FEZ (I) – D (I)
SAZ (I) = SEZ (I) – D (I)

Bei der Vorwärtsrechnung ist wie beim Vorgangspfeilnetzplan zu beachten, daß bei mehreren Vorgängern des Vorgangs I als frühester Anfangszeitpunkt dieses Vorgangs I der größte (max) der errechneten Werte gesetzt wird. Entsprechendes gilt für die Rückwärtsrechnung: Bei mehreren Nachfolgern eines Vorgangs I wird als spätester Anfangszeitpunkt der kleinste (min) der errechneten Werte gesetzt. Diese Aussage gilt in gleicher Weise für die folgenden drei Arten von Anordnungsbeziehungen.

Anfangsfolgen

In Abb. 36 ist der Netzplan aus Abb. 34 mit *Anfangsfolgen* dargestellt.

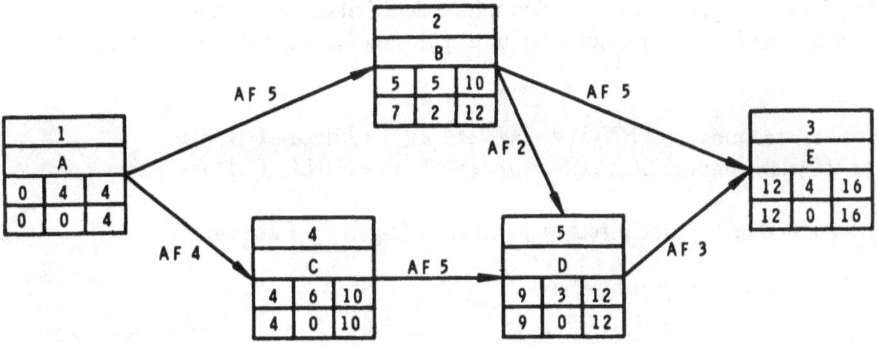

Abb. 36. Netzplandarstellung mit Anfangsfolgen

Die Berechnungsformeln, die nur für die Anfangsfolgen gelten, lauten für die

Vorwärtsrechnung: $FAZ(J) = \max \{ FAZ(I) + AF\ MINZ(I, J) \}$
Rückwärtsrechnung: $SAZ(I) = \min \{ SAZ(J) - AF\ MINZ(I, J) \}$.

Die Berechnungsformeln für die frühesten bzw. spätesten Endzeitpunkte ergeben sich zu:

$$FEZ(I) = FAZ(I) + D(I)$$
$$SEZ(I) = SAZ(I) + D(I)$$

Der Netzplan aus Abb. 34 ist in Abb. 37 mit *Endfolgen* gezeichnet worden.

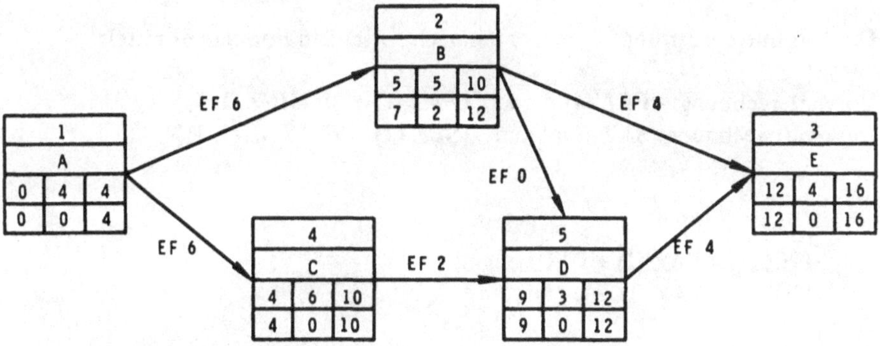

Abb. 37. Netzplandarstellung mit Endfolgen

Bei den Endfolgen werden mit den minimalen Zeitabständen nach folgenden Berechnungsformeln die frühesten und spätesten Endzeitpunkte der Vorgänge berechnet:

Vorwärtsrechung: FEZ (J) = max {FEZ (I) + MINZ EF (I, J)}
Rückwärtsrechnung: SEZ (I) = min {SEZ (J) + MINZ EF (I, J)}

Die fehlenden Termine errechnen sich nach folgenden Formeln:

FAZ (I) = FEZ (I) – D (I)
SAZ (I) = SEZ (I) – D (I)

Sprungfolgen

Abb. 38 zeigt den Netzplan aus Abb. 34 mit Sprungfolgen.

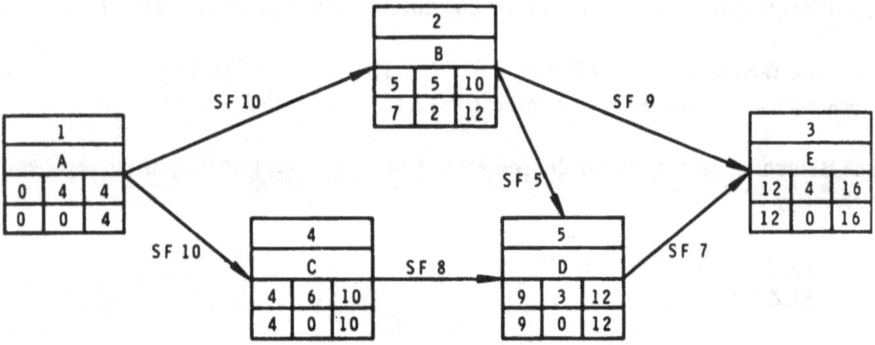

Abb. 38. Netzplandarstellung mit Sprungfolgen

Die Termine bei Sprungfolgen werden nach folgenden Formeln ermittelt:

Vorwärtsrechnung: FEZ (J) = max {FAZ (I) + SF MINZ (I, J)}
Rückwärtsrechnung: SAZ (I) = min {SEZ (J) – SF MINZ (I, J)}

und damit

FEZ (I) = FAZ (I) + D (I)
SEZ (I) = SAZ (I) + D (I)

Bei der Terminierung mit *maximalen Zeitabständen* MAXZ geht man bei der Darstellungsweise mit gestrichelten, rückwärtsgerichteten Pfeilen prinzipiell genauso vor wie bei minimalen Zeitabständen; d. h. man rechnet bei der Vorwärtsrechnung in Pfeilrichtung mit dem angegebenen Zeitwert. Ergibt sich dabei ein größerer Zeitpunkt, so ist dieser als frühester Zeitpunkt anzunehmen. Entsprechend geht man bei der Rückwärtsrechnung vor, rechnet also mit dem angegebenen Zeitwert gegen Pfeilrichtung. Wenn sich für den Vorgang ein kleinerer Zeitpunkt ergibt, so ist dieser als spätester Zeitpunkt zu setzen.

Falls eine Korrektur des frühesten Anfangszeitpunktes eines Vorgangs vorgenommen werden muß, so sind auch die frühesten Anfangszeitpunkte seiner unmittelbar nachfolgenden Vorgänge in bekannter Weise zu überprüfen und gegebenenfalls abzuändern. In gleicher Weise ist bei Korrektur des spätesten Anfangszeitpunktes eines Vorgangs eine Überprüfung der spätesten Anfangszeitpunkte seiner unmittelbaren Vorgänger erforderlich.

Für die Praxis sind maximale Zeitabstände in folgenden Fällen bedeutsam:

(1) Auf mehrere Vorgänge, die eine Kette bilden, soll die Gesamtpufferzeit anteilmäßig verteilt werden.

(2) Wegen technologischer oder sonstiger Gründe darf der zeitliche Abstand zwischen zwei unmittelbar benachbarten Vorgängen ein bestimmtes Maß nicht überschreiten.

Für den letzten Fall wäre als Beispiel anzuführen, daß nach dem Kokillenguß das Walzgut spätestens X-Zeiteinheiten gewalzt werden muß, damit die Walztemperatur nicht unterschritten wird.

Anhand des bekannten Netzplans in Abb. 40 soll die Wirkungsweise maximaler Zeitabstände verdeutlicht werden. Ohne maximale Zeitabstände ergeben sich in diesem Beispiel folgende Termine:

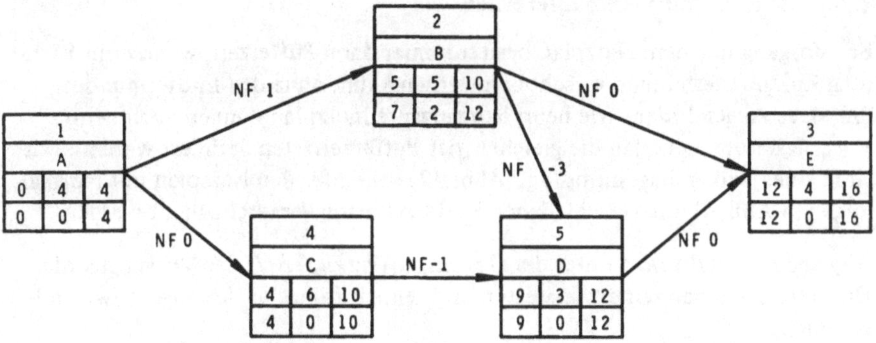

Abb. 39. Netzplandarstellung mit Normalfolgen

Durch Einfügen von zwei maximalen Zeitabständen zwischen den Vorgängen C und B bzw. C und D ändern sich die Termine gegenüber denen in Abb. 39 folgenderweise:

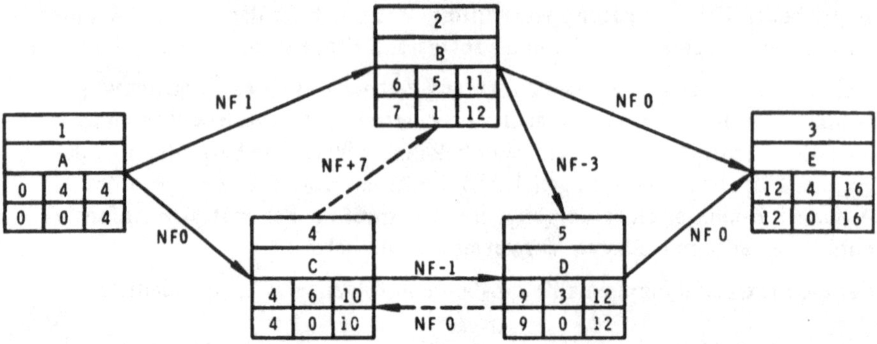

Abb. 40. Netzplandarstellung mit minimalen und maximalen Zeitabständen (Normalfolgen)

Die maximalen Zeitabstände in Abb. 39 drücken folgenden Sachverhalt aus:

a) Zwischen Vorgang C und B: Der Vorgang C muß spätestens 7 Zeiteinheiten vor dem Ende von Vorgang B begonnen haben.

b) Zwischen Vorgang D und C: Der Vorgang D muß spätestens 0 Zeiteinheiten vor dem Ende von Vorgang C begonnen haben.

2.2.3.3.3 Ermittlung von Pufferzeiten

Ein Vorgang in einem Netzplan besitzt immer dann Pufferzeit, wenn er in Richtung Zukunft terminlich verschoben werden kann, ohne den Endtermin des Projektes zu gefährden. Wie beim Vorgangspfeilnetzplan können auch beim Vorgangsknotennetzplan die gleichen vier Pufferzeitarten definiert werden. Mit Hilfe eines Balkendiagramms (vgl. Abb. 42) sollen für den Netzplan mit Normalfolgen in Abb. 41 die verschiedenen Pufferzeitarten veranschaulicht werden.

Allgemein versteht man unter der *Gesamtpufferzeit GP (I)* des Vorgangs I die Differenz zwischen seinem spätesten und seinem frühesten Anfangs- bzw. Endzeitpunkt:

$$GP(I) = SAZ(I) - FAZ(I) = SEZ(I) - FEZ(I)$$

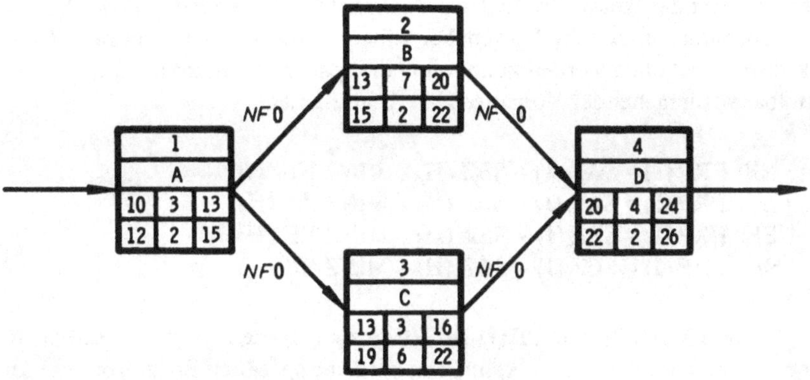

Abb. 41. Ausschnitt aus einem VKN

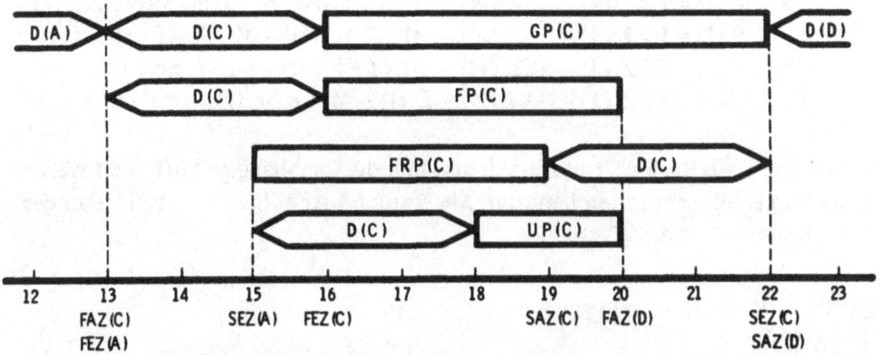

Abb. 42. Darstellung verschiedener Arten von Pufferzeiten für einen Vorgang

Die *freie Pufferzeit FP (I)* des Vorgangs I ist definiert als die Zeitspanne, um die I gegenüber seinem frühesten Anfangszeitpunkt FAZ (I) verschoben werden kann, ohne die frühesten Anfangszeitpunkte nachfolgender Vorgänge J zu beeinflussen. Je nach Art der Anordnungsbeziehungen gilt eine der folgenden Formeln:

NF: FP (I) = FAZ (J) – FEZ (I) – NF MINZ (I,J)
AF: FP (I) = FAZ (J) – FAZ (I) – AF MINZ (I,J)
EF: FP (I) = FEZ (J) – FEZ (I) – EF MINZ (I,J)
SF: FP (I) = FEZ (J) – FAZ (I) – SF MINZ (I,J)

Hat ein Vorgang mehrere unmittelbare Nachfolger, so ist der kleinste der errechneten Werte als freie Pufferzeit zu setzen.

In entsprechender Weise gibt die freie Rückwärtspufferzeit FRP (I) des Vorgangs I die Zeitspanne an, um die I gegenüber seinem spätesten Endzeitpunkt SEZ (I) rückwärts verschoben werden kann, ohne die spätesten Anfangszeitpunkte unmittelbar vorhergehender Vorgänge H zu beeinflussen:

NF: FRP (I) = SAZ (I) – SEZ (H) – MINZ NF (H)
AF: FRP (I) = SAZ (I) – SAZ (H) – MINZ AF (H)
EF: FRP (I) = SEZ (I) – SEZ (H) – MINZ EF (H)
SF: FRP (I) = SEZ (I) – SAZ (H) – MINZ SF (H)

Die *unabhängige Pufferzeit* UP (I) des Vorgangs I ist die Zeitspanne, um die der Vorgang I verschoben werden kann, ohne daß die spätesten Endzeitpunkte seiner Vorgänger und die frühesten Anfangszeitpunkte seiner Nachfolger beeinflußt werden:

NF: UP (I) = FAZ (J) – SEZ (H) – D (I) – MINZ NF (H) – MINZ NF (I)
AF: UP (I) = FAZ (J) – SAZ (H) – MINZ AF (H) – MINZ AF (I)
EF: UP (I) = FEZ (J) – SEZ (H) – MINZ EF (H) – MINZ EF (J)
SF: UP (I) = FEZ (J) – SAZ (H) – D (I) – MINZ SF (H) – MINZ SF (J)

Sowohl die freie Rückwärtspufferzeit als auch die unabhängige Pufferzeit werden in der Praxis nur sehr selten benötigt. Sie wurden hier aufgeführt, weil sie in der Norm festgelegt sind.

2.2.3.3.4 Beispielrechnungen

Da die Terminberechnung von Vorgangsknotennetzplänen wegen der Vielzahl von Möglichkeiten schwieriger als bei den Vorgangspfeil- bzw. Ereignisknotennetzplänen ist, sollen im folgenden zwei Beispiele das oben Angeführte verdeutlichen.

In Abb. 43 ist zunächst der bekannte Netzplan „Neubau einer Fabrikhalle" als Vorgangsknotennetzplan mit minimalen Zeitabständen als Anfangsfolgen dargestellt. Die Terminrechnung ergibt die bekannten Termine.

In den gleichen Netzplan wurden in Abb. 44 vier maximale Zeitabstände als Anfangsfolgen zusätzlich eingefügt. Hierdurch mußten die spätesten Termine beim Vorgang „Maschinen bestellen" durch die Anordnungsbeziehung MAXZ AF 8 von SAZ = 13 bzw. SEZ = 18 auf SAZ = 8 bzw. SEZ = 13 reduziert werden. Ebenfalls änderten sich durch die Anordnungsbeziehung MAXZ AF 3 beim Vorgang „Installation" die frühesten Termine von FAZ = 23 bzw. FEZ = 29 auf FAZ = 25 bzw. FEZ = 31. Die übrigen maximalen Zeitabstände haben keinen Einfluß auf die Termine.

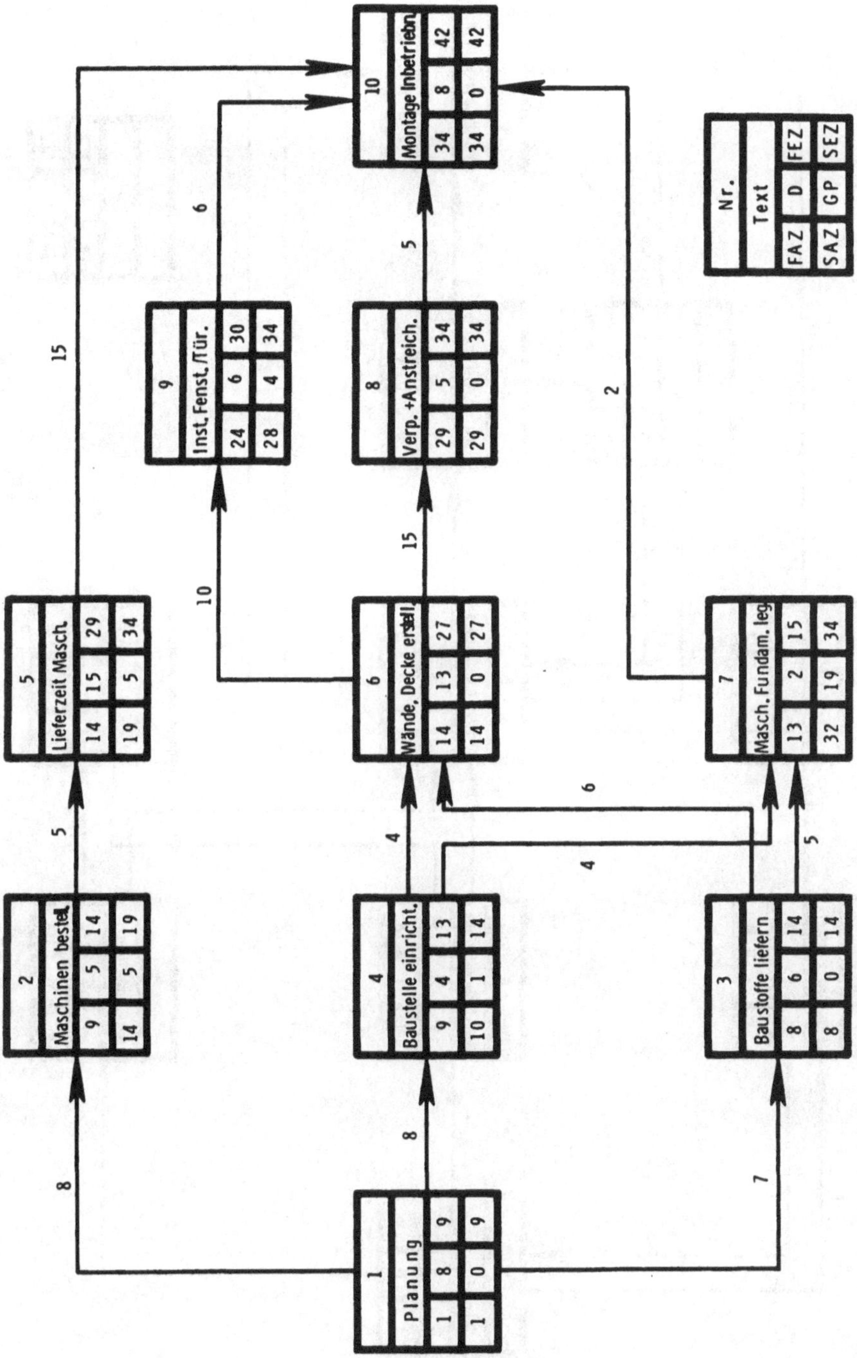

Abb. 43. Vorgangsknotennetzplan für das Projekt „Neubau einer Fabrikhalle" ohne maximale Zeitabstände

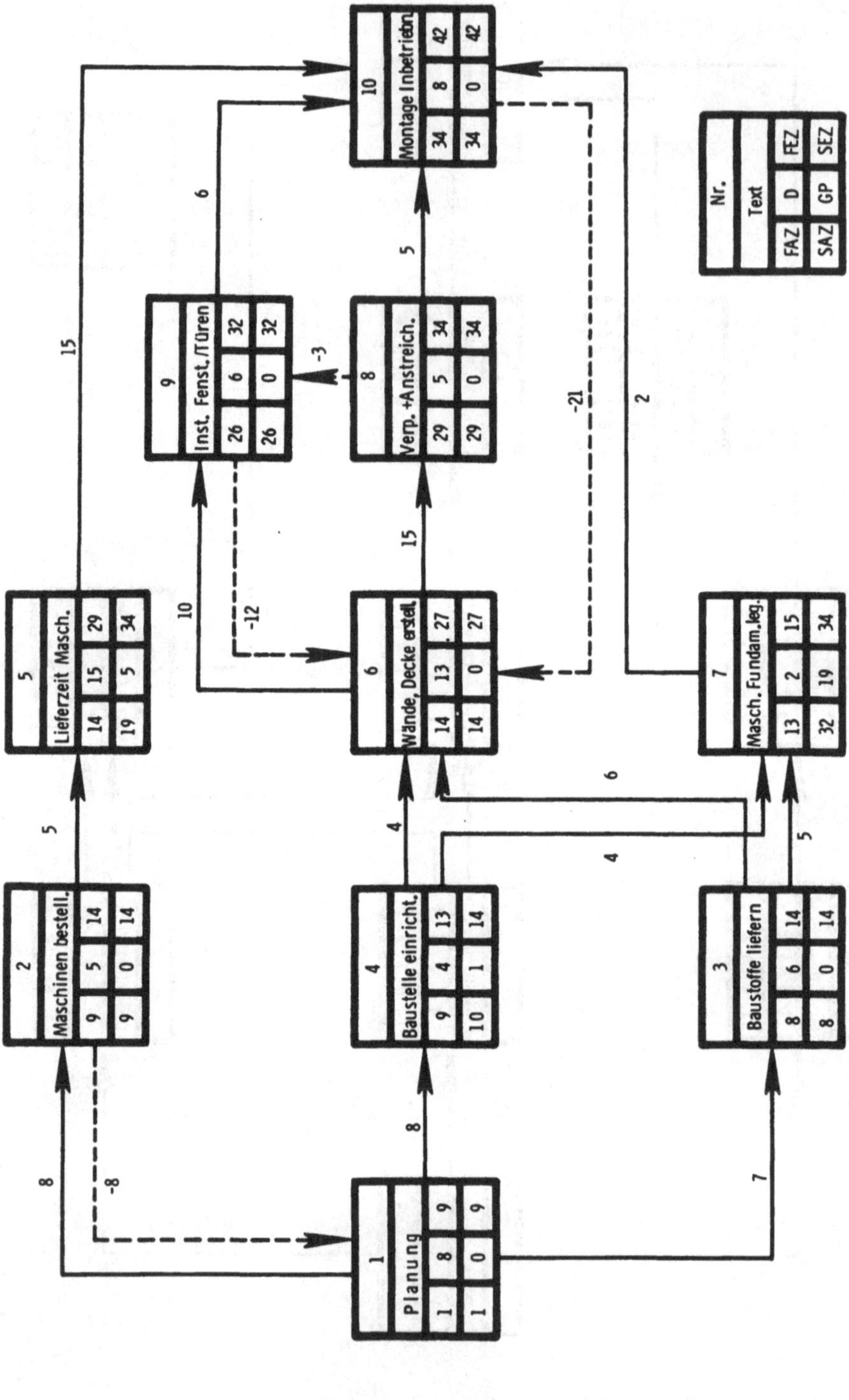

Abb. 44. Vorgangsknotennetzplan für das Projekt „Neubau einer Fabrikhalle“ mit maximalen Zeitabständen

Als zweites Beispiel in Abb. 45 wurde ein Vorgangsknotennetzplan ausgewählt, der alle vier Arten von Anordnungsbeziehungen und die verschiedenen Fälle für die maximalen Zeitabstände enthält.

In der Praxis wird man sich innerhalb eines Netzplans in der Regel auf eine Art von Anordnungsbeziehungen beschränken, um die Fehlerquelle möglichst klein zu halten. Ebenfalls treten maximale Zeitabstände relativ selten auf.

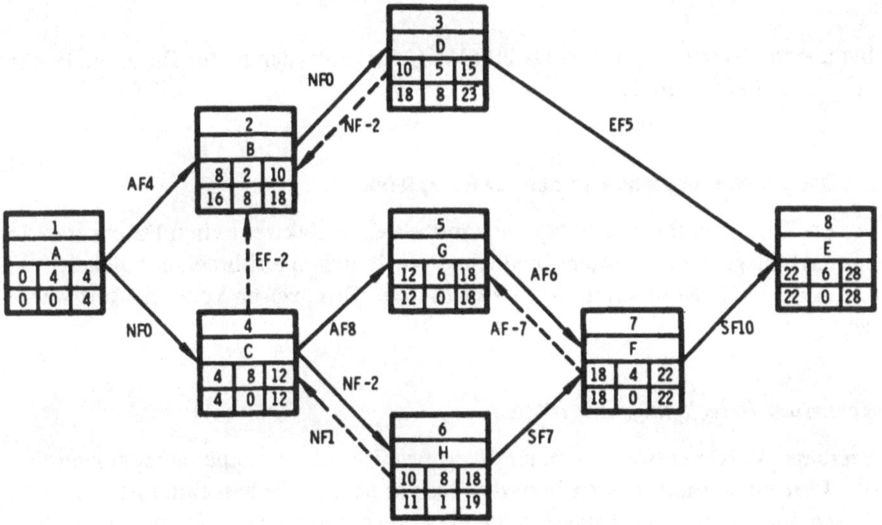

Abb. 45. VKN mit verschiedenen Arten von Anordnungsbeziehungen

Bei der Erstellung und Berechnung von Vorgangsknotennetzplänen hat sich folgende Vorgehensweise als besonders zweckmäßig erwiesen:

Schritt 1: *Ermittlung der Ablaufstruktur*

(1) Erstellen eines Projektstrukturplans zur Ermittlung der Arbeitspakete,
(2) Unterteilung der Arbeitspakete in Vorgänge,
(3) Numerierung des Projektstrukturplans und der Vorgänge,
(4) Festlegung der Reihenfolge der Vorgänge (Ablaufstruktur),
(5) Zeichnen des Netzplans.

Schritt 2: *Durchführung der Zeitplanung*

(1) Dauer der Vorgänge und Anordnungsbeziehungen festlegen.
(2) Ermittlung der frühesten Zeitpunkte der Vorgänge (Vorwärtsrechnung) ohne Berücksichtigung maximaler Zeitabstände.

(3) Überprüfung der frühesten Zeitpunkte mit maximalen Zeitabständen, eventuell Korrekturen.
(4) Ermittlung der spätesten Zeitpunkte der Vorgänge (Rückwärtsrechnung) ohne Berücksichtigung maximaler Zeitabstände.
(5) Überprüfung der spätesten Zeitpunkte mit maximalen Zeitabständen, eventuell Korrekturen.
(6) Ermittlung weiterer Werte (z. B. Rang).[3]

Bei kleinen Netzplänen (etwa bis 200 Vorgänge) entfallen in der Regel die Punkte (1) bis (3) bei Schritt 1.

2.2.3.4 Berechnungsalgorithmen für Netzpläne

Für die Terminierung von Netzplänen mittels einer elektronischen Datenverarbeitungsanlage wurden unterschiedliche Berechnungsalgorithmen entwickelt [25, S. 107ff.]. Sie sollen im folgenden in ihren Grundzügen kurz erläutert werden.

Rekursiver Berechnungsalgorithmus

Bei dieser Vorgehensweise wird ein Vorgang (Ereignis) aus einer entsprechenden Liste ausgewählt, dessen frühester Termin noch nicht berechnet ist und dessen unmittelbare Vorgänger (Vorereignisse) schon früheste Termine aufweisen. Von diesen Vorgängern (Vorereignissen) aus wird der früheste Termin des Vorgangs nach den bekannten Regeln bestimmt. Die Ermittlung der spätesten Termine erfolgt analog in der Rückwärtsterminierung.

Bei einem rekursiven Berechnungsalgorithmus wird die n-te Stufe also erst nach Berechnung der (n-1) -ten Stufe zugelassen; d. h. aus allen Vorgängen im Netzplan ist der jeweils zu terminierende Vorgang auszuwählen. Dies ist mit einer aufwendigen Sucharbeit verbunden, so daß vor allem bei großen Netzplänen der Algorithmus sehr rechenaufwendig ist. Der Aufwand steigt überproportional zur Vorgangszahl im Netzplan.

Wegesuchverfahren

Bei diesem Algorithmus werden mögliche Wege vom Netzplananfang zum Netzplanende durchlaufen. Für die Vorgänge, die auf solchen Wegen liegen, werden

[3] Def. des Ranges: Größte Anzahl Pfeile, die zwischen allen Startknoten und dem betrachteten Knoten auf einem Wege auftritt [69, S. 29].

in bekannter Weise die frühesten bzw. spätesten Termine errechnet. Die Terminierung ist beendet, wenn alle Wege im Netzplan in beiden Richtungen durchlaufen wurden.

Dieses Verfahren zählt man häufig zu den rekursiven Verfahren, obgleich an Konjunktionspunkten im Netzplan unter Umständen schon früher berechnete Termine geändert werden müssen. Gegenüber dem reinen rekursiven Algorithmus werden beim Wegesuchverfahren die zu terminierenden Vorgänge (Ereignisse) ohne großen Suchaufwand gefunden. Allerdings ergeben sich bei diesem Verfahren zusätzliche Schwierigkeiten bei der Berücksichtigung von maximalen Zeitabständen in Vorgangsknotennetzplänen.

Iterativer Algorithmus

Unter einer Iteration versteht man in der Mathematik ein sich schrittweises Annähern an ein Ergebnis unter Wiederholung desselben Rechenvorgangs. Iterationsverfahren sind in der Mathematik im allgemeinen Näherungsverfahren. Bei der Berechnung eines Netzplans führt der iterative Algorithmus jedoch nach einer endlichen Anzahl von Schritten zum exakten Termin.

Die Terminierung beginnt bei einem beliebigen Vorgang (Ereignis), indem durch Addition bzw. Substraktion entsprechender Zeitwerte (Vorgangsdauer oder Dauer der Anordnungsbeziehungen) auf den Termin des Vorgangs (Ereignisse) die Termine der unmittelbar nachfolgenden bzw. vorhergehenden Vorgänge (Ereignisse) bestimmt werden. Diese Rechnung wiederholt sich für alle Vorgänge (Ereignisse), so daß schließlich jeder Vorgang (Ereignis) im Netzplan einen Termin hat. Diese Termine sind jedoch nur dann endgültig, wenn die Auswahl der Vorgänge (Ereignisse) entsprechend ihrem Rang im Netzplan erfolgte. Im ungünstigen Fall haben nur der Startvorgang (Startereignis) und seine unmittelbaren Nachfolger nach der ersten Rechnung den richtigen Termin. Der gleiche Rechengang muß daher in der Regel so oft wiederholt werden, bis sich kein Termin im Netzplan mehr bei einer erneuten Berechnung geändert hat.

Um den Rechenaufwand bei den beschriebenen Algorithmen zu senken, sind in den Netzplanprogrammen in der Regel Sortierprogramme vorgeschaltet, um eine günstige Reihenfolge der Vorgänge (Ereignisse) zu erhalten. Eine solche günstige Folge erhält man, wenn alle Vorgänge (Ereignisse) vor der eigentlichen Terminierung nach ihrem Rang geordnet werden. Bei dem iterativen Algorithmus würde in diesem Fall nur ein Rechnungslauf anfallen. Darüber hinaus kann der Suchaufwand der unmittelbar nachfolgenden bzw. vorhergehenden Vorgänge (Ereignisse) durch eine interne Umnumerierung weiter vermindert werden [25, S. 115f.].

2.3 Kostenminimale Beeinflussung der Projektdauer

2.3.1 Möglichkeiten der Verkürzung der Projektdauer

Nach der Terminierung eines Netzplans stellt sich häufig heraus, daß die Projektdauer zu groß ist, d. h. der Auftrag kann nicht termingerecht erledigt werden. Um dennoch einen realistischen Auftragsablauf zu erhalten, ist die Planung so zu verändern, daß bei keinem Vorgang im Netzplan negative Gesamtpufferzeiten auftreten. Diese Zielsetzung läßt sich häufig durch folgende Maßnahmen erreichen:

(1) Durch Veränderung in der Netzplanstruktur:
  a) Überlappung kritischer Vorgänge.
  b) Aufteilen kritischer Vorgänge auf gleiche Kapazitätseinheiten.
  c) Paralleles Anordnen der kritischen Vorgänge.
(2) Verkürzung der Zeitwerte kritischer Vorgänge (Vorgangsdauer bzw. Dauer der Anordnungsbeziehung).

Die Maßnahmen, die sich auf die Netzplanstruktur beziehen, führen in der Regel zu erheblichen Zeitersparnissen und sind meist mit geringen Kosten verbunden. In jedem Fall sollte daher bei Schwierigkeiten mit dem Endtermin des Projektes zunächst die Netzplanstruktur kritisch überprüft werden. Ist dies erfolgt und verbleibt dennoch eine unerwünschte Terminüberschreitung des End- bzw. Liefertermins, dann sind, soweit möglich, die Zeitwerte kritischer Vorgänge zu reduzieren. Die notwendigen Verkürzungen lassen sich nur dadurch realisieren, daß zusätzliche Mittel bzw. Arbeitskräfte zur Erledigung der anstehenden Arbeiten eingesetzt werden. Dieser Zusatzaufwand bedeutet für das Gesamtprojekt Mehrkosten, sofern nicht die Kapazitäten von den Vorgängen mit Gesamtpufferzeit des gleichen Netzplans abgezogen werden. Da die Höhe dieser Mehrkosten entscheidend von der Anzahl der verkürzten Vorgänge, von der Höhe ihrer Verkürzung und vor allem auch von der Reihenfolge, in der die Vorgänge zeitlich verändert werden, abhängen, ist ein Verfahren zu finden, mit dem die anfallenden Zusatzkosten möglichst gering gehalten werden können. Bei einer umfassenden Projektplanung sollte sich daher an die Terminplanung eine Kostenplanung anschließen, damit die Termine nach wirtschaftlichen Gesichtspunkten festgelegt werden.

2.3.2 Kostenbegriffe

Hinsichtlich ihrer unterschiedlichen Verrechnung lassen sich bei der Kostenplanung mittels Netzplantechnik folgende Kosten ermitteln [16, S. 84f.]:

- direkte Kosten,
- indirekte oder Gemeinkosten und
- Interfacekosten.

Die direkten Kosten können einem Vorgang im Netzplan unmittelbar zugeordnet werden. In der Regel handelt es sich hierbei um Materialkosten, Lohnkosten, Maschinenkosten usw. Die Gemeinkosten sind einem bestimmten Vorgang im Gegensatz hierzu nicht eindeutig anzulasten, wie z. B. die Kosten für die Heizung, den Stromverbrauch, die Hilfsstoffe u. a. m. Der für ein Projekt anfallende Gesamtbetrag wird meist über sogenannte Gemeinkostenzuschläge auf die direkten Kosten umgelegt.

Die Interfacekosten lassen sich weder einem Vorgang eindeutig zuordnen, noch können sie wie Gemeinkosten durch Zuschläge auf die direkten Kosten verrechnet werden, da sie zu einem bestimmten Zeitpunkt insgesamt zur Zahlung anstehen. Daher werden die Interfacekosten, wie z. B. Kosten für die Bauaufsicht, Versicherungskosten, Lizenzgebühren u. a. m., auf der Stufe, auf der sie noch als Einzelkosten zu erfassen sind, den Arbeitspaketen, Teilaufgaben oder dem Gesamtprojekt zugeordnet. Im Netzplan werden sogenannte Interfacevorgänge parallel zu den übrigen Vorgängen zusätzlich eingefügt, die mit den Interfacekosten belastet werden.

2.3.3 Kostenverläufe bei Verkürzung der Vorgangsdauer

Bei der kostenminimalen Verkürzung der Projektdauer üben sowohl die Interfacekosten als auch die indirekten Kosten auf die Mehrkosten keinen Einfluß aus, da sie von der Vorgangsdauer unabhängig sind. Sie bleiben bei veränderlicher Vorgangsdauer im allgemeinen konstant. Die Höhe der Kostensteigerung pro Vorgang ergibt sich allein aus dem Kostenverlauf der direkten Kosten bei Verkürzung der Vorgangsdauer. Durch zusätzlichen Mitteleinsatz kann die Dauer eines Vorgangs allerdings nicht beliebig vermindert werden. Für jeden Vorgang gibt es eine Minimaldauer, die nicht weiter unterschritten werden kann. Für die Kostenplanung ist der Bereich zwischen der Normaldauer und dieser Minimaldauer allein von Bedeutung. Im praktischen Fall macht es erhebliche Schwierigkeiten, den Kostenverlauf vorherzubestimmen. Nur in den seltesten Fällen wird der exakte Verlauf bekannt sein. In der Literatur [14, S. 65ff. und 26, S. 66] wird meist zwischen einem stetig linearen, konvexen und konkaven Verlauf unterschieden (vgl. Abb. 46).

Um die Berechnungen zu vereinfachen, werden die konvexen bzw. konkaven Verläufe meist durch stetige, stückweise lineare Kostenverläufe approximiert. Hierdurch wird der Vorgang in Teilvorgänge mit stetig linearem Kostenverlauf unterteilt, die wie gesonderte Vorgänge bei der Kostenplanung behandelt werden können.

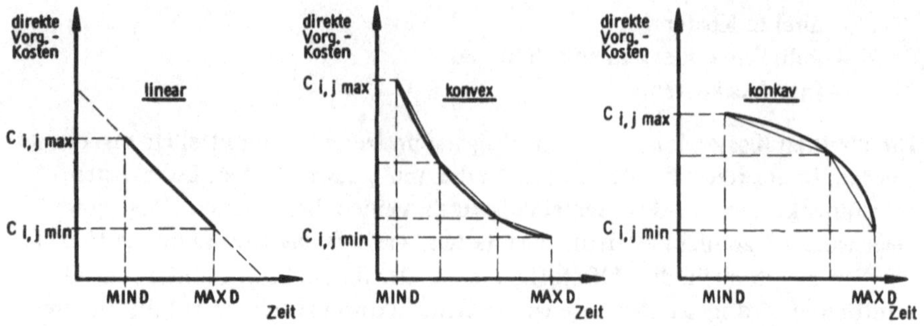

Abb. 46. Unterschiedliche Kostenverläufe zwischen minimaler und maximaler Vorgangsdauer

Entsprechend den Kostenverläufen bei den Vorgängen ändern sich proportional die direkten Gesamtprojektkosten bei einer Verkürzung der einzelnen Vorgangsdauern. Für die Projektdauer ergibt sich ebenfalls eine maximale und minimale Projektdauer. Zwischen diesen beiden Extremwerten verläuft jedoch nicht wie bei den Vorgängen eine Kostenkurve, sondern es ergibt sich in der Regel ein Lösungsraum [14, S. 64], der durch die minimale und maximale Projektdauer (MIND und MAXD), durch den unteren Kurvenzug D, A und den oberen Kurvenzug C, B begrenzt ist (vgl. Abb. 47).

Im Punkt A werden alle Vorgänge mit Normaldauer, im Punkt B alle nicht kritischen Vorgänge mit Minimaldauer, im Punkt C alle Vorgänge mit Minimaldauer und im Punkt D alle kritischen Vorgänge mit Minimaldauer durchgeführt.

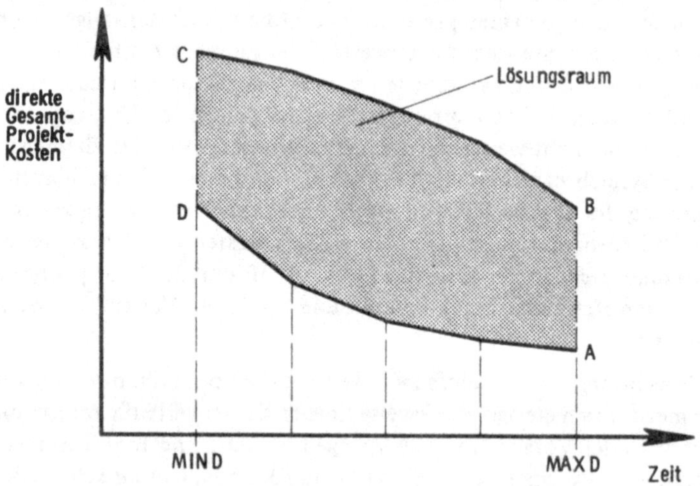

Abb. 47. Abhängigkeit der gesamten Projektkosten von der Projektdauer

Unterstellt man, daß die indirekten Kosten eines Projektes zwischen der Minimal- und Maximaldauer des Projektes linear und stetig anwachsen und daß eine kostenoptimale Verkürzung der direkten Projektkosten vorgenommen wird (Kurvenzug von A nach D in Abb. 47), so erkennt man, daß beide Kostenverläufe keinen Extremwert aufweisen.

Ein Optimum ergibt sich erst dann, wenn durch Addition beider Kurven die Kurve für die Gesamtkosten des Projekts ermittelt wird (vgl. Abb. 48). Hier zeigt sich ein Kostenminimum.

Sofern die gemachten Annahmen zutreffen und andere Einflußgrößen nicht berücksichtigt werden, wird eine zeitliche Verkürzung der Projektdauer bis zu dieser sogenannten optimalen Projektdauer (OPTD) zu Kosteneinsparungen führen. Unter diesen Bedingungen ist es also sinnvoll, Vorgänge im Netzplan auch dann zu verkürzen, wenn keine Endterminüberschreitungen vorliegen.

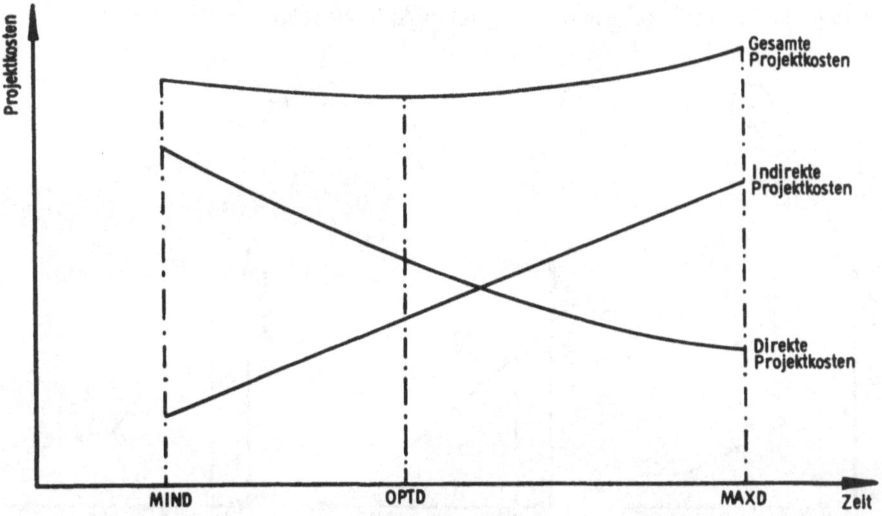

Abb. 48. Kostenverläufe eines Projektes bei zeitlicher Verkürzung der Vorgänge

2.3.4 Verfahren

Wie die Untersuchung über den Zusammenhang zwischen Projektdauer und Projektkosten gezeigt hat, ergibt die Summe aller möglichen Vorgehensweisen bei der zeitlichen Verkürzung der Projektdauer einen Lösungsraum; d. h. im konkreten Fall können verschiedene Verkürzungen zwar zu den gleichen zeitlichen Einsparungen, aber zu unterschiedlich hohen Kosten führen. Es ist daher zu untersuchen, auf welche Weise die kostenminimale Lösung erreicht wird.

Als Verfahren bieten sich Methoden der linearen Planungsrechnung oder graphentheoretische Verfahren (z. B. der Fulkerson-Algorithmus) an. Auf diese Möglichkeiten soll an dieser Stelle nicht näher eingegangen werden. Näheres siehe [27, S. 63 ff.]. Vielmehr wird im folgenden anhand von zwei Beispielen die prinzipielle Vorgehensweise bei der kostenminimalen Verkürzung näher erläutert. Sie entspricht weitgehend dem Ablauf des Fulkerson-Algorithmus.

Grundsätzlich läßt sich die Verkürzung der Gesamtdauer eines Projektes nur durch Verkürzung der Zeitwerte auf dem kritischen Weg erreichen, sofern deren Gesamtpufferzeit nicht größer als Null ist. Eine Verkürzung von Vorgangszeiten, deren Vorgänge Gesamtpufferzeit aufweisen, würde nur die Gesamtpufferzeit und die gesamten direkten Projektkosten erhöhen, ohne daß der Projektendtermin reduziert würde. Für eine kostenminimale Verkürzung ist weiter entscheidend, in welcher Reihenfolge die Dauer der kritischen Vorgänge eines Netzplans reduziert wird. Im allgemeinen gibt es ein eindeutiges Kriterium für die Festlegung der Reihenfolge, wie das Beispiel in Abb. 49 zeigt.

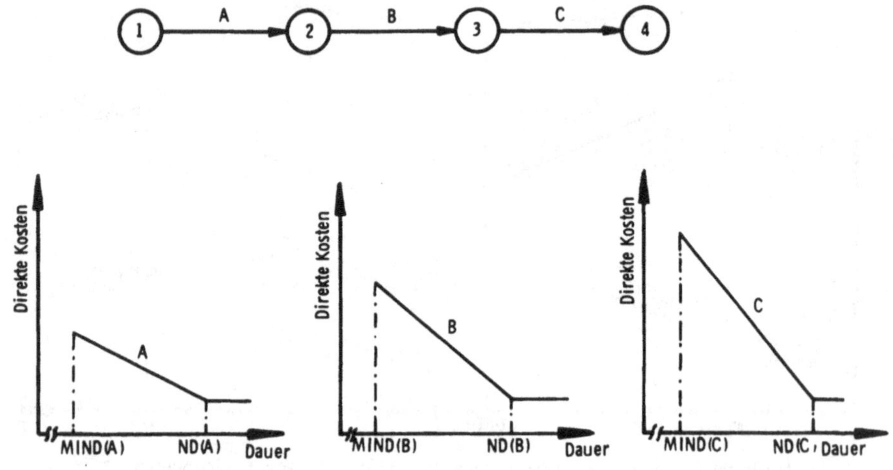

Abb. 49. Kostenverläufe verschiedener Vorgänge eines unvermaschten Netzplans

Die normale Projektdauer ND (P) beträgt:

$$ND(P) = ND(A) + ND(B) + ND(C)$$

Entsprechend errechnet sich die minimale Projektdauer MIND (P) zu:

$$MIND(P) = MIND(A) + MIND(B) + MIND(C)$$

Eine Verkürzung der Projektdauer zwischen ND (P) und MIND (P) läßt sich auf verschiedenen Wegen erreichen. In der nachfolgenden Abb. 50 sind die günstigste und die ungünstigste Lösung gemeinsam dargestellt.

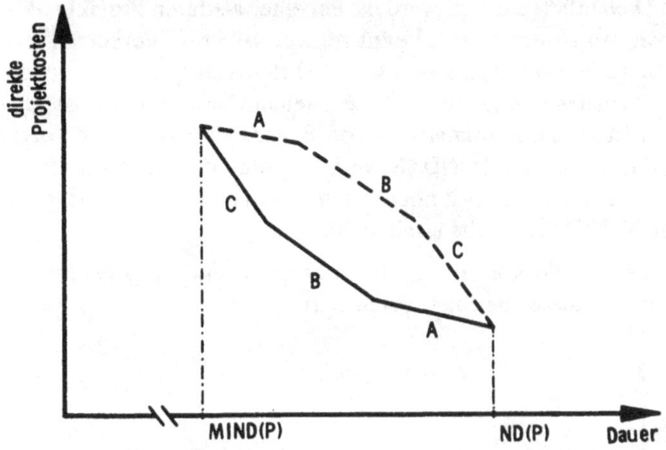

Abb. 50. Kostenverläufe verschiedener Lösungen zur Projektverkürzung

Aus der Darstellung geht hervor, daß bei einer kostenminimalen Verkürzung die Vorgänge in der Reihenfolge des Kostenanstiegs, beginnend mit dem kleinsten, zu reduzieren sind. Jede andere Vorgehensweise führt zu höheren Projektkosten. Bei Verkürzung bis zur minimalen Projektdauer ist die Reihenfolge allerdings beliebig, da hier alle Kostenwege in einem Punkt münden.

In vermaschten Netzen kann die Verkürzung eines kritischen Weges zu neuen kritischen Wegen führen. In diesem Fall wird daher zunächst wiederum die Dauer des Vorgangs auf dem kritischen Weg mit dem geringsten Kostenanstieg verkürzt. Bei neuen kritischen Wegen müssen die Vorgangszeiten auf diesen Wegen gleichzeitig mitverkürzt werden, wie das Beispiel in Abb. 51 zeigt.

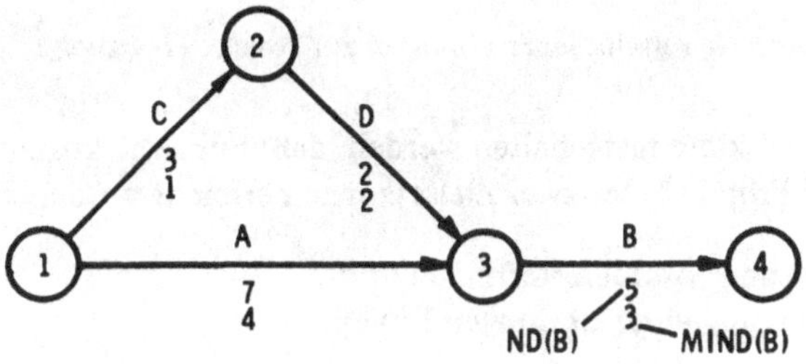

Abb. 51. Vermaschter Netzplan

Diesem Beispiel liegen für die Vorgänge A, B und C die gleichen Kostenverläufe wie im vorherigen Beispiel zugrunde. Vorgang D kann nicht verkürzt werden. Der kritische Weg läuft über die Vorgänge A und B, wobei A den geringsten Kostenanstieg verursacht. A kann zunächst nur um 2 ZE[4] verkürzt werden, da dann C und D ebenfalls kritisch werden. Bei einer weiteren Projektverkürzung muß zwischen den Alternativen „Verkürzen von B" und „Verkürzen von A und C" gewählt werden. Da der Kostenanstieg bei gleichzeitiger Verkürzung von A und C (Kostenanstieg von „A und C" = Kostenanstieg von A + Kostenanstieg von C) größer ist als der Kostenanstieg von B, wird als zweites der Vorgang B, soweit erforderlich, bis auf MIND (B) verkürzt. Muß die Projektdauer noch weiter vermindert werden, können nur noch A und C um eine Zeiteinheit reduziert werden, da dann MIND (A) bereits erreicht ist.

In der Abb. 52 sind die Kostenverläufe für verschiedene Vorgehensweisen bei Projektverkürzung dieses Beispiels dargestellt.

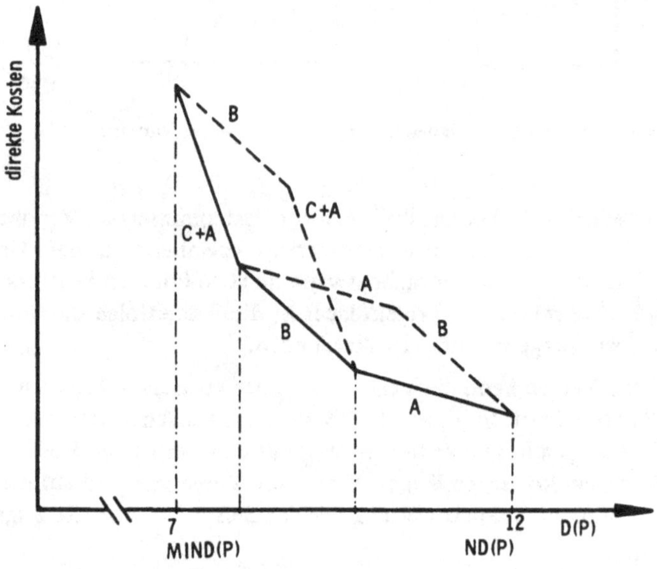

Abb. 52. Kostenverläufe verschiedener Lösungen zur Projektverkürzung

Zusammenfassend kann festgehalten werden, daß durch die kostenminimale Verkürzung der Projektdauer zwei Zielsetzungen erreicht werden können:

(1) Einhaltung von Lieferterminen und
(2) Realisierung einer optimalen Projektdauer.

[4] ZE = Zeiteinheiten

In der Praxis werden kostenoptimale Netzpläne trotz dieser wichtigen Ziele selten erstellt, da vor allem der Aufwand zur Ermittlung der Kostenverläufe pro Vorgang zu hoch bzw. in zahlreichen Fällen auch kaum zu realisieren ist [26, S. 65f.].

2.4 Terminplanung unter Berücksichtigung beschränkter Einsatzmittel (Kapazitätsplanung)

In den bisherigen Ausführungen wurden die Termine im Netzplan unter der Annahme ermittelt, daß zur Durchführung der Arbeiten eines Vorgangs, die benötigten Produktionsfaktoren, wie Arbeitskräfte, Maschinen und Hilfsmittel in ausreichendem Maße zu den errechneten Zeitpunkten zur Verfügung stehen. Diese Voraussetzung trifft in der Praxis meist nicht zu. Für den Fall, daß einige Vorgänge mehr Produktionsfaktoren benötigen, als vorhanden sind, können diese und nachfolgende Vorgänge unter Umständen nicht termingerecht abgeschlossen werden. Umgekehrt kann aber auch das Angebot an Produktionsfaktoren die Nachfrage übersteigen. Die Arbeiten werden in diesem Fall zwar termingerecht erledigt, die Arbeitskräfte und Betriebsmittel sind aber zeitweise unterbeschäftigt.

Wegen der Bedeutung dieser Fragestellung vollzieht sich die Terminplanung in zwei Schritten: Im ersten Schritt werden in der sogenannten Durchlaufterminierung ohne Berücksichtigung von Kapazitäten allein mittels der bekannten Zeitwerte für die Vorgänge vorläufige Termine errechnet. Im zweiten Schritt wird überprüft, ob die Produktionsfaktoren ausreichen, um das Projekt zu den Terminen der Durchlaufterminierung durchzuführen. Im einzelnen hat diese sogenannte Kapazitätsplanung folgende drei wesentliche Aufgaben zu erfüllen:

(1) Die Ermittlung einer Kapazitätsübersicht für ein Projekt oder mehrere Projekte.
(2) Die Ermittlung der Unter- bzw. Überbeschäftigung der Produktionsfaktoren durch einen Soll-Ist-Vergleich zwischen Kapazitätsangebot und -nachfrage (Belastungsplan).
(3) Die Kapazitätsabstimmung von Kapazitätsangebot und -nachfrage durch eine Kapazitätsanpassung oder einen Kapazitätsabgleich, so daß ein möglichst kostengünstiger Belastungsplan entsteht.

Ein kostengünstiger Belastungsplan ist dann realisiert, wenn die Produktionsfaktoren so auf die Vorgänge des Projektes verteilt sind, daß die vorhandene Kapazität möglichst gleichmäßig bei kürzester Projektdauer ausgelastet ist.

2.4.1 Die Begriffe Kapazität und Kapazitätsausnutzung

Der Begriff „Kapazität" wird in Naturwissenschaft, Technik und Wirtschaftswissenschaften in unterschiedlicher Weise definiert. Im folgenden soll unter Kapazität in Übereinstimmung mit Kern [28, S. 27] „das Leistungsvermögen einer wirtschaftlichen und technischen Einheit in einem Zeitabschnitt' verstanden werden.

Die Bestimmungsgrößen der Kapazität sind die Produktionsfaktoren, wie Arbeitskräfte und Betriebsmittel. Man spricht daher auch von einer Arbeitskräftekapazität, einer Betriebsmittelkapazität oder einer Kapazität, die von Arbeitskräften und Betriebsmitteln bestimmt wird. Graphisch läßt sich die Kapazität als Fläche darstellen. In Abb. 53a ergibt sich z. B. eine Rechteckfläche, wenn zur Erledigung der Arbeiten eines Vorgangs mit einer Dauer von 6 Tagen zu jeder Zeit 4 Arbeitskräfte zur Verfügung stehen. Hier handelt es sich um eine Arbeitskräftekapazität von 24 Arbeitskräftezeiteinheiten. In Abb. 53b bleibt die Summe der Kapazität zwar gleich, allerdings variiert die Anzahl der Arbeitskräfte über der Zeit.

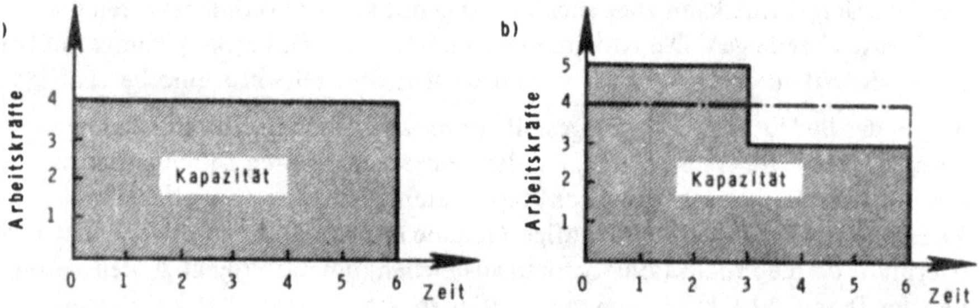

Abb. 53. Graphische Darstellung der Kapazität

Die Kapazität errechnet sich aus dem Produkt der Faktoren maximal möglicher Beschäftigung und Dauer-Höchst-Intensität. Die Beschäftigung entspricht dabei der zeitlichen und die Intensität der qualitativen und quantitativen Nutzung der Produktionsfaktoren. Im praktischen Fall geht man bei der Ermittlung der Kapazität so vor, daß zunächst versucht wird, die Kapazität in Teilkapazitäten zu zerlegen. Für die Gesamtkapazität der Teilefertigung eines Betriebes, der nach dem Werkstättenprinzip organisiert ist, ergäbe sich z. B. eine Unterteilung (vgl. Abb. 54) in Bereichskapazitäten, Teilbereichskapazitäten (Maschinengruppen) und Einzelkapazitäten (Maschinen) [29, S. 133].

Um die Gesamtkapazität zu errechnen, würde man zweckmäßig zunächst die maximal mögliche Beschäftigung der Teilbereichskapazitäten oder auch Einzel-

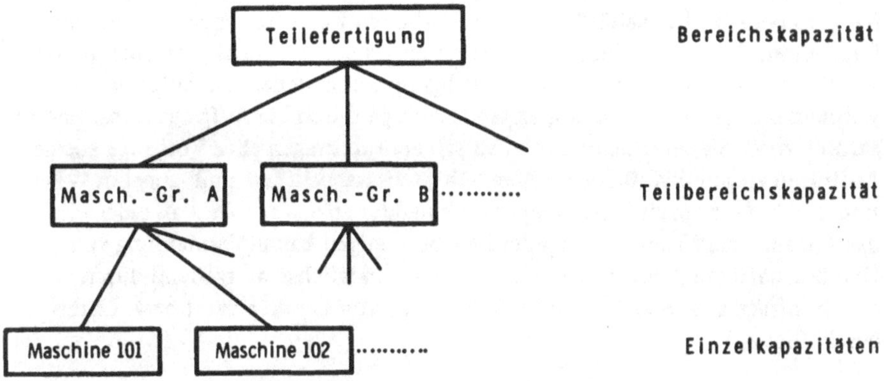

Abb. 54. Gliederung der Kapazitäten in der Teilefertigung

kapazitäten ermitteln. Diese errechnet sich z. B. für eine Maschinengruppe mit 6 Revolverdrehbänken in folgender Weise:

$TK_B = 6 \times 30$ Tage/Monat $\times$ 24 Stunden/Tag = 4320 Stunden/Monat mit
TK_B: Maximal mögliche Beschäftigung eines Teilbereiches mit 6 Revolvermaschinen.

Durch Addition dieser Einzel- bzw. Teilbereichskapazitäten ermittelt sich auf der nächst höheren Stufe der Kapazitätshierarchie die maximal mögliche Beschäftigung der Gesamtkapazität.

In der Praxis ist die Kapazität nur in einigen Fällen in dieser Höhe voll ausgeschöpft. Viele Kapazitätseinheiten bleiben an Wochenenden und Feiertagen ungenutzt. Außerdem sind sie vielfach nur im Einschichtbetrieb beschäftigt. Ausfälle durch Urlaub und Krankheit kommen hinzu. Die wirklich ausgenutzte Kapazität liegt demnach meist weit unter der vorhandenen Kapazität. Für die Kapazitätsplanung muß daher die Kapazität um die Minderbeschäftigung reduziert werden, wenn die Planung realistische Ergebnisse liefern soll.

Bei der Berechnung der Kapazität wurde bisher die Intensität nicht berücksichtigt. Die Quantifizierung dieser zweiten Komponente bereitet in der Praxis Schwierigkeiten und ist mit einem hohen Aufwand verbunden [30, S. 198]. Sie bleibt daher meist unberücksichtigt. Es wird unterstellt, daß die ausgenutzten Kapazitäten durch die zeitliche Komponente der Beschäftigung für Planungszwecke der Terminplanung hinreichend genau bestimmt sind. Allenfalls werden diese Werte durch einen Faktor für nicht einplanbare Minder- oder Mehrnutzung grob korrigiert. Im folgenden soll daher unter Kapazität die ausgenutzte Kapazität verstanden werden, die im wesentlichen der tatsächlichen Beschäftigung entspricht, da vor allem die zeitlichen Einflußgrößen ihre Größe bestimmen.

Bei dem Begriff „Kapazität" soll ferner zwischen Kapazitätsangebot und -nachfrage unterschieden werden. Das Angebot an Kapazität umfaßt das Leistungsvermögen eines Unternehmens zur Erledigung der anstehenden Aufträge, während demgegenüber die Kapazitätsnachfrage durch die Aufträge selbst hervorgerufen wird. Sie setzt sich aus den einzelnen Nachfragen aller Vorgänge aus den Aufträgen zusammen. Beide Größen – Kapazitätsnachfrage und -angebot – sind durch die Kapazitätsplanung so aufeinander abzustimmen, daß einerseits das Angebot die Nachfrage zu jeder Zeit befriedigen kann (Vermeidung von Überbeschäftigung), andererseits das Angebot möglichst weitgehend durch die Nachfrage ausgeschöpft wird (Vermeidung von Leerkapazität bzw. Unterbeschäftigung).

2.4.2 Die Darstellung von Kapazitätsangebot und -nachfrage für ein Projekt

Bei Addition der Kapazitätsnachfragewerte aller Vorgänge zu den errechneten Terminen der Durchlaufterminierung entsteht bei graphischer Darstellung der Kapazität gemäß Abb. 53 ein sogenanntes Belastungsgebirge über der Projektdauer. In gleicher Weise kann das Kapazitätsangebot graphisch dargestellt werden. Durch eine Darstellung beider Belastungsgebirge in einer Abbildung lassen sich optisch anschaulich die Planungsperioden (p) mit Unter- bzw. Überbeschäftigung erkennen, wie das Beispiel in Abb. 55 verdeutlicht.

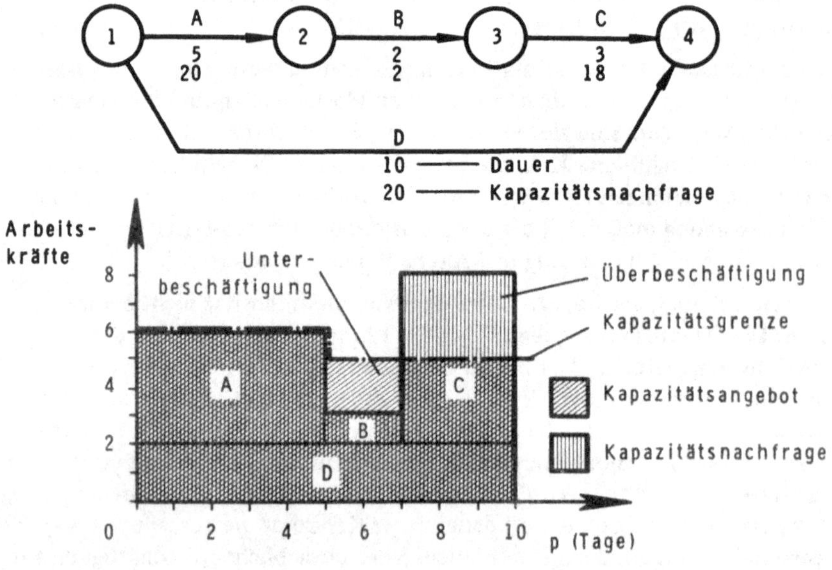

Abb. 55. Graphische Ermittlung von Unter- und Überbeschäftigung

Bei der graphischen Darstellung der Kapazitätsnachfrage in Abb. 55 wurde angenommen, daß die Nachfrage über der Vorgangsdauer gleichverteilt ist. Ferner ist zu beachten, daß innerhalb des Gebirges keine Lücken auftreten, da sonst falsche Unter- bzw. Überbeschäftigungen ausgewiesen werden. Unter Umständen muß daher bei der Erstellung des Gebirges die Nachfrage eines Vorgangs in mehrere Teilrechtecke aufgegliedert werden (vgl. Abb. 56, Vorgang A und B).

Sofern nicht alle Vorgänge in einem Projekt die Gesamtpufferzeit „Null" besitzen, ergeben sich für das gleiche Projekt unter Einhaltung des Liefertermins unterschiedliche Belastungsgebirge, wenn die Kapazitätsnachfrage der Vorgänge zu ihrem frühesten, spätesten oder einem Anfangstermin innerhalb der Gesamtpufferzeit über der Projektdauer graphisch aufgetragen werden (vgl. Abb. 56).

Bei der Einlastung zum frühesten Anfangstermin (Fall a) in Abb. 56 wird das Kapazitätsangebot in keiner Planungsperiode überschritten, während bei der Einlastung zum spätesten Anfangstermin (Fall b) in Abb. 56 in der Periode 4 das Kapazitätsangebot um 3 Kapazitätseinheiten überschritten wird, wodurch sich gleichzeitig die Leerkapazität im betrachteten Planungszeitraum gegenüber Fall a) um den gleichen Betrag erhöht. Andererseits werden im Fall a) alle Vorgänge mit einer Gesamtpufferzeit zu früh fertiggestellt, so daß sich eine unnötige Kapitalbindung und damit ein ungünstiger Kostenanfall ergibt.

In der Regel ist es nicht sinnvoll, für ein Projekt nur ein Belastungsgebirge zu erstellen. Vielmehr werden unterschiedliche Personen bzw. Betriebsmittelgruppen an der Leistungserstellung beteiligt sein. Um daher genaue Aussagen darüber zu erhalten, welche Arbeitskräfte bzw. Betriebsmittel in welcher Menge und zu welchem Zeitpunkt zusätzlich benötigt werden bzw. ohne Arbeit sind, müssen für ein Projekt mehrere Belastungsübersichten entsprechend der Anzahl dieser Kapazitätsgruppen erstellt werden.

Für den Netzplan in Abb. 56 ergeben sich zum Beispiel zwei Belastungsübersichten (vgl. Abb. 57), wenn die Vorgänge A, B und C zum Bereich „Teilefertigung" und die Vorgänge D, E, F und G zum Bereich „Montage" gehören. Unter der Voraussetzung, daß die 10 Arbeitskräfte aus Abb. 56 sich zu 6 auf die Teilefertigung und 4 auf die Montage aufteilen, zeigt sich bei einer Einlastung zum spätesten Termin nur in der Montage eine Überbeschäftigung. In der Planungsperiode 4 werden zusätzlich vier Monteure und in den Planungsperioden 5, 7 und 8 wird ein Monteur zusätzlich benötigt.

Je feiner die Unterteilung des vorhandenen Kapazitätsangebots in Kapazitätsgruppen vorgenommen wird, um so genauer lassen sich Aussagen über die betroffenen Personengruppen bzw. Betriebsmittel machen, wenn die benötigten Informationen vorhanden sind. Der Detaillierungsgrad der Netzplanstruktur und der Kapazitätsgruppen sollten jedoch aufeinander abgestimmt sein.

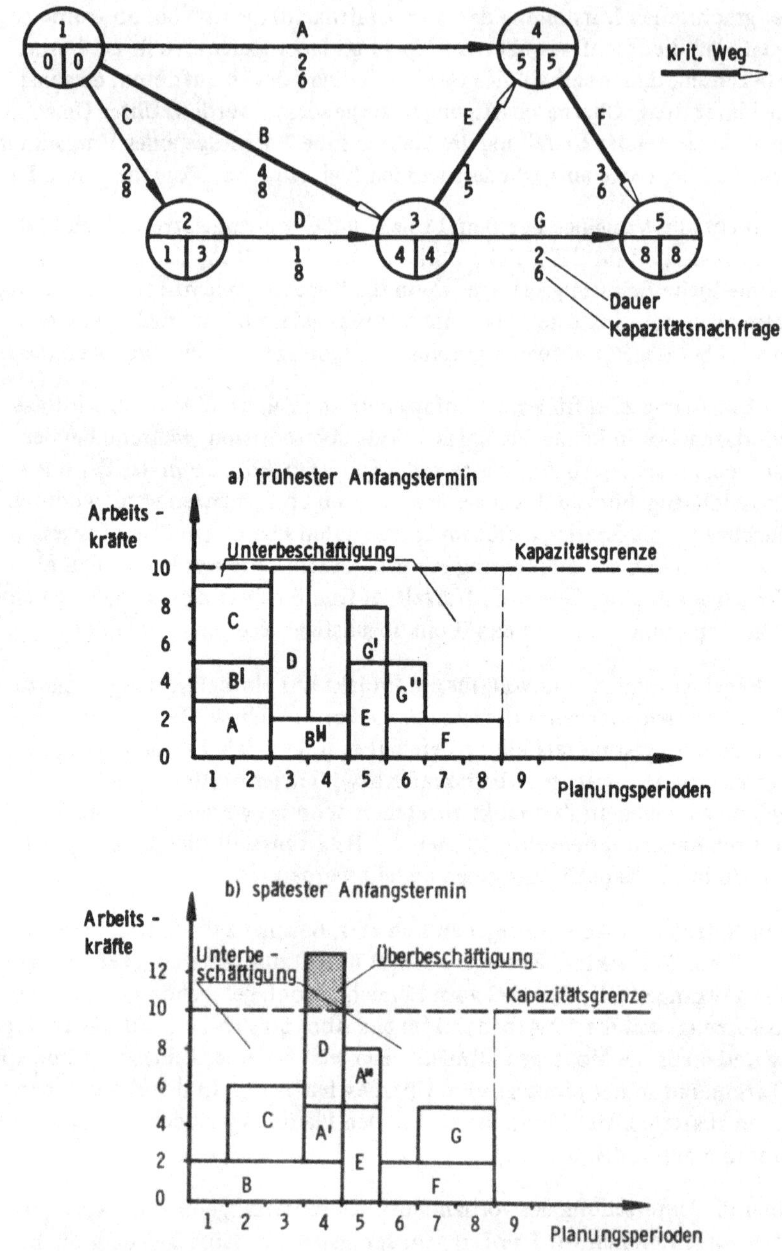

Abb. 56. Graphische Darstellung der Kapazitätsnachfrage über der Vorgangsdauer zum frühesten und spätesten Anfangstermin

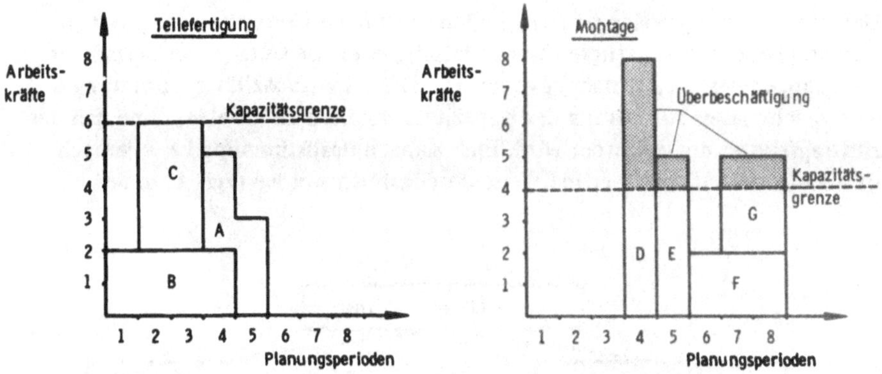

Abb. 57. Belastungsgebirge der Bereiche „Teilefertigung" und „Montage"

Bei Vorgängen, die sich auf Abteilungen oder Bereiche beziehen, können durch Kapazitätsplanung in erster Linie mit hinreichender Genauigkeit Aussagen über die kapazitive Auslastung von Bereichen gewonnen werden. Genaue Angaben über die kapazitive Auslastungen von Bereichen und Einzelkapazitäten lassen sich nur dann machen, wenn die Ablaufstruktur im Netzplan entsprechend fein gegliedert ist. In der Teilefertigung müßten die Arbeitsvorgänge des Arbeitsplans mit den Vorgängen des Netzplans identisch sein, wenn die Auslastung von Einzelkapazitäten und Maschinengruppen ermittelt werden soll. Durch Zusammenfassen mehrerer solcher Feinvorgänge ließe sich in diesem Fall auch ohne besonderen Aufwand die Auslastung größerer Kapazitätseinheiten bestimmen.

Die Bildung und Abgrenzung der einzelnen Kapazitätsgruppen für die Kapazitätsplanung stellt im praktischen Fall eine wichtige und oft schwiereige Aufgabe dar. Vor allem hier sollte der Grundsatz gelten, „nur so genau wie nötig", da gerade bei EDV-Programmen die Kapazitätsplanung sehr rechenaufwendig ist, wenn über die Ermittlung von Kapazitätsangebot und -nachfrage hinaus noch eine Kapazitätsabstimmung durchgeführt wird.

2.4.3 Kapazitätsplanung mit Abstimmung von Kapazitätsangebot und -nachfrage

Das Problem der kostenoptimalen Zuteilung von Arbeitskräften und Betriebsmitteln zu bestimmten Terminen ist das zentrale Problem der Terminplanung, für das es bisher noch keine endgültige Lösung gibt. Aus dem Belastungsgebirge, das ohne Berücksichtigung des vorhandenen Kapazitätsangebots erstellt wurde, ist zu ersehen, daß im Normalfall das Angebot an Kapazität und die Nachfrage nach Kapazität in den einzelnen Planungsperioden nicht übereinstimmen. Oft treten beträchtliche Auslastungsschwankungen um das Kapazitätsangebot auf.

Da unterbeschäftigte Kapazitätseinheiten erhebliche Leerkosten verursachen, während bei überbeschäftigten Kapazitätseinheiten die Gefahr von Terminverschiebungen besteht, ist man bestrebt, mit Hilfe der Kapazitätsabstimmung eine gleichmäßige Auslastung der Kapazitätseinheiten zu erzielen, ohne daß der Auftragsendtermin gefährdet wird. Eine Kapazitätsabstimmung kann je nach Belastungsfall auf verschiedene Weise durchgefürht werden (vgl. Abb. 58).

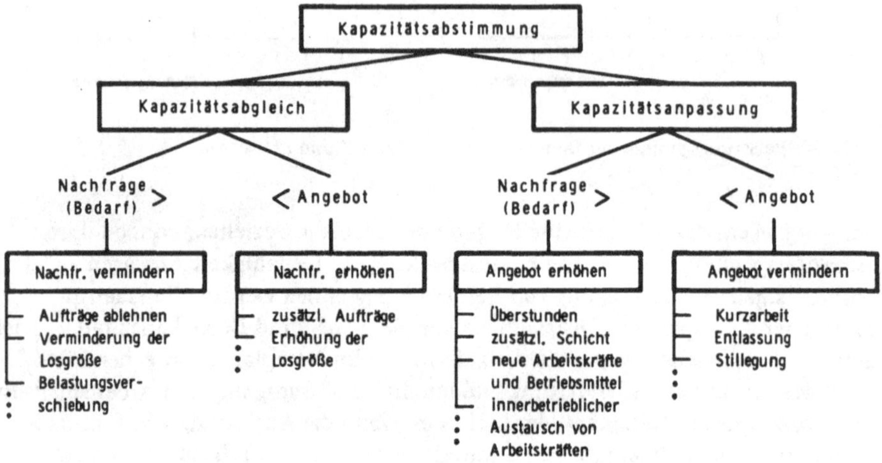

Abb. 58. Möglichkeiten der Kapazitätsabstimmung

Bisher gibt es keinen Lösungsansatz oder Lösungsalgorithmus, mit dessen Hilfe eine Kapazitätsabstimmung in der Weise durchgeführt werden kann, daß in jedem Fall mit vertretbarem Aufwand ein kostenminimaler Ablauf realisiert wird. Ein solches Programm müßte die in Abb. 58 aufgeführten Möglichkeiten bei Unter- bzw. Überbeschäftigung hinsichtlich der wirtschaftlichen Lösung überprüfen. Bisher werden entsprechende Maßnahmen, wie die Hereinnahme zusätzlicher Aufträge, die Vergabe von Arbeiten an Dritte, das Anordnen von Überstunden und zusätzlichen Schichten usw., meist aufgrund von Erfahrung durchgeführt.

Lediglich für den Fall einer Überbeschäftigung von Kapazitätseinheiten in bestimmten Planungsperioden wurden zahlreiche Verfahren entwickelt, mit denen durch eine Verschiebung der Überbeschäftigung eine Nachfrageverminderung der überbelasteten Planungsperioden erreicht wird, wenn in anderen Planungsperioden eine Unterbeschäftigung vorliegt.

2.4.3.1 Kapazitätsabgleich durch Verlagerung der Überbeschäftigung im Ein-Projekt-Fall

Ein Kapazitätsabgleich innerhalb einer Kapazitätsgruppe ist immer dann sinnvoll, wenn innerhalb des Planungszeitraumes starke Nachfragesprünge auftreten. Diese Sprünge sind möglichst weitgehend zu nivellieren, damit eine gleichmäßige Beschäftigung im Planungszeitraum erreicht wird. Beim Überschreiten des Kapazitätsangebots durch die Nachfrage muß dagegen die Überbeschäftigung in Planungsperioden mit Leerkapazität verschoben werden, da andernfalls das Projekt in der Regel nicht termingerecht fertiggestellt werden kann. Folgende wichtige Ziele sollen bei einem Kapazitätsabgleich berücksichtigt werden:

(1) Gleichmäßige Kapazitätsauslastung der Kapazitätseinheiten,
(2) Geringe Kapitalbindung im Unternehmen,
(3) Hohe Termintreue bzw. Vermeidung von Lieferterminüberschreitungen,
(4) Vermeidung von Überbeschäftigung der Kapazitätseinheiten,
(5) Minimierung der Projektdauer.

Mathematisch lassen sich diese Ziele in folgender Zielfunktion darstellen:

$$Z = f(KNS; KÜB; KB; TA; PD)$$

mit: KNS = Kapazitätsnachfragesprünge
KÜB = Kapazitätsbeschäftigung
KB = Kapitalbindung
TA = Terminabweichungen
PD = Projektdauer

Der Kapazitätsabgleich soll so erfolgen, daß die Komponenten dieser Zielfunktion minimiert werden. Leider weisen die Komponenten häufig gegenläufige Tendenz auf [31, S. 160]. Der Abbau der Kapazitätsüberbeschäftigung ist z. B. meist mit der Zunahme der Kapitalbindungskosten und einer Erhöhung der Terminabweichung verbunden. Einen optimalen Termin- und Belastungsplan wird man also nur dann erzielen, wenn die Komponenten der Zielfunktion so aufeinander abgestimmt sind. daß die beeinflußbaren Kosten des Projektes ein Mimimum erreicht haben. Nur im Ausnahmefall werden dann auch alle Zielkomponenten ein Minimum aufweisen.

Für die Lösung dieses komplexen Optimierungsproblems konnte bisher kein Verfahren entwickelt werden, das unter wirtschaftlichen Gesichtspunkten einen optimalen Termin- und Belastungsplan erstellt. Die bisher entwickelten Verfahren des Kapazitätsabgleichs lassen sich in exakte und heuristische Verfahren einteilen [14, S. 59ff].

Die Hauptzielsetzung bei den *exakten* Lösungsansätzen besteht in der Minimierung der Projektdauer. Im Abschnitt 2.3.4 wurde ausführlich dargestellt, in welcher Weise die Projektdauer bei ausreichend verfügbarer Kapazität und veränderlicher Vorgangsdauer kostenoptimal minimiert werden kann. Da in der Praxis die Annahme ausreichend vorhandener Arbeitskräfte und Betriebsmittel in der Regel nicht gemacht werden kann, wird mit diesem Verfahren nur im Ausnahmefall eine realisierbare Lösung errechnet. Aus diesem Grunde wurden weitergehende Verfahren entwickelt, die bei unveränderlicher oder veränderlicher Vorgangsdauer unter Berücksichtigung von Kapazitätsbeschränkungen eine optimale Lösung finden. Es handelt sich hierbei um die Verfahren der Kombinatorik, der linearen und dynamischen Programmierung. Auf die Vielfalt der Ansätze soll jedoch hier nicht näher eingegangen werden, da die bisherigen Entwicklungen für die Praxis aus folgenden Gründen nicht einsetzbar sind:

(1) Diese Verfahren streben allein die Minimierung der Projektdauer an. Eine umfassende Zielsetzung ist nicht gegeben.

(2) Die Berechnungen mit diesen Algorithmen sind sehr zeitaufwendig und damit unwirtschaftlich.

Die Berücksichtigung aller Einflußgrößen auf den Kapazitätsabgleich läßt sich nur dann in einem Verfahren realisieren, wenn alle Ziele, wie Termintreue, Durchlaufzeitverkürzung, Kapazitätsnivellierung usw., kostenmäßig bewertet werden. Die Zielfunktion setzt sich dann aus verschiedenen Kostenkomponenten zusammen, die zu minimieren sind. Der Einsatz eines solchen Verfahrens für die Praxis wäre jedoch auch in diesem Fall nur dann möglich, wenn neben geringen Rechenzeiten die einzelnen Einflußgrößen mit der nötigen Genauigkeit kostenmäßig quantifiziert werden können. Zum Beispiel müßten bei einer Liefertermin-überschreitung die Auswirkungen auf das innerbetriebliche Geschehen und auf den Markt bzw. Kunden bewertet und kostenmäßig erfaßt werden. Im praktischen Fall wird dies nur in erster Annäherung gelingen, so daß das errechnete Optimum von der Güte dieser Daten abhängig ist.

Bei den *heuristischen* Planungsverfahren wird in relativ kurzer Zeit ein Kapazitätsabgleich erreicht, ohne daß in jedem Fall der kostengünstigste Belastungs- und Terminplan erzielt wird. Trotz dieses Verlustes an Planungsgüte gegenüber den exakten Verfahren wurden diese Verfahren in vielen EDV-Programmen realisiert, weil sie keine zusätzlichen Daten und relativ wenig Rechenzeit zur Durchführung des Abgleichs benötigen. Im folgenden sollen diese Verfahren näher erläutert werden.

Nivellierung der Kapazitätsnachfrage

Die Verfahren der Nivellierung der Kapazitätsnachfrage verfolgen das Ziel, die Kapazitätsnachfrage im Planungszeitraum möglichst weitgehend zu glätten. Hierbei wird der errechnete Projektendtermin als verbindlich angesehen und nicht verändert [14, S. 104]. Die Kapazitätsnachfrage eines jeden Vorgangs im Netzplan wird innerhalb seiner Gesamtpufferzeit solange in Richtung Zukunft oder Vergangenheit verschoben, bis ein Belastungsgebirge entsteht, das möglichst wenige und geringe Kapazitätsnachfragesprünge von Planungsperiode zu Planungsperiode aufweist. Die Dauer der Vorgänge bleibt bei dem Abgleichvorgang unverändert. Die prinzipielle Vorgehensweise des Verfahrens soll am Beispiel in Abb. 59 erläutert werden.

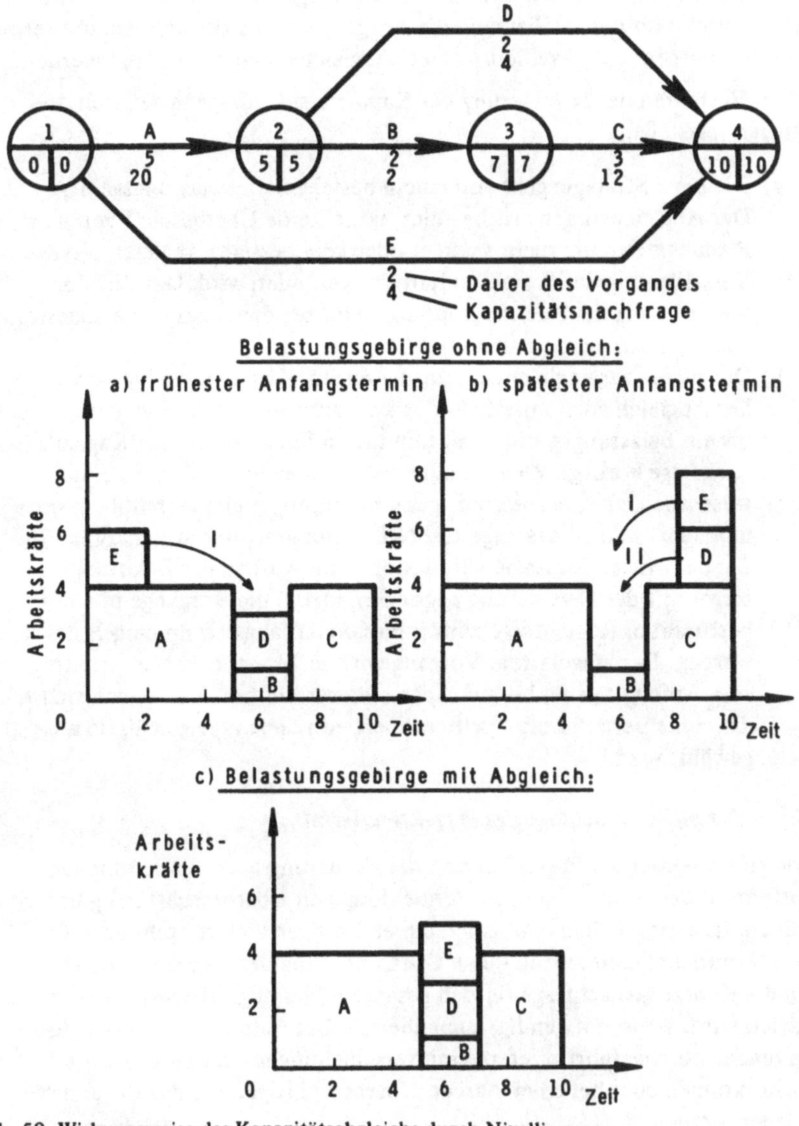

Abb. 59. Wirkungsweise des Kapazitätsabgleichs durch Nivellierung

Der Abgleichvorgang durch Nivellierung läuft, wie Abb. 59 zeigt, grundsätzlich so ab, daß die Kapazitätsnachfrage entsprechender Vorgänge aus Planungsperioden mit hoher Belastung in Planungsperioden mit geringer Belastung verschoben wird. Der Aufwand der bei einer solchen Nivellierung betrieben werden muß, hängt wesentlich von der gewählten Ausgangslösung ab. In Abb. 59 wird im Fall a), bei dem sämtliche Werte der Kapazitätsnachfrage zum frühesten Anfangstermin der Vorgänge eingeplant sind, der Abgleich durch *eine* Verschiebung erzielt, während im Fall b), bei dem die Vorgänge zum spätesten Anfangstermin eingelastet wurden, zur Nivellierung zwei Abgleichvorgänge benötigt werden.

Bei dem Verfahren der Nivellierung der Kapazitätsnachfrage lassen sich drei Strategien feststellen:

a) Die erste Strategie geht von einem bestehenden Belastungsgebirge aus. Der Abgleichvorgang ist beendet, wenn keine Überbeschäftigung im Planungszeitraum mehr vorliegt oder kein besserer Abgleich ohne Verschiebung des Projektendtermins gefunden wird. Das Ziel der Minimierung der Nachfragesprünge wird bei dieser Strategie angestrebt, aber nicht in jedem Fall erreicht.
b) Die zweite Strategie entspricht der ersten. Abweichend hiervon wird der Abgleich auch unterhalb der Kapazitätsgrenze solange durchgeführt, bis ein Belastungsgebirge mit minimalen Sprüngen bei der Kapazitätsnachfrage vorliegt. Zweckmäßig werden diejenigen Vorgänge, die wesentlich zur Überbeschäftigung beitragen, zuerst verschoben, um möglichst schnell das angestrebte Belastungsgebirge zu erhalten.
c) Bei der dritten Strategie wird schon beim Aufbau des Belastungsgebirges mit der Nivellierung begonnen, indem die Vorgänge in einer bestimmten Reihenfolge zum frühesten Anfangstermin eingelastet werden. Der eingelastete Vorgang wird sofort schrittweise vom frühesten Anfangstermin bis zum spätesten verschoben. Es ergeben sich dabei mehrere Belastungssituationen, von denen die günstigste ausgewählt wird.

Abgleich durch Verschiebung des Projektendtermins

Bei vielen Projekten der Praxis hat sich die Forderung nach Einhaltung des Liefertermins der Forderung nach Vermeidung von Überbeschäftigung unterzuordnen. In diesen Fällen ergibt sich ein endgültiger Liefertermin bzw. Projektendtermin erst dann, wenn keine Überschreitung der Kapazitätsgrenze durch die Kapazitätsnachfrage für den gesamten Planungszeitraum vorliegt. Der Ablgleich wird, wenn notwendig, auch über die Gesamtpufferzeit eines Vorgangs hinaus durchgeführt. Lieferterminverschiebungen sind zwar nicht erwünscht, können aber bei einer starken Überbeschäftigung in der Regel nicht vermieden werden.

Inwieweit das Ziel einer minimalen Lieferterminverschiebung bei Einhaltung der Kapazitätsgrenze erreicht wird, hängt entscheidend davon ab, in welcher Reihenfolge die Kapazitätsnachfrage der Netzplanvorgänge in die entsprechenden Kapazitätseinheiten eingeplant werden. Die Verfahren versuchen daher im ersten Schritt mittels sogenannter Prioritätsregeln zunächst eine günstige Reihenfolge der Vorgänge festzulegen. In dieser Reihenfolge wird im zweiten Schritt die Kapazitätsnachfrage der Vorgänge eingeplant, wobei ein möglichst kostenminimaler Belastungsplan angestrebt wird, bei dem keine oder nur wenig Kapazitätsnachfrage oberhalb der Kapazitätsgrenze liegt. Im dritten Schritt werden die Vorgänge, die eine Überbeschäftigung hervorrufen, terminlich in einer festgelegten Richtung, meist in Richtung Zukunft, verschoben.

Die optimierende Wirkung dieser Verfahren liegt nicht allein bei der Durchführung des Kapazitätsabgleichs, sondern auch bei der Festlegung einer günstigen Reihenfolge der Vorgänge. Aufgrund bestimmter Kriterien wird für jeden Vorgang eine besondere Vorgangsprioritätszahl ermittelt, die die Stellung des Vorgangs gegenüber den übrigen Vorgängen, die zur gleichen Zeit um freie Kapazität konkurrieren, eindeutig kennzeichnet. Als Reihenfolgekriterien könnten z. B. der früheste oder späteste Anfangstermin, die Dauer, die Gesamtpufferzeit, der Rang eines Vorgangs u. a. m. gewählt werden. Praktisch lassen sich beliebig viele Prioritätsregeln aufstellen. Hiervon machen die bekannten EDV-Programme der Projektplanung reichlich Gebrauch.

Das *GRASP-Programm* (General Resources Allocation and Scheduling, IBM) [32] kennt folgende sieben Kriterien, von denen der Benutzer zwei im konkreten Fall auszuwählen hat:

- kleinster Vorgangspuffer
- kleinste Vorgangsdauer
- frühester Anfangstermin des Vorgangs
- spätester Anfangstermin des Vorgangs
- frühester Endtermin des Vorgangs
- Gesamtpufferzeit und Dauer des Vorgangs

Außerdem kann der Benutzer die Reihenfolge der Einplanung durch eine sogenannte externe Priorität beeinflussen. Für den Fall, daß mit der ersten gewählten Prioritätsregel keine eindeutige Reihenfolge festgelegt werden kann, wird die Entscheidung mit Hilfe des zweiten Kriteriums getroffen.

Bei dem ASTRA/DISC-Netzplanprogramm (Automated Scheduling and Time integrated Resources Allocation, BULL-General-Electric) [3] kann zwischen zwei Zuordnungsalgorithmen gewählt werden. Der Algorithmus 1 legt die Reihenfolge für ein Projekt primär nach dem spätesten Endtermin und sekundär nach dem frühesten Angangstermin und der Dauer des betrachteten Vorgangs fest.

Algorithmus 2 ordnet die Vorgänge entsprechend ihrem spätesten Endtermin zu entsprechenden Vorgangspaketen. Innerhalb dieser Pakete wird die Reihenfolge nach *einer* Prioritätskennzahl festgelegt. Die Kennzahl ergibt sich aus dem frühesten Beginntermin des jeweiligen Vorgangs, dem geplanten Endtermin vorangegangener Vorgänge und der Dauer des Vorgangs.

Ähnlich wie beim Programm GRASP kann der Benutzer beim *SINETIK-Programm* (Siemens Netzplantechnik) [1]zwischen folgenden Prioritätskriterien frei wählen: Frühester Beginntermin, frühester Endtermin, spätester Beginntermin, spätester Endtermin eines Vorgangs. Als weiteres sekundäres Kriterium wird der Rang der Vorgänge herangezogen.

Eine Vielzahl von Möglichkeiten hinsichtlich der Festlegung der Reihenfolge der Vorgänge bei der Einplanung bietet das *PMS/RAP*-Programm [33] (Project Management System/Resource Allocation Program, IBM). Dieses Programm kennt u. a. folgende Prioritätskriterien:

- frühester, spätester Anfangstermin bzw. frühester, spätester Endtermin eines Vorgangs; größter oder kleinste Gesamtpufferzeit, Dauer, Restdauer eines Vorgangs; Prioritätsnummer für den Vorgang, das Einsatzmittel, das Teilnetz oder die Abteilung, eine Zufallszahl für jeden Vorgang.

Mit Hilfe dieser Prioritätskriterien können bis zu drei Prioritätsregeln P_1, P_2 und P_3 gebildet werden. Die Festlegung der Reihenfolge der Vorgänge bei der Einplanung erfolgt seriell in folgender Weise: Zunächst wird die Reihenfolge der Vorgänge nach der Regel P_1 unabhängig von P_2 und P_3 ermittelt. Für Vorgänge, die den gleichen P_1-Wert aufweisen, kommt die Regel P_2 zur Anwendung. Ergibt sich auch jetzt noch keine eindeutige Reihenfolge, so werden die verbleibenden Vorgänge nach Regel P_3 geordnet. Die höchste Priorität erhält immer der Vorgang mit dem größten P-Wert.

Für die aufgeführten Netzplanprogrammsysteme läßt sich übereinstimmend feststellen, daß mehrere Lösungswege zur Bestimmung der Vorgangsreihenfolge bei der Kapazitätsplanung angeboten werden. Welcher Weg im praktischen Fall beschritten werden soll, bleibt allein der Erfahrung des Anwenders überlassen. Umfassende Untersuchungen über die Wirksamkeit der Prioritätsregeln liegen in bezug auf die Realisierung der Komponenten der Zielfunktion bisher jedoch nicht vor. Vielfach ist man daher nur auf Vermutungen angewiesen, in welcher Weise sich eine bestimmte Regel auf bestimmte Zielsetzungen auswirken wird [34, S. 29].

Die gleiche Aussage trifft auch für den eigentlichen Abgleichvorgang zu, der immer dann notwendig wird, wenn die Kapazitätsnachfrage eines Vorgangs die Kapazitätsgrenze überschreitet. Je nachdem zu welchem Termin die Vorgänge eingelastet wurden und welche Abgleichrichtung gewählt wurde, ergeben sich unterschiedliche Strategien, die die Zielfunktion in unterschiedlicher Weise beeinflussen. Die Beispiele in Abb. 60 sollen dies verdeutlichen.

Fall a: Die Einlastung aller Vorgänge erfolgt ab frühestem Anfangstermin. Der Kapazitätsabgleich für Vorgang A wird in Richtung Zukunft durchgeführt.

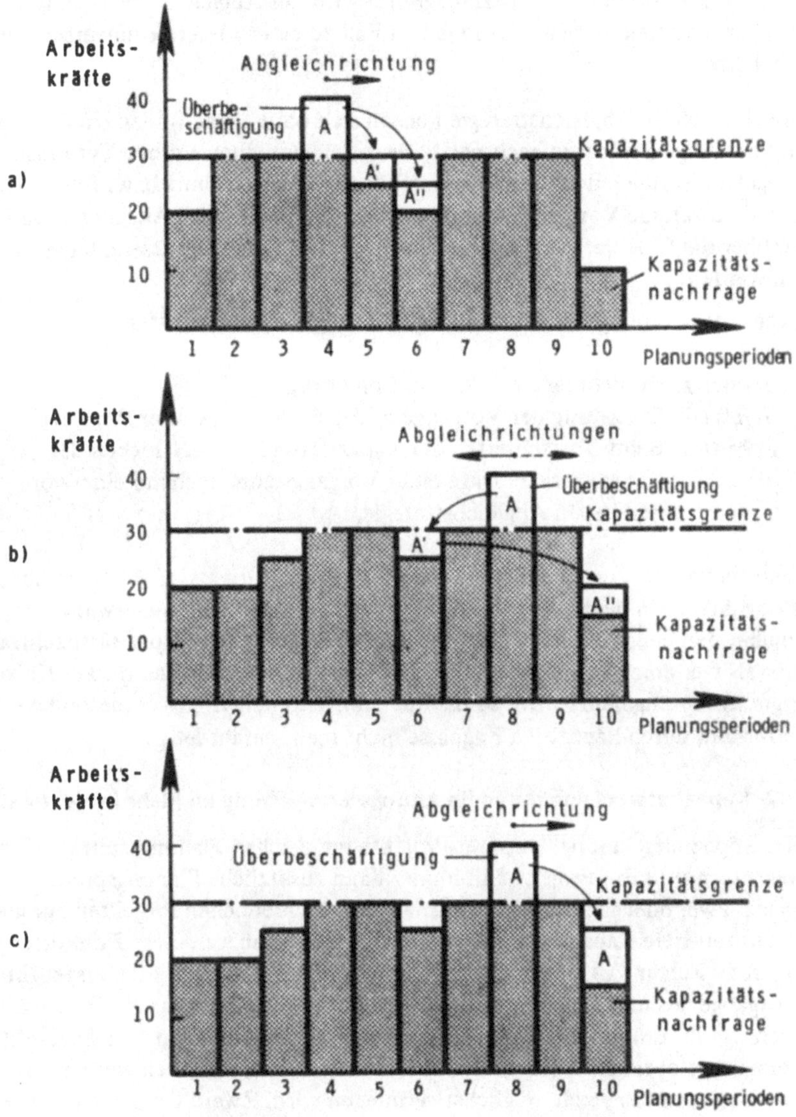

Abb. 60. Strategien des Kapazitätsabgleichs

Fall b: Die Einlastung aller Vorgänge erfolgt ab spätestem Anfangstermin. Der Kapazitätsabgleich für den Vorgang A wird in Abb. 60b bis zum frühesten Anfangstermin (Planungsperiode 6) in Richtung Gegenwart und falls keine Unterbeschäftigung vorhanden ist, ab dem spätesten Anfangstermin in Richtung Zukunft durchgeführt.

Fall c: Die Einlastung aller Vorgänge erfolgt zum spätesten Anfangstermin. Bei Überschreitung der Kapazitätsgrenze wird der Abgleich in Richtung Zukunft vorgenommen, was in jedem Fall zu einer Lieferterminverschiebung führt.

Zahlreiche weitere Abgleichstrategien lassen sich ohne Mühe finden. In der Praxis erfolgt der Abgleich häufig nach Fall a, damit eine möglichst große Terminsicherheit gegeben ist, die jedoch durch eine erhöhte Kapitalbindung bzw. frühen Kostenanfall durch die Vorgänge erkauft werden muß. Konkrete Angaben lassen sich bisher über die Güte der Strategien nicht machen. Zusammenfassend kann festgehalten werden:

Die Kapazitätsplanung mit Prioritätsregeln erfolgt in drei Schritten.

Schritt 1: Ermittlung einer Priorität pro Vorgang.
Schritt 2: Einlastung der Vorgänge in der Reihenfolge ihrer Priorität.
Schritt 3: Beim Überschreiten der Kapazitätsgrenze verschieben der Kapazitätsnachfrage eines Vorgangs entsprechend einer vorgegebenen Abgleichstrategie.

Der entscheidende Vorteil der Kapazitätsabgleichsverfahren auf der Grundlage der Prioritätsregeln liegt vornehmlich im relativ geringen Rechenaufwand. Gegenüber den heuristischen Verfahren der Nivellierung der Kapazitätsnachfrage kommt als weiterer Vorteil hinzu, daß der Abgleich in jedem Fall bis zur Kapazitätsgrenze durchgeführt wird, so daß die ermittelten Termine, insbesondere der Liefertermin, durch kapazitive Engpässe nicht mehr gefährdet sind.

2.4.3.2 Kapazitätsabgleich durch Belastungsverschiebung im Mehr-Projekt-Fall

Bei der Kapazitätsplanung mehrerer Projekte im gleichen Planungszeitraum treten im Gegensatz zum Ein-Projekt-Fall immer dann zusätzliche Planungsprobleme auf, wenn zwei oder mehrere Vorgänge aus unterschiedlichen Projekten zur gleichen Zeit um freie Kapazität konkurrieren. Bisher ergab sich diese Konkurrenzsituation nur zwischen Vorgängen des gleichen Projektes. Sie wird jetzt ausgedehnt auf Vorgänge aus unterschiedlichen Projekten. Im Prinzip ist das gleiche Problem zu lösen wie im Ein-Projekt-Fall: Für sämtliche zu verplanenden Vorgänge soll eine möglichst optimale Reihenfolge vor der Einlastung gefunden werden, so daß ein Kapazitätsabgleich möglichst vermieden wird. Zwei Lösungswege bieten sich an:

(1) Alle Vorgänge der vorliegenden Projekte werden zur gleichen Zeit kapazitiv verplant. In diesem Fall wird der Mehr-Projekt-Fall auf einen komplexen Ein-Projekt-Fall zurückgeführt.
(2) Jedes Projekt für sich wird als Einheit angesehen und nacheinander kapazitiv eingelastet. Dabei ist die Konkurrenzsituation zwischen Vorgängen unterschiedlicher Projekte ausgeschlossen.

Im ersten Fall wird aus mehreren Netzplänen ein großes Gesamtnetz erstellt, für das die bekannte Zielfunktion mit den bekannten Verfahren zu minimieren ist. Die Realisierung dieses Falls läßt sich jedoch nur bei wenigen, kleinen Projekten durchführen, da der Rechenaufwand gegenüber der Einplanung der getrennten Projekte nicht linear, sondern progressiv ansteigt, da nach jedem Abgleichvorgang der gesamte Netzplan neu terminiert werden muß. Außerdem ist die Anzahl der Vorgänge, die ein Netzplan aufweisen darf, bei den EDV-Programmen beschränkt.

Im zweiten Fall muß zunächst die Einlastungsreihenfolge aller Projekte, die im gleichen Planungszeitraum terminlich anfallen, eindeutig festgelegt werden. Die Lösung dieses Problems erfolgt in der Praxis mittels sogenannter Projekt- oder auch Auftragsprioritäten, mit der die Bedeutung der Projekte untereinander quantifiziert wird. Wie bei den Vorgangsprioritäten bieten sich auch zur Ermittlung der Dringlichkeit der Projekte zahlreiche Reihenfolgekriterien an, auf deren Grundlage die Prioritätszahl errechnet wird. Im einzelnen lassen sich beispielhaft anführen:

- Kapazitätsnachfrage des Gesamtprojektes,
- Höhe der Herstelldauer des Projektes,
- Erwarteter Gewinn des Projektes,
- Herstellkosten des Projektes,
- Höhe der Konventionalstrafen bei Verspätung der Projektfertigstellung u.a.m.

Mit Hilfe dieser Kriterien wurden bestimmte Prioritätsregeln aufgestellt, deren Auswirkungen mit Hilfe der Simulation auf die Komponenten der bekannten Zielfunktion festgestellt wurden. Die bisherigen Untersuchungen ergaben, daß keine der Regeln die Zielfunktion entscheidend beeinflußt [35, S. 104]. Da bei den Reihenfolgekriterien allerdings keine immateriellen Werte, wie Vertrauensschwund, Verlust von Ansehen usw. berücksichtigt wurden, wird es sicherlich dennoch zweckmäßig sein, bestimmte Projekte durch eine höhere Priorität zu bevorzugen.

Der Ablauf bei der Kapazitätsplanung im Mehr-Projekt-Fall könnte entsprechend dem bisher Erläuterten in folgenden Schritten ablaufen:

(1) Festlegen der Reihenfolge der Projekte durch eine Projektprioritätszahl.
(2) Einlastung des Projektes mit der höchsten Dringlichkeit.

(3) Nivellierung der Kapazitätsnachfrage durch Verschiebung der Vorgangsnachfrage innerhalb der Gesamtpufferzeit.
(4) Einlasten der weiteren Projekte entsprechend Punkt 2 und 3, bis alle Projekte verplant sind.
(5) Ausweis der Überbeschäftigung im Planungszeitraum.
(6) Verschiebung der Überbeschäftigung in andere Planungsperioden, falls keine anderen Kapazitätsabstimmungsmaßnahmen möglich oder wirtschaftlich sind (Kapazitätsabgleich).

In den bisherigen Netzplanprogrammsystemen sind nur einige dieser Schritte realisiert. Neue Vorgehensweisen bei der Kapazitätsplanung werden sich erst dann ergeben, wenn die Netzplandaten der Projekte in Datenbanken abgespeichert sind. Eine sogenannte Netzplandatenbank ermöglicht es, auf die benötigten Daten direkt zuzugreifen. Eine wirksame Multiprojektplanung läßt sich dann am Bildschirm im Dialog mit dem Planer realisieren. Dieser Dialog ist deshalb so bedeutsam, weil alle Einflußgrößen, die auf den Planungsprozeß wirken, von EDV-Programmen auch in Zukunft nur unzureichend erfaßt werden können.

2.5 Kostenanalyse von Projektabläufen

Die bisherigen Überlegungen befaßten sich ausschließlich mit der Ermittlung realistischer Termine für Projekte. Die Kosten spielten nur dann eine Rolle, wenn der Terminablauf eines Projektes durch Verkürzung der Vorgangszeitwerte so beeinflußt werden sollte, daß der hierdurch entstehende Kostenzuwachs möglichst gering ausfiel. Damit wurden keine Aussagen über den Kostenanfall gemacht, der bei der Abwicklung des Projektes entsteht, zumal hierbei nur die direkten Vorgangskosten berücksichtigt wurden. Die Ermittlung der gesamten Projektkosten erfolgt gesondert hiervon in einer sogenannten Plankostenrechnung.

2.5.1 Ermittlung der Projektkosten

Der Vorgang im Netzplan stellt die kleinste terminierbare Einheit dar. Bei seiner Realisierung fallen Kosten an, die von der Plankostenrechnung erfaßt, verarbeitet und bestimmten Kostenträgern zugeordnet werden. Diese Zuordnung kann aber nur dann erfolgen, wenn pro Vorgang folgendes bekannt ist:

- Höhe der Vorgangskosten,
- Art der Vorgangskosten und
- Nummer der Kostenstellen.

Wie schon in Abschnitt 2.3.2 ausgeführt, unterscheidet man bei den Vorgangskosten zwischen Interface-, direkten und indirekten Kosten. Mit den Interface- und den direkten Kosten können sofort die entsprechenden Kostenträger belastet werden, während die indirekten Kosten bzw. die Gemeinkosten über sogenannte Gemeinkostenzuschläge auf die Kostenträger verteilt werden.

Die Berechnung dieser Gemeinkostenzuschläge erfolgt in der Kostenstellenrechnung. Hier werden sämtliche Gemeinkosten einer Kostenstelle aufaddiert, die bei der Projektdurchführung anfallen. Die Summe dieser Gemeinkosten wird auf eine Basis bezogen. Dabei ergibt sich ein prozentuales Verhältnis, das als Gemeinkostenzuschlag der betreffenden Kostenstelle bezeichnet wird. Als Bezugsbasis werden in der Regel der Fertigungslohn oder die Materialkosten herangezogen, die in dieser Kostenstelle anfallen. Die Verrechnung der Gemeinkosten auf die Kostenträger erfolgt dann in der Weise, daß zu den direkten Kosten, die als Zuschlagsbasis gewählt wurden, für jeden Vorgang die Gemeinkosten der Kostenstelle entsprechend dem Gemeinkostenzuschlag addiert werden. Würde z. B. bei einem Vorgang 10.000,– DM Fertigungslohn anfallen und der Gemeinkostenzuschlag 50 % bezogen auf die Fertigungslöhne betragen, so würde der Kostenträger mit 10,000,– DM direkten Kosten (Lohnkosten) und mit 5.000,– DM indirekten Kosten (Gemeinkosten der betreffenden Kostenstelle) belastet.

Gemäß der Untergliederung des Projektes durch den Projektstrukturplan ergeben sich verschiedene Kostenträger. Der oberste Kostenträger ist das Projekt, der unterste das Arbeitspaket. In den dazwischenliegenden Stufen stellen die Teilaufgaben weitere Kostenträger dar. Durch diese differenzierte Zuordnung der Vorgangskosten erhält der Anwender die Möglichkeit auf jeder Ebene des Projektstrukturplans gezielt die Kosten zu beeinflussen. Die gesamte Kostenstruktur eines Projektes wird damit transparent und notwendigen Eingriffen während der Durchführungsphase zugänglich. Die Kostenstruktur läßt sich übersichtlich in Form einer Liste darstellen (vgl. Abb. 61, vgl. [14, S. 94]).

In der ersten Spalte dieser Liste werden das Projekt, die Teilaufgaben und die Arbeitspakete entsprechend dem Projektstrukturplan und die Vorgänge des Projektes aufgeführt. Die Vorgänge werden den jeweiligen Arbeitspaketen zugeordnet. Die Felder der ersten Zeile tragen die Bezeichnungen der Kostenarten und Gesamtkosten. Die anfallenden Kostenbeträge der Vorgänge werden in die entsprechenden Felder der Matrix eingetragen und addiert. Es ergeben sich somit in übersichtlicher Darstellung Kostensummen für die Arbeitspakete, Teilaufgaben und das Gesamtprojekt, indem zeilen- oder spaltenweise die Kostenbeträge summiert werden.

Die bisher aufgeführten Schritte zur Ermittlung und Darstellung der Projektkosten sind zusammenfassend aus der Übersicht in Abb. 62 zu erkennen.

Vorgang (V) Arbeitspaket (AP) Teilaufgabe (TA)	Kostenarten					Gesamt-Kosten
	A		B	C	Interface-Kosten	
	Dir.Ko	Ge.Ko	Dir.Ko	Dir.Ko		
V (1)	300	150				450
V (2)	1.650	825				2.475
V (3)	100	50				150
AP 100	2.050	1.025				3.075
V (4)				4.000		4.000
V (5)				9.500		9.500
AP 110				13.500		13.500
TA 1000	2.050	1.025		13.500		16.575
V (6)			20.000			20.000
V (7)	600	300	7.000			7.900
V (8)					3.500	3.500
AP 210	600	300	27.000		3.500	31.400
V (9)	8.000	4.000				12.000
V (10)	200	100				300
V (11)				2.700		2.700
V (12)				10.500		10.500
AP 220	8.200	4.100		13.200		25.500
TA 2000	8.800	4.400	27.000	13.200	3.500	56.900
Projekt A	10.850	5.425	27.000	26.700	3.500	73.475

Abb. 61. Kostenliste für ein Projekt

2.5.2 Zeitlicher Projektkostenverlauf

Neben der Ermittlung der detaillierten Kostenstruktur eines Projektes kann mit Hilfe der Netzplantechnik der terminliche Anfall der Kosten berechnet werden, d. h. in diesem Fall werden die Vorgangskosten nicht den Projektträgern, sondern den Vorgangsterminen zugeordnet. Es ergibt sich eine Kostenverteilung über der Dauer des Projekts, die in Form einer Liste oder graphisch meist als Summenkurven dargestellt wird.

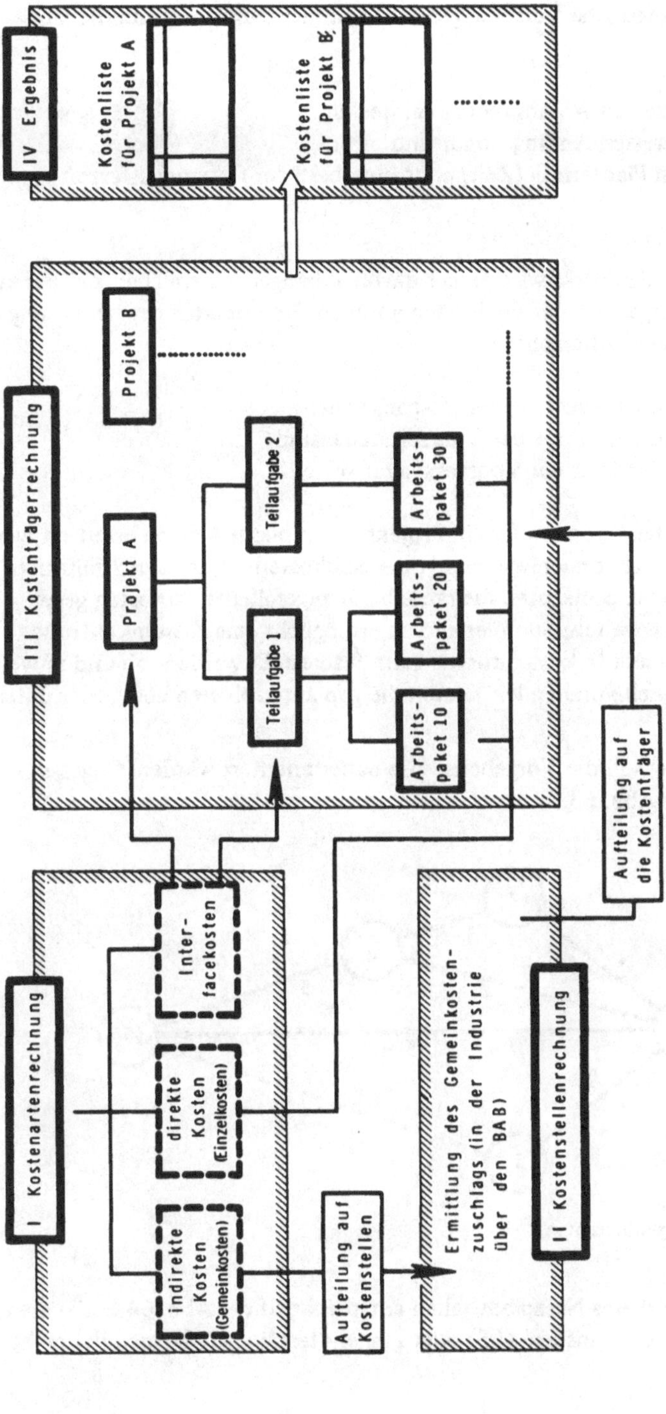

Abb. 62. Ablauf der Projektkostenermittlung

Mehrere unterschiedliche Verteilungen fallen immer dann an, wenn die Vorgangskosten

- zum frühesten Anfangs- oder Endtermin,
- zum spätesten Anfangs- oder Endtermin,
- zu einem Plantermin (Zeitpunkt innerhalb der Gesamtpufferzeit)

aufgetragen werden.

Die Form der Kostenkurve wird ferner davon abhängen, zu welchen Zeitpunkten innerhalb der Vorgangsdauer die Kosten anfallen. Von praktischer Bedeutung sind folgende drei Möglichkeiten:

- insgesamt zum Anfang der Vorgangsdauer,
- insgesamt zum Ende der Vorgangsdauer und
- gleichmäßig über der Vorgangsdauer verteilt.

In der Planungsphase können für ein Projekt nur geplante Kosten ermittelt werden. Man spricht daher auch von Plan- oder Sollkosten. In der Durchführungsphase werden diesen Sollkosten die tatsächlich angefallenen Istkosten gegenübergestellt. Diese weitere Summenkurven ermöglicht eine Kostenkontrolle. Anhand der Soll- und Istkostenkurven kann festgestellt werden, ob und in welcher Höhe die tatsächlich anfallenden Kosten die geplanten Kosten über- oder unterschreiten.

An einem Beispiel soll die Vorgehensweise näher erläutert werden. Gegeben sei der Netzplan der Abb. 63.

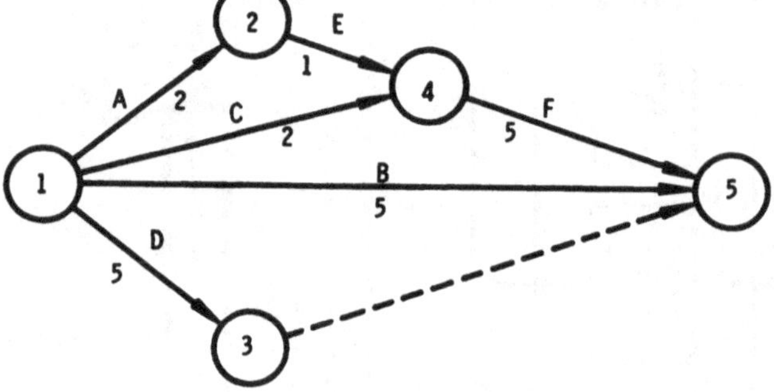

Abb. 63. Vorgangspfeilnetzplan

Für die Vorgänge dieses Netzplans fallen entsprechend der Abb. 64 Sollkosten an, die entweder zu den Planstart- (PS) oder Planendterminen (PE) in voller Höhe eingeplant werden sollen. Bei diesen Planterminen handelt es sich um Zeitpunkte, die innerhalb der Gesamtpufferzeit eines Vorgangs liegen. Sie werden nach Kostengesichtspunkten und anderen Gegebenheiten vom Planer festgelegt.

Vorgang	A	B	C	D	E	F
PS	0	0	1	1	2	3
PE	2	5	3	6	3	8
Sollkosten	50	100	100	200	50	100

Abb. 64. Geplante Termine und Sollkosten für die Vorgänge des Netzplanbeispiels

Um eine übersichtliche Darstellung über den Kostenanfall während der Projektdauer zu erhalten, werden die Sollkosten zweckmäßig zu den unterschiedlichen Planterminen kumuliert und die Ergebnisse dieser Rechnungen in Form einer sogenannten kumulierten Sollkostenkurven des Projektes über dessen Dauer graphisch dargestellt.

In Abb. 65 wurden die Kurvenzüge für die Sollkosten zu den Planstart- und Planendterminen des Beispiels ermittelt. Es ergeben sich zwei Treppenkurven, die bei 600 Kosteneinheiten (KE), den geplanten Projektgesamtkosten, enden.

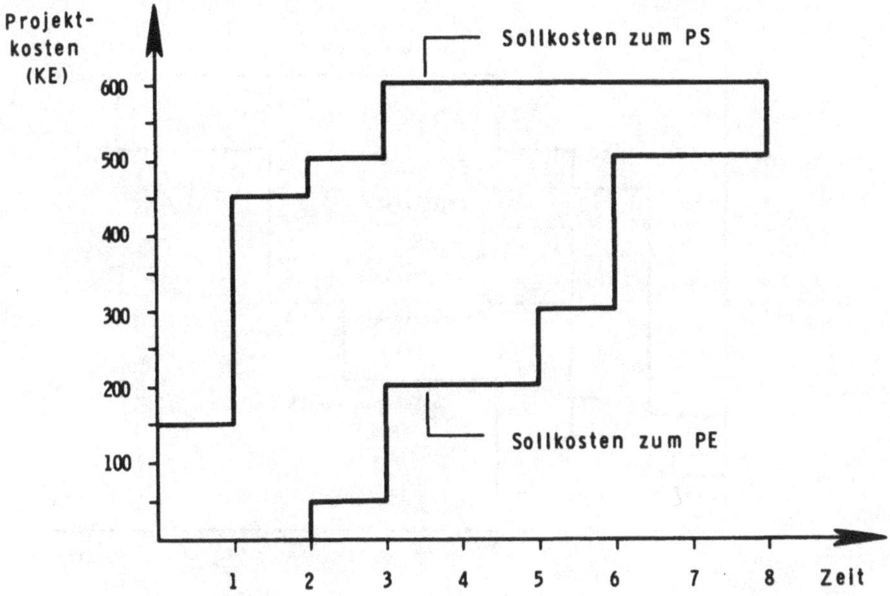

Abb. 65. Kumulierte Sollkosten zum Planstart- und Planendtermin

Eine Aussage über eine Kostenüber- bzw. Kostenunterschreitung kann aus dem Vergleich von Ist- und Sollkosten während der Projektdurchführung nur dann vorgenommen werden, wenn in beiden Fällen das gleiche Arbeitsvolumen zugrunde liegt. Da diese Voraussetzung meist nicht zutrifft, müssen die Istkosten mit einem sogenannten Arbeitswert verglichen werden, der folgendermaßen definiert ist:

$$AW_t = \sum_{i=1}^{n} SKO_i + \sum_{j=1}^{m} ASKO_j$$

mit AW_t = Arbeitswert zum Zeitpunkt t
i = Vorgänge, die beendet sind.
j = Vorgänge, die in Arbeit sind.
SKO = Sollkosten eines Vorgangs
ASKO = anteilmäßige Sollkosten eines Vorgangs

In Abb. 66 weist der Arbeitswert zum Zeitpunkt 3 eine Höhe von 300 KE auf. Da die Istkosten zum gleichen Zeitpunkt 400 KE betragen, liegt in diesem Beispiel eine Kostenüberschreitung von 100 KE vor.

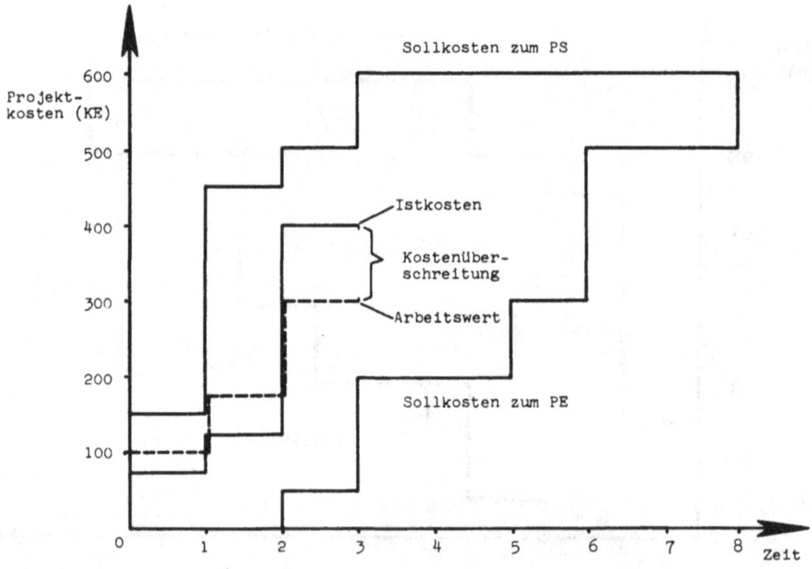

Abb. 66. Kumulierte Kostenverläufe für das Netzplanbeispiel

2.5.3 Finanzplanung

Auf der Grundlage der Kostenverläufe läßt sich für ein Projekt eine detaillierte Finanzplanugn durchführen. Allerdings setzt dies voraus, daß alle Kosten zu Ausgaben werden. Ist dies nicht der Fall, so muß festgestellt werden, welche Kosten für die Unternehmung zu Ausgaben werden und zu welchen Zeitpunkten diese Ausgaben anfallen. Die so fixierten Ausgaben pro Vorgang werden dann wiederum kumuliert und den kumulierten Geldmitteln gegenübergestellt. Würden in dem Beispiel aus Abschnitt 2.5.2 alle Kosten zu Ausgaben und die Ausgaben zum Planende der Vorgänge anfallen, so könnte die Sollkostenkurve zum Planende in Abb. 66 zur Finanzplanung verwendet werden. Aus ihrem Verlauf ließe sich erkennen, daß die Gesamtausgaben in Höhe von 600 Geldeinheiten nicht zum Projektanfang benötigt werden, sondern sich entsprechend dem Kurvenverlauf über der Projektdauer verteilen. Die ersten Ausgaben würden erst zum Zeitpunkt 2 anfallen.

Aufgrund der Informationen aus dem Sollkostenverlauf ließe sich beispielsweise folgender Finanzplan ableiten:

a) Bis zum Zeitpunkt 5 werden die Ausgaben in Höhe von 200 GE aus Eigenmittel bestritten.
b) Zum Zeitpunkt 5 soll ein Kredit in Höhe von 400 GE beschafft werden, mit dem die restlichen Ausgaben zu decken sind.

Die Beduetung und Wirksamkeit der Kostenanalyse und Finanzplanung für Projekte hängt in der Praxis entscheidend davon ab, inwieweit es gelingt für die einzelnen Vorgänge die Kosten bzw. die Ausgaben zu ermitteln. Eine enge Verbindung und Abstimmung zu dem bestehenden Rechnungswesen ist daher Voraussetzung für eine erfolgreiche Kostenanalyse von Projekten mit anschließender Finanzplanung.

3. Terminplanung von Entwicklungsaufträgen

Entwicklungsaufträge beginnen in der Regel mit der Formulierung einer Idee, erstrecken sich über den Prototypen- und 0-Serienbau und enden beim Start der Hauptserien. Vorwiegend die Abteilungen – Entwicklung, Versuch und Prototypen- bzw. 0-Serien-Fertigung – führen dabei die Arbeiten durch. Ein Entwicklungsauftrag ist mit einem Projektauftrag sehr eng verwandt, da er weitgehend die Merkmale eines Projektes aufweist. Er unterscheidet sich von einem Projektauftrag jedoch in zwei wesentlichen Punkten:

(1) Zur Realisierung des Auftrages werden in der Regel die Kapazitäten des Produktionsbereiches, vorwiegend des Konstruktionsbereiches, benötigt, so daß die Entwicklungsaufträge gegebenenfalls mit anderen Aufträgen um die gleichen Arbeitskräfte zur gleichen Zeit konkurrieren.
(2) Während der Auftragsdurchführung fallen häufig Entscheidungen an, die den Auftragsablauf wesentlich beeinflussen. Der Unterschied zum Projektauftrag liegt daher vornehmlich in der Ablaufstruktur.

Zunächst wurden zur Terminplanung von dieser Auftragsart ebenfalls die herkömmlichen Verfahren der Netzplantechnik eingesetzt. Es zeigte sich jedoch bald, daß diese Verfahren nicht ausreichten, da sie nur zur Darstellung von determinierten Ablaufstrukturen geeignet sind.

Bei Entwicklungsaufträgen sind jedoch während des Auftragsablaufs zahlreiche Entscheidungen zu fällen, die mit determinierten Ablaufstrukturen nicht erfaßt werden können. Daher wurden auf der Grundlage der bekannten Verfahren der Netzplantechnik neue Verfahren der Entscheidungsnetzplantechnik entwickelt, die die Unsicherheit in der Ablaufstruktur schon im Stadium der Ablaufplanung berücksichtigen.

3.1 Planungsverfahren

Die Strukturanalyse verläuft bei Entwicklungsaufträgen im Prinzip in gleicher Weise wie bei Projekten. Bei umfangreichen Aufträgen wird zunächst der bekannte Projektstrukturplan erstellt, auf dessen Grundlage mit Hilfe einer Vorgangssammelliste die Ablaufstruktur ermittelt wird. Diese Ablaufstruktur weist jedoch zusätzlich zu den Vorgängen mit ihren Abhängigkeiten Entscheidungen auf, die je nach Verfahren durch unterschiedliche Knotensymbole gesondert gekennzeichnet sind. Die wichtigsten Verfahren sollen im folgenden kurz erläutert werden.

3.1.1 Decisions-box-Verfahren

Als Begründer der Entscheidungsnetzplantechnik gilt Howard Eisner. Er berücksichtigte zum ersten Male in einer Ablaufplanung erwartete Entscheidungen, indem er einen neuen Knotentyp, die decision box (db), schuf und in die Ablaufstruktur integrierte.

3.1.1.1 Elemente der Ablaufstruktur

Die Ablaufstruktur setzt sich bei Eisner aus Pfeilen, deterministischen und stochastischen Knoten zusammen. Dabei werden die deterministischen Knoten graphisch durch die bekannten Kreise und die stochastischen als Raute dargestellt (s. Abb. 67).

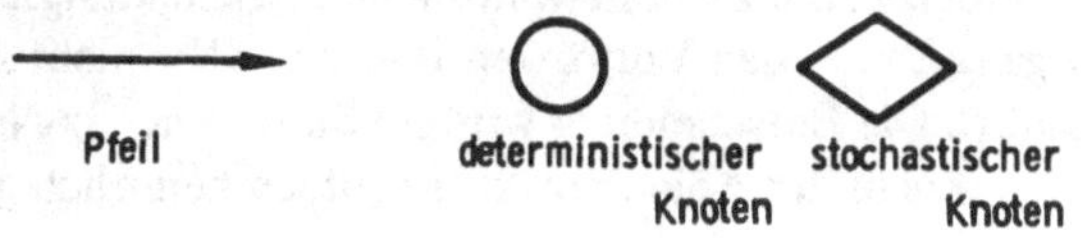

Abb. 67. Elemente der Ablaufstruktur bei der db-Methode

Vorgänge, die von einem deterministischen Knoten ausgehen, bilden nach Eisner eine sogenannte Konjunktion [36, S. 116]; d. h. nach Realisierung des deterministischen Knotens sind alle unmittelbar nachfolgenden Vorgänge zu verwirklichen. In Abb. 68 beginnen nach Beendigung des Vorgangs A die Vorgänge B und C. Demgegenüber werden bei einem stochastischen Knoten, die von ihm unmittelbar fortführenden Vorgänge nur alternativ realisiert. In Abb. 68 heißt das: Entweder Vorgang B oder C nach Beendigung des Vorgangs A beginnen. Diese Form der Darstellung bezeichnet Eisner als Disjunktion.

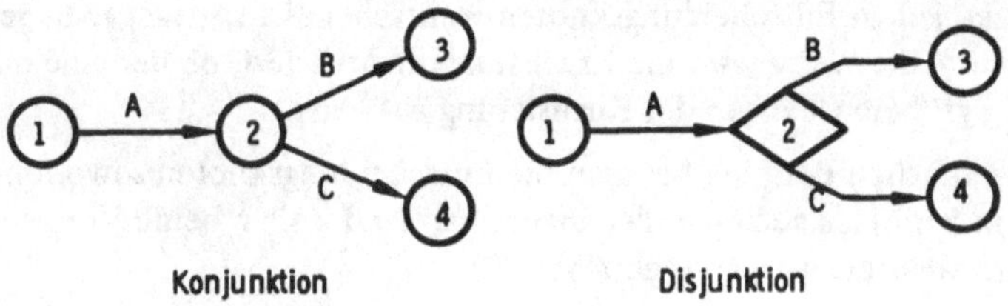

Abb. 68. Verzweigungsformen im Netzplan

Eine Kombination dieser beiden Verzweigungsformen ist in Abb. 69 dargestellt.

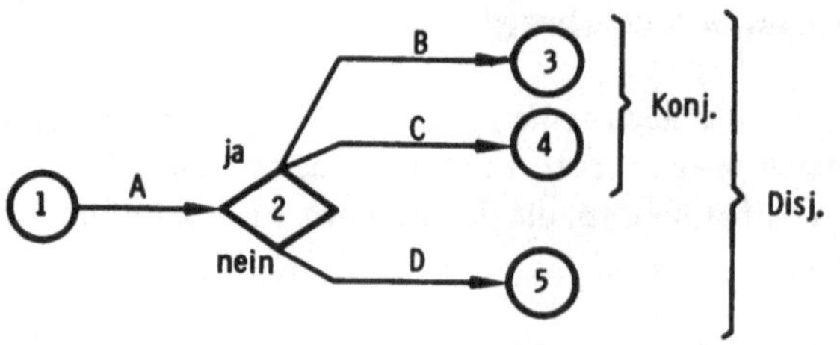

Abb. 69. Kombination von Disjunktion und Konjunktion

Bei Knoten 2 in Abb. 69 besteht eine Entscheidungsmöglichkeit: Entweder kommen Vorgang D oder die Vorgänge B und C gemeinsam zur Ausführung. Der Netzplan teilt sich also bei Knoten 2 in zwei Wege auf, von denen nur einer beschritten werden kann. Es besteht nur eine Entscheidungsmöglichkeit zwischen Vorgang D und den Vorgängen B und C, aber nicht zwischen dem Vorgang B und C. Die Entscheidung wird im Sinne einer Ja-Nein-Entscheidung getroffen, was in der Ablaufstruktur vielfach kenntlich gemacht ist (vgl. Abb. 69).

3.1.1.2 Berechnungsgrundlagen

Bei einem „db" Netzplan werden zwei Berechnungen unabhängig voneinander durchgeführt: In der *Terminplanung* werden nach den bekannten Regeln der Netzplantechnik mit Hilfe entsprechender Zeitwerte der Vorgänge für jeden möglichen Weg die Anfangs- und Endtermine ermittelt. Die Entscheidungsknoten können hierbei als deterministisch angesehen werden, so daß im Grunde nur ein Netzplan herkömmlicher Art mit mehreren Endereignissen und der zugehörigen Projektdauer zu berechnen ist.

Die Frage nach der Realisierungswahrscheinlichkeit der einzelnen Endereignisse bzw. Lösungen erfolgt nach den Regeln der *Wahrscheinlichkeitsrechnung*. Hierzu müssen an jedem Entscheidungsknoten Wahrscheinlichkeitsangaben gemacht werden. Durch die Werte wird die Erwartung quantifiziert, ob der eine oder andere Weg größere Chancen der Realisierung aufweist.

An einem einfachen Beispiel, bei dem die Entscheidungsknoten sowohl hintereinander (in Serie) als auch parallel angeordnet sind, sollen beide Vorgehensweisen kurz erläutert werden (vgl. Abb. 70).

Die Gesamtheit aller möglichen Endereignisse eines Entscheidungsnetzplanes läßt sich mit Hilfe der Mengenlehre mathematisch formulieren [36, S. 119]. Für Konjunktion bzw. Dispunktion schreibt man:

Konjunktion $A \cap B$; lies A und B
Dispunktion $A \cup B$; lies A oder B

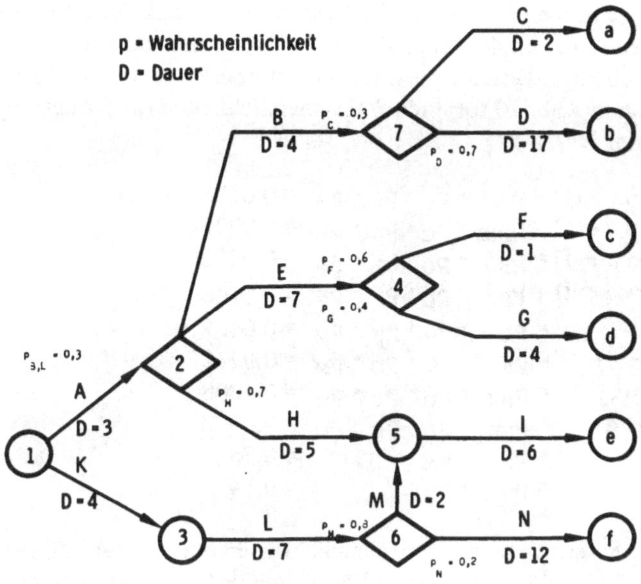

Abb. 70. Beispiel für einen Entscheidungsnetzplan

Angewendet auf das Beispiel der Abb. 70 ergibt sich demnach folgender Formelausdruck:

$$\{(a \cup b) \cap (c \cup d) \cap f\} \cup \{\{[(a \cup b) \cap (c \cup d)] \cup e\} \cup f\}$$

Die Entwicklung dieses Formelausdrucks führt zu folgenden Endereignissen, die jeweils zusammen realisiert werden:

(1) a unc c und f
(2) a und d und f
(3) b und c und f
(4) b und d und f
(5) a und c
(6) a und d
(7) b und c
(8) b und d
(9) e
(10) f

Bei der Terminrechnung ist in allen Fällen, in denen mehrere Endereignisse zu einer Lösung gehören, der zeitlängste Weg als Lösungsdauer (LD) zu setzen. Für die Kombination a und c und f beträgt demnach die Lösungsdauer:

$$LD(a \cap c \cap f) = \max \left\{ \begin{array}{c} 3+4+2 \\ 3+7+1 \\ 4+7+12 \end{array} \right\} = 23$$

Die Gesamtwahrscheinlichkeit für die Realisation eines Endereignisses errechnet sich nach den Gesetzen der Statistik aus den Produkten der entsprechenden Einzelwahrscheinlichkeiten an den Entscheidungsknoten. Somit ergeben sich für den Netzplan in Abb. 70 folgende Wahrscheinlichkeiten (p) für das Eintreten der Endereignisse:

$$
\begin{aligned}
p(a \cap c \cap f) &= p_{B;E} \cdot p_C \cdot p_F \cdot p_N &&= 0{,}0108\\
p(a \cap d \cap f) &= p_{B;E} \cdot p_C \cdot p_G \cdot p_N &&= 0{,}0072\\
p(b \cap c \cap f) &= p_{B;E} \cdot p_D \cdot p_F \cdot p_N &&= 0{,}0252\\
p(b \cap d \cap f) &= p_{B;E} \cdot p_D \cdot p_G \cdot p_N &&= 0{,}0168\\
p(a \cap c) &= p_{B;E} \cdot p_C \cdot p_F \cdot p_M &&= 0{,}0432\\
p(a \cap d) &= p_{B;E} \cdot p_C \cdot p_G \cdot p_M &&= 0{,}0288\\
p(b \cap c) &= p_{B;E} \cdot p_D \cdot p_F \cdot p_M &&= 0{,}1008\\
p(b \cap d) &= p_{B;E} \cdot p_D \cdot p_G \cdot p_M &&= 0{,}0672\\
p(e) &= p_H \cdot p_M &&= 0{,}56\\
p(f) &= p_N \cdot p_H &&= 0{,}14
\end{aligned}
$$

Die Summe der errechneten Wahrscheinlichkeiten muß immer 1,0 betragen. Dies bedeutet, daß eine der aufgeführten Lösungen mit Sicherheit verwirklicht wird. Für die wahrscheinlichste Lösung ergibt sich eine Lösungsdauer von:

$$
LD(e) = \max \left\{ \begin{matrix} 3+5+6 \\ 4+7+2+6 \end{matrix} \right\} = 19
$$

Mit einer Wahrscheinlichkeit von 56 % wird das Projekt 19 Zeiteinheiten zu seiner Realisierung benötigen.

3.1.2 Generalized Activity Networks (GAN)-Verfahren

Die Entscheidungsnetzpläne der Decision-box-Methode enden in mehreren Endereignissen, da bei diesem Verfahren ein Ereignis erst dann eintritt, wenn alle in den Knoten führenden Vorgänge verwirklicht sind. Somit können disjunktive Wege niemals in einen Knoten münden.

Beim GAN-Verfahren von Elmaghraby wird diese Beschränkung aufgehoben. Durch Schaffung neuer Strukturelemente werden neue Anwendungsgebiete für die Entscheidungsplantechnik erschlossen.

3.1.2.1 Entscheidungsknoten bei GAN

Beim GAN-Verfahren wird der Knoten in eine Eingangs- und Ausgangsseite unterteilt. Beim *Knoteneingang* unterscheidet man zwischen „Und"-, „Inklusivem Oder"- und „Exklusivem Oder"-Beziehungen (vgl. Abb. 71).

Abb. 71. Knotentypen der Eingangsseite

Der vom Vorgangspfeilnetzplan her bekannte „Und"-Eingang besagt, daß das Knotenereignis nur dann ausgelöst wird, wenn alle Vorgänge, die in den Knoten münden, realisiert sind.

Beim „Inklusivem Oder" tritt das Ereignis schon ein, wenn ein oder mehrere unmittelbar vorgeordnete Vorgänge des Ereignisses beendet sind. Im Gegensatz zu diesen Eingängen wird beim „Exklusivem Oder" das Ereignis bei Erledigung eines und nur eines Vorgangs ausgelöst. Dieser Knotentyp verhindert also, daß von den unmittelbar einmündenden Vorgängen mehr als einer verwirklicht wird.

Die Ausgangsseite eines Knotens kennt nur einen „Muß"- und einen „Vielleicht"-Ausgang (vgl. Abb. 72).

Abb. 72. Knotentypen der Ausgangsseite

Beim „Muß"-Ausgang müssen alle vom Knoten unmittelbar ausgehenden Vorgänge realisiert werden, während beim „Vielleicht"-Ausgang nur einer der wegführenden Knoten ausgeführt wird. Der Ausgang entspricht dem Entscheidungsknotenausgang der db-Methode. Für die Vorgänge werden auch hier Wahrscheinlichkeitsangaben getroffen. Da bei diesen Vorgängen hinsichtlich ihrer Ausführung keine Sicherheit besteht, wird diese Ausgangsform als stochastisch und der „Muß"-Ausgang als deterministisch bezeichnet.

Durch Kombination der vorgestellten Knotenein- bzw. -ausgänge ergeben sich im Einzelfall sechs unterschiedliche Knotentypen (vgl. Abb. 73).

Der GAN-Netzplan gleicht in seiner Grundstruktur einem Vorgangspfeilnetzplan, d. h. der Vorgang wird grundsätzlich als Pfeil dargestellt. Die Ereignisse dagegen weisen neben deterministischen, auch stochastische Knotenein- und -ausgänge auf.

3.1.2.2 Berechnungsgrundlagen

Die Verwendung der Knotentypen der Abb. 73 in einem Vorgangspfeilnetzplan führt zu neuen Berechnungsformeln. Wie beim „db"-Netzplan weist jeder Vorgang eine Vorgangsdauer ($D_{i,j}$) und Realisationswahrscheinlichkeit ($p_{i,j}$) auf.

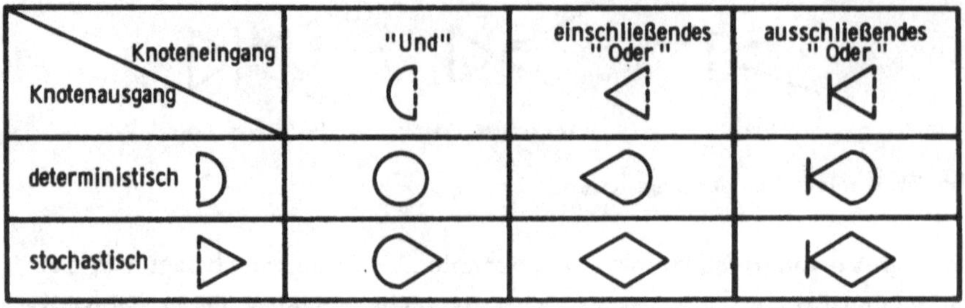

Abb. 73. Knotentypen des GAN-Verfahrens

Elmaghraby ermittelt mit diesen Größen eine Lösungsdauer (LD) und Realisationswahrscheinlichkeit für den gesamten Netzplan, indem er den Netzplan auf einen äquivalenten Vorgang reduziert [37, S. 494 ff.]. Diese Vorgehensweise der Reduktion von Netzplänen soll im folgenden an einigen typischen Fällen erläutert werden:

Fall 1: Pfeil in Serie

Gegeben ist der Original-Netzplan mit den Vorgängen a und b, den zugehörigen Vorgangsdauern D_a und D_b bzw. Wahrscheinlichkeiten p_a und p_b. Gesucht wird für den äquivalenten Vorgang e die Dauer D_e und die Wahrscheinlichkeit p_e (vgl. Abb. 74).

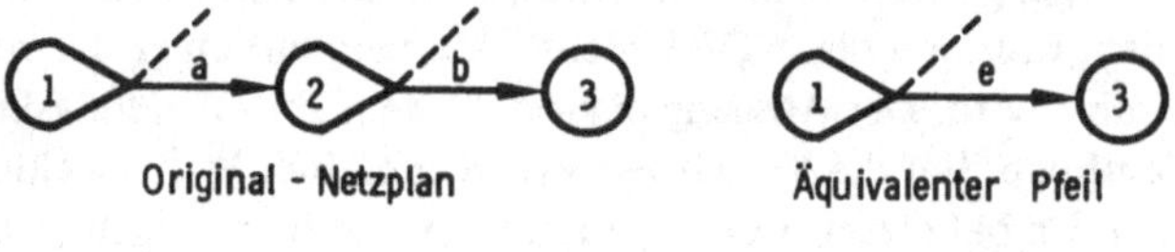

Abb. 74. Netzplanreduktion bei Pfeilen in Serie

Wenn sowohl der Vorgang a als auch b realisiert werden, ergibt sich für diesen einfachen Fall:

$$D_e = D_a + D_b$$
$$p_e = p_a \cdot p_b$$

Fall 2: Parallele Pfeile bei „Exklusivem Oder"-Eingang

Wie Abb. 75 zeigt, führen zwei Pfeile a und b von einem Knoten 1 mit „Inklusivem Oder"-Ausgang fort und münden in den Knoten 2 mit „Exklusivem Oder"-Eingang.

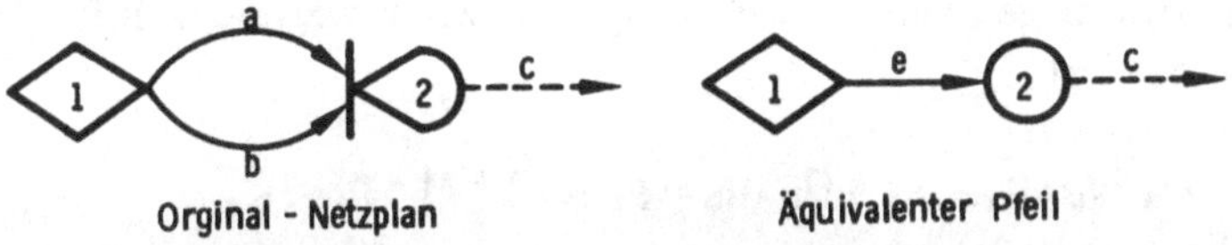

Abb. 75. Reduktion paralleler Pfeile bei „Exklusivem Oder"-Eingang

Da das Ereignis laut Definition nur dann eintritt, wenn entweder Vorgang a oder Vorgang b ausgeführt wird, nicht aber, wenn beide zusammen realisiert werden, errechnet sich als Wahrscheinlichkeit für den Vorgang e:

$$p_e = p_{a \cup b} - p_{a \cap b}$$
$$\text{mit: } p_{a \cup b} = (p_a - p_{a \cap b}) + (p_b - p_{a \cap b}) + p_{a \cap b} = p_a + p_b - p_{a \cap b}$$

ergibt sich:

$$p_e = p_a + p_b - 2p_{a \cap b}$$

Unter der gemachten Annahme, daß die Vorgänge a und b voneinander abhängig sind, ist die Wahrscheinlichkeit, daß die Vorgänge a und b zusammen realisiert werden, gleich Null bzw. $p_{a \cap b} = 0$.

Um die Vorgangsdauer D_e zu ermitteln, sind folgende Überlegungen anzustellen:

(1) Mit der Wahrscheinlichkeit $p_a - p_{a \cap b}$ wird ausschließlich Vorgang a durchgeführt. Mit der Dauer D_a bewertet, ergibt sich:

$$D_a \cdot (p_a - p_{a \cap b})$$

(2) Mit der Wahrscheinlichkeit $p_b - p_{a \cap b}$ wird ausschließlich Vorgang b durchgeführt. Dies führt zu:

$$D_b \cdot (p_b - p_{a \cap b})$$

(3) Mit der Wahrscheinlichkeit $p_{a \cap b}$ werden beide Vorgänge, a und b, durchgeführt. Dann tritt das Ereignis 2 nicht ein. Man kann aber auch sagen, daß Ereignis 2 erst nach einer Zeit M realisiert wird, wobei M eine sehr hohe Zahl darstellt, was einer Nichtrealisation gleichkommt. Formelmäßig ergäbe sich:

$$M \cdot p_{a \cap b}$$

Diese Vorüberlegungen führen nach Elmaghraby zur Erwartungszeit für den Vorgang e [37, S. 499]:

$$D_e = D_a (p_a - p_{a \cap b}) + D_b (p_b - p_{a \cap b}) + M \cdot p_{a \cap b}$$

Da die Vorgänge a und b unabhängig sein sollen, also $p_{a \cap b}$ gleich Null ist, vereinfacht sich der Formelausdruck zu:

$$D_e = D_a \cdot p_a + D_b \cdot p_b$$

Wird in Abb. 75 ein „Inklusiver Oder"-Eingang beim Knoten 2 angenommen, so führen die gleichen Überlegungen zu ähnlichen Formelausdrücken. Sie müssen im Ergebnis für den Fall übereinstimmen, daß sich die Vorgänge a und b gegenseitig ausschließen, d. h. voneinander abhängig sind.

Fall 3: Die Schleife

Im Netzplan entsteht eine Schleife, wenn der Anfangs- und Endknoten für einen Vorgang identisch sind.

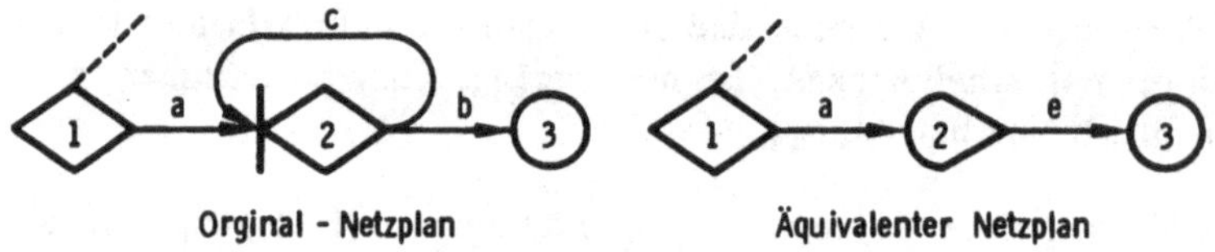

Abb. 76. Reduktion einer Schleife

In Abb. 76 wird durch den Vorgang c eine solche Schleife gebildet. Dieses Strukturelement darf bei den bekannten Netzplanformen nicht auftreten. Bei GAN wird damit ausgedrückt, daß der Vorgang c in der Durchführungsphase mehrmals wiederholt werden muß, z. B. bis ein bestimmtes Qualitätsmerkmal erreicht wird. Zur Ermittlung der Beziehungen für die Realisationsdauer und Realisationswahrscheinlichkeit für den äquivalenten Vorgang e sind folgende Reihenbetrachtungen anzustellen (vgl. Abb. 77):

Für die Realisationswahrscheinlichkeit p_e ergibt sich durch Summation der Wahrscheinlichkeiten pro Schleifendurchlauf eine unendliche geometrische Reihe, die bei $p_c < 1$ konvergiert:

$$p_e = p_b + p_b \cdot p_c \cdot p_c^2 + \ldots + p_b \cdot p_c^{\,n} + \ldots$$

$$p_e = \frac{p_b}{1 - p_c}$$

Zahl der Schleifendurchläufe	Realisations-dauer	Realisationswahr-scheinlichkeit
0	t_b	p_b
1	$t_b + t_c$	$p_b \cdot p_c$
2	$t_b + 2 \cdot t_c$	$p_b \cdot p_c^2$
.	.	.
.	.	.
.	.	.
n	$t_b + n \cdot t_c$	$p_b \cdot p_c^n \cdot$
.	.	.
.	.	.
.	.	.

Abb. 77. Realisationsdauer und -wahrscheinlichkeiten einer Schleife

Die Realisationsdauer t_e errechnet sich als Summe der Einzelzeitwerte pro Schleifendurchlauf, nachdem sie mit den entsprechenden Realisationswahrscheinlichkeiten multipliziert sind (Produkt der zweiten mit der dritten Spalte in Abb. 77).

$$t_e = \sum_{n=o}^{\infty} (t_b + n \cdot t_c) \cdot p_c \cdot p_c n$$

oder

$$t_e = p_b \, (t_b + t_b \cdot p_c + t_b \cdot p_c^2 + \ldots t_b \, p_c^n + \ldots .) +$$
$$(t_c \cdot p_c + t_c \cdot p_c^2 + t_c \cdot p_c^3 + \ldots t_c \, p_c^n \, t \ldots .)$$

Durch Ermittlung der Grenzwerte für die zwei unendlichen Potenzreihen ergibt sich:

$$t_e = p_b \left(\frac{t_b}{1 - p_c} + \frac{t_c \cdot p_c}{(1 - p_c)^2} \right)$$

Diese Formel gilt nur, wenn die Vorgänge a und c voneinander abhängig sind, d. h. wenn $p_e = 1$ ist.

3.1.2.3 Beispiel für einen GAN-Netzplan

Elmaghraby erläutert die Vorgehensweise der Netzplanreduktion an folgendem Beispiel [37, S. 513], das den Fertigungsablauf in einem Betrieb für elektromechanische Ausrüstungen darstellt (siehe Abb. 78).

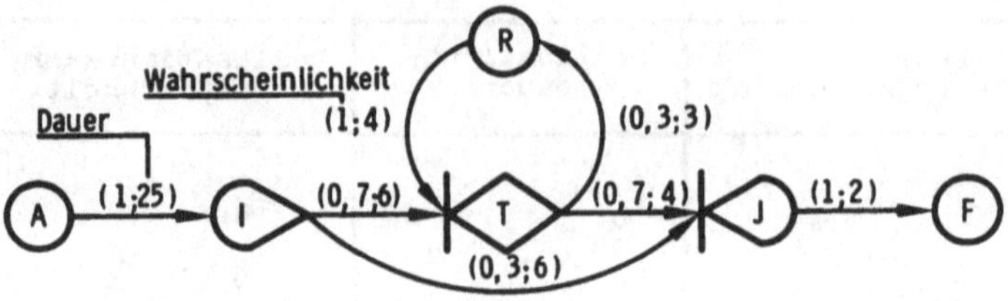

Abb. 78. Beispiel für einen GAN-Netzplan

Werkstücke gelangen zu einer Kontrollstation I. Von dort werden sie entweder als Gut-Stücke nach J oder zu einer weiteren Kontrollstation T transportiert. Hier entscheidet sich, ob die Teile ebenfalls nach J oder zur Reparaturstation R gelangen. In dem Beispiel gibt es keine Ausschußproduktion. Jedes Teil erreicht den Knoten J bzw. F. Gesucht ist die mittlere Fertigungszeit t_e für die Herstellung der Werkstücke.

Die Netzplanreduktion führt unter Anwendung der entsprechenden Berechnungsformeln zu folgendem Ergebnis (vgl. Abb. 79):

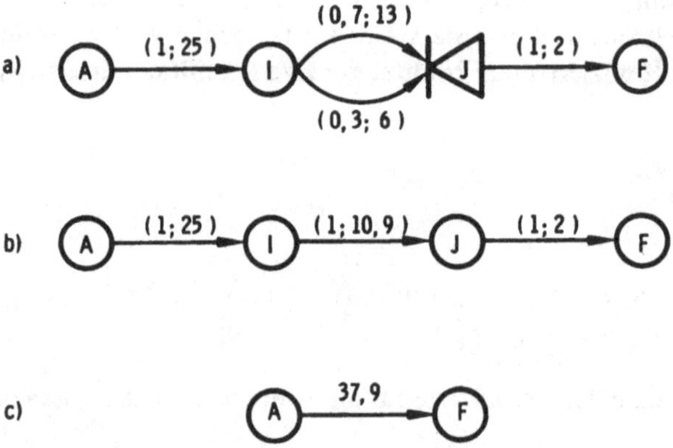

Abb. 79. Netzplanreduktion eines GAN-Netzplans

Ein Werkstück benötigt zu seiner Herstellung somit im Mittel 37,9 Zeiteinheiten.

3.1.3 Das GERT-Verfahren[1]

Das GERT-Verfahren stellt das zur Zeit am weitesten entwickelte Verfahren auf dem Gebiet der Entscheidungsnetzplantechnik dar. Es beruht auf dem GAN-Kon-

[1] „Graphical Evaluation and Review Technique" nach Pritsker und Hopp

zept, das zur Anwendungsreife weiterentwickelt wurde. Mit den Rechnerprogrammen GERTS III C können Kosten (cost) und mit GERTS III R auch Arbeitsmittel (recource allocation) berücksichtigt werden.

3.1.3.1 Strukturelemente

Das GERT-Verfahren ist wie das „db"- und GAN-Verfahren aus dem Vorgangspfeilnetzplan hervorgegangen. Demnach wird der Vorgang auch hier als Pfeil und das Ereignis als Knoten graphisch dargestellt. Grundsätzlich sind alle bekannten Knotentypen möglich. Gegenüber dem GAN-Verfahren führt bei einem stochastischen Knotenausgang nur die Realisierung eines Vorgangs zur Auslösung des nachfolgenden Ereignisses. In einem GERT-Netzplan treten daher nur „Exklusiv-Oder-Eingänge" unmittelbar nach stochastischen Knotenausgängen auf. Ein „Inklusiv-Oder-Eingang" würde die Realisation mehrerer Pfeile, die in den Knoten parallel einmünden, nicht ausschließen.

Prinzipiell besteht jedoch die Möglichkeit, daß Knoteneingänge in einem Netzplan, die keinen „Exklusiv-Oder"-Eingang darstellen, in einen solchen umgewandelt werden können. Elmaghraby weist diese Behauptung zunächst am „Und"-Knoten nach [38, S. 148].

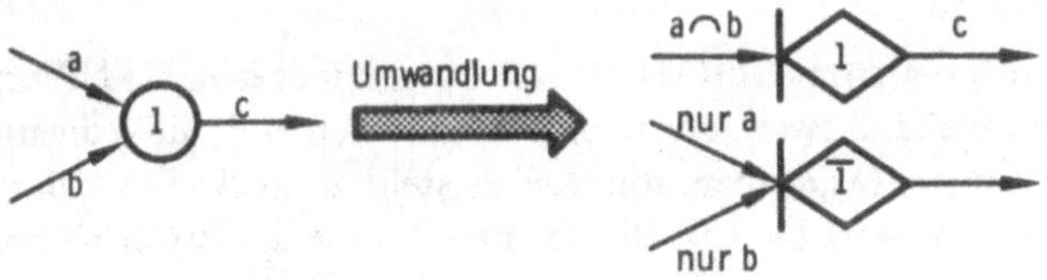

Abb. 80. Umwandlung eines deterministischen Knotens in zwei „Exklusiv-Oder"-Knoten

Er teilt hierzu den deterministischen Knoten 1 in Abb. 80 in zwei „Exklusiv-Oder"-Knoten auf. Im Fall der Realisation wird der Knoten 1 und im Fall der Nichtrealisation der Knoten $\overline{1}$ erreicht.

Bei einem „Inklusiv-Oder"–Knoten erfolgt eine ähnliche Umwandlung in einen „Exklusiv-Oder"-Knoten (vgl. Abb. 81).

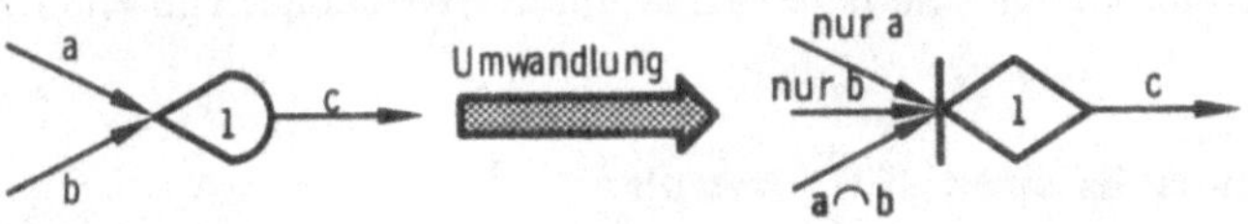

Abb. 81. Umwandlung eines „Inklusiv-Oder"-Knotens in einen „Exklusiv-Oder"-Knoten

Die Umwandlung in Abb. 81 führt zu folgenden drei Knoteneingängen: „nur a", „nur b" und „$a \frown b$".

3.1.3.2 Berechnungsgrundlagen

Die Beispiele im letzten Abschnitt haben gezeigt, daß sich alle Knoteneingänge eines GERT-Netzplans in „Exklusiv-Oder"-Knoten umwandeln lassen. Ein Netzplan, der ausschließlich Knoten dieser Art enthält, stellt einen Flußgraphen dar. Damit ist die Voraussetzung geschaffen, daß zur Berechnung des Netzplanes die Reduktionsregeln der Flußgraphentheorie angewandt werden können [39, S. 27f. u. S. 94]. Diese Regeln fordern lineare Beziehungen zwischen den einzelnen Netzplanknoten, die bei Zulassung von „Und"- bzw. „Inklusiv-Oder"-Knoteneingängen nicht immer gegeben sind.

Bevor ein GERT-Netzplan berechnet werden kann, müssen daher alle Nicht-„Exklusiven-Oder"-Knoteneingänge entsprechend umgewandelt werden. Da diese Umwandlung häufig sehr aufwendig ist, wurden hierfür besondere Simulationsprogramme entwickelt, die in dem Programm GERTS III vereinigt sind [40, S. 49].

Die Analysierungsmethodik von GERT-Netzplänen führt wie bei dem GAN-Verfahren auf einen äquivalenten Pfeil bzw. Einkantennetzplan. Auf die umfangreiche Herleitung der Berechnungsformeln für den Erwartungswert der Zeit und die äquivalente Wahrscheinlichkeit soll an dieser Stelle verzichtet werden, da die Ergebnisse formal mit den abgeleiteten Beziehungen beim GAN-Verfahren übereinstimmen.

Das Simulationsprogramm GERTS III weist gegenüber dem GAN-Verfahren eine Reihe von Weiterentwicklungen auf. So läßt sich z. B. die Vorgangsdauer nicht nur als Konstante angeben, sondern sie stellt ähnlich wie bei der PERT-Methode eine Zufallsvariable dar. Bei der Errechnung des Erwartungswertes der Zeit für einen Vorgang können folgende acht Verteilungen zugrunde gelegt werden [41, S. 6]:

(1) Normalverteilung
(2) Gleichverteilung
(3) Erlangverteilung
(4) logarith. Normalverteilung
(5) Poissonverteilung
(6) Betaverteilung
(7) Gammaverteilung
(8) Betaverteilung (3 Parameter wie bei PERT)

Weitere Besonderheiten sind bei Pritsker und Burgess eingehend erläutert [41, S. 4ff.].

3.1.3.3 Beispiel für einen GERT-Netzplan

In Abb. 82 wird die Ablaufstruktur eines GERT-Netzplans „Entwicklung einer PKW-Kälteanlage" dargestellt [42, S. 1135].

Der Netzplan weist weder Wahrscheinlichkeiten noch Zeitwerte auf, so daß eine Netzplanreduktion nicht sinnvoll und eine Berechnung nicht möglich ist. Er

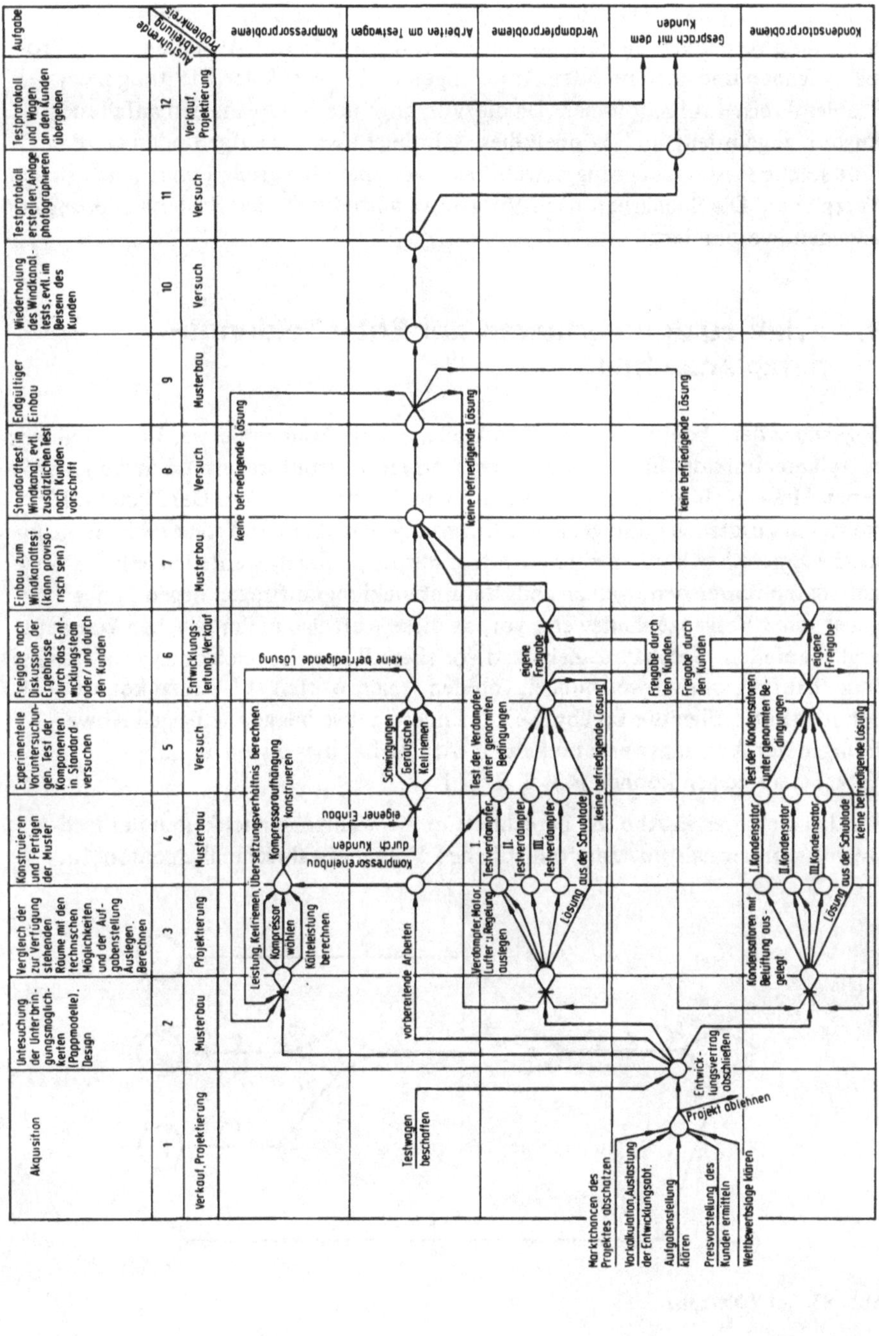

Abb. 82. GERT-Netzplan für die Entwicklung einer PKW-Kälteanlage

bietet dennoch einen guten Überblick über die Art und Reihenfolge der anstehenden Aufgaben. Die Übersichtlichkeit wird weiter durch eine Rastergliederung verbessert: In horizontaler Richtung wurde eine Aufteilung nach Projektaufgaben und ausführenden Abteilungen und in vertikaler Richtung nach Problemkreisen vorgenommen. Da die Vorgänge des Netzplans den anfallenden Rastern zugeordent sind, können diese sehr leicht wieder aufgefunden werden. Eine solche Rastergliederung bewährt sich vor allem bei großen unübersichtlichen Netzplänen. Die Sucharbeit nach Vorgängen wird durch eine Rastergliederung entscheidend vermindert.

3.2 Kritik zu den Verfahren der Entscheidungsnetzplantechnik

Gegenüber der „konventionellen" Netzplantechnik können bei der Entscheidungsnetzplantechnik die Elemente der Unsicherheit in struktureller und in weit stärkerem Maße auch in zeitlicher Hinsicht berücksichtigt werden. Der Planer erhält hierdurch zusätzliche und genauere Informationen über den Projektablauf. Realistische Ergebnisse können aber auch hier nur dann erzielt werden, wenn die Ausgangsdaten hinreichend genau sind. Bei Entwicklungsaufträgen liegen in der Regel keine Vergangenheitswerte vor, da diese Aufträge in der gleichen Weise nur einmal anfallen. Geschätzte Zeit- und vor allem Wahrscheinlichkeitswerte weisen daher häufig große Abweichungen von den realen Werten auf. Hinzu kommt, daß sich in vielen Fällen die Ergebnisse der Endereignisse bei geringfügigen Abweichungen der Ausgangswerte umkehren. Arping hat dies an einem „db"-Netzplan aufzeigen können [43, S. 77ff.].

Für den Netzplan in Abb. 83 berechnete er die Wahrscheinlichkeiten der Endereignisse mehrmals mit unterschiedlichen Vorgangswahrscheinlichkeiten. Im

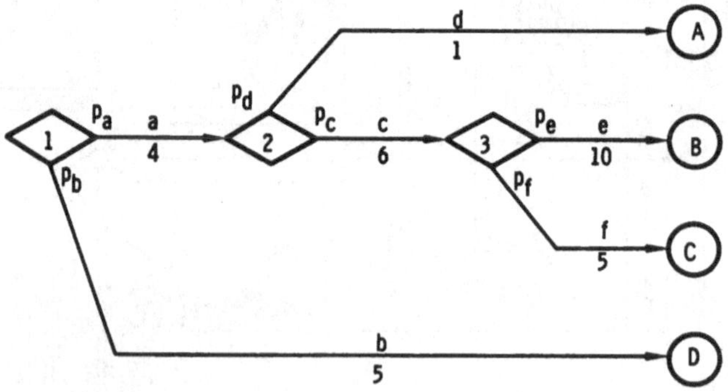

Abb. 83. „db"-Netzplan

ersten Fall blieben alle Werte unverändert. Im zweiten Fall wurden die Vorgangswahrscheinlichkeiten der Vorgänge a, c und e (Ja-Entscheidung) um 10 % zu niedrig und im dritten Fall für die gleichen Vorgänge 10 % zu hoch angenommen. Das Ergebnis der Rechnungen ist in Abb. 84 wiedergegeben.

Fall	Wahrscheinlichkeit des Vorgangs						Wahrscheinlichkeit des Endergebnisses			
	a	b	c	d	e	f	A	B	C	D
1	0,8	0,2	0,7	0,3	0,6	0,4	0,24	0,336	0,224	0,2
2	0,7	0,3	0,6	0,4	0,5	0,5	0,28	0,21	0,21	0,3
3	0,9	0,1	0,8	0,2	0,7	0,3	0,18	0,504	0,216	0,1

Abb. 84. Wahrscheinlichkeiten der Vorgänge und Endereignisse

Durch dieses Beispiel wird deutlich, daß sich geringe Schätzfehler bei den Vorgangswerten im Ergebnis entscheidend bemerkbar machen können. Eine ähnliche Aussage trifft auch auf die Ausführungsdauer eines Entwicklungsauftrages zu. In diesem Falle treten die größten Abweichungen vom wahren Wert dann auf, wenn außer den Wahrscheinlichkeiten zusätzlich die geschätzten Vorgangszeitwerte fehlerhaft sind und beide Fehler kumulativ ins Ergebnis eingehen. Bei größeren Netzplänen ist allerdings anzunehmen, daß sich ein gewisser Fehlerausgleich einstellt.

Trotz dieser Mängel sind nach Sawitski auch große Vorteile mit dem Einsatz von Entscheidungsnetzplänen in der Praxis verbunden; denn er führt aus: „In der Akquisition, bei den Verhandlungen mit Kunden und Zulieferern von Teilergebnissen oder beim Vortrag vor der eigenen Geschäftsleitung ist es möglich, einen klaren Überblick über die möglichen Varianten des Ablaufs zu geben und auf die verschiedenen „Weichenstellungen“ und möglichen Endergebnisse hinzuweisen. Der Gesprächspartner wird besser informiert, er kann sich auf die verschiedenen Möglichkeiten besser vorbereiten“ [42, S. 1135].

Zusammenfassend ist festzuhalten, daß die errechneten Ergebnisse eines Entscheidungsnetzplanes äußerst vorsichtig beurteilt und verwendet werden sollten. Für die Praxis ist vor allem von Vorteil, daß komplexe Ablaufstrukturen mit Hilfe neuer Strukturelemente (Entscheidungsknoten) auf relativ einfache Weise graphisch sichtbar gemacht und terminiert werden können. Wahrscheinlichkeitsaussagen erscheinen dagegen in vielen Fällen wegen der Ungenauigkeit der Ausgangswerte in ihrer Bedeutung für die Praxis problematisch. In vielen Fällen ist der Datenaufwand, der bei der Entscheidungsnetzplantechnik durchgeführt werden muß, gegenüber den zusätzlich gewonnenen Informationen zu hoch.

4. Terminplanung von Produktionsaufträgen

Die bekannten Merkmale eines Projektes (vgl. Abschnitt 2) treffen in einem Industriebetrieb weitgehend auf Produktionsaufträge zu. Bei diesen Aufträgen handelt es sich um kapitalintensive Investitionsgüter, wie z. B. Groß-Turbinen und -Generatoren, Walzenstraßen oder Groß-Werkzeugmaschinen. Zwar sind auch hier häufig aus Gründen der Wirtschaftlichkeit Baugruppen vereinheitlicht, um diese dann in mehreren unterschiedlichen Erzeugnissen verwenden zu können, ihr Projektcharakter geht hierdurch aber nicht verloren.

Im Gegensatz zu den Projekten dienen diese Erzeugnisse jedoch unmittelbar dem Unternehmenshauptzweck. Sie werden auf dem Markt angeboten, im Betrieb hergestellt und an einen bestimmten Kunden ausgeliefert. Im wesentlichen sind mit ihrer Leistungserstellung die Produktionsbereiche [44, S. 36] „Konstruktion, Beschaffung, Arbeitsvorbereitung, Teilefertigung und Montage“ beschäftigt.

4.1 Problematik

Generell hängt die Güte von Planungsergebnissen entscheidend davon ab, inwieweit die Erfahrungen und Kenntnisse der Vergangenheit über ähnliche Abläufe und Vorgänge vorliegen und in die Zukunft übertragen werden können. Ferner ist zu beachten, daß die Planwerte um so stärker von den Istwerten abweichen, je weiter sich die Planung in die Zukunft erstreckt; denn die Wahrscheinlichkeit, daß in der Durchführungsphase Störeinflüsse das Planungsergebnis verfälschen, wird mit zunehmendem Abstand von der Gegenwart größer. Schließlich bewirken unzureichend entwickelte Terminplanungs- bzw. Rückmeldeverfahren, daß die angestrebten Zielsetzungen nur unvollkommen erreicht werden. Diese einzelnen Einflüsse auf die Planungsgüte lassen sich anschaulich in Abb. 85 qualitativ aufzeigen.

Bei den Produktionsaufträgen werden in der Regel schon bei Auftragsannahme mit dem Kunden Liefertermine vertraglich festgelegt, obgleich der Arbeitsumfang im Detail nicht bekannt ist, wenn Neu- oder Änderungskonstruktionen wegen besonderer Kundenwünsche erforderlich werden. Ein Übertragen von Planungswerten der Vergangenheit erniedrigt daher die Planungsgenauigkeit. Hinzu kommt, daß die Durchlaufzeit dieser Erzeugnisse durch das Unternehmen mehrere Monate, häufig auch einige Jahre beträgt. Nach Abb. 85 sinkt der Genauigkeitsgrad, je langfristiger in die Zukunft geplant werden muß. Die Problematik der Terminplanung bei Produktionsaufträgen besteht demnach darin,

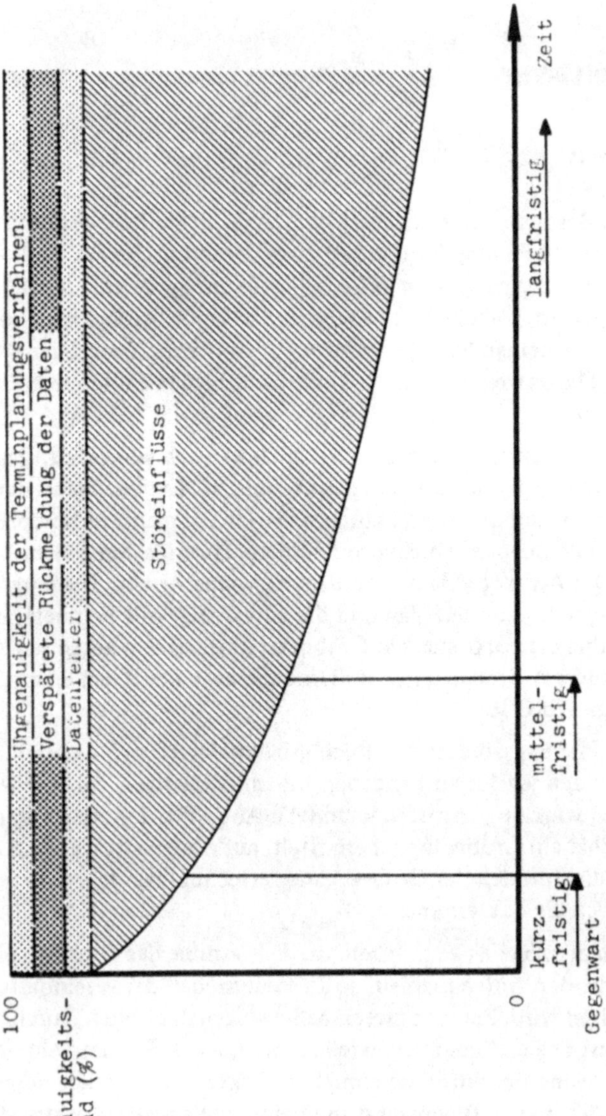

Abb. 85. Einflußgrößen auf die Planungsgüte

daß in kürzester Zeit für ein Erzeugnis, welches in seinem strukturellen Aufbau noch nicht endgültig definiert ist, ein Liefertermin ermittelt werden muß, der meist irgendwo weit in der Zukunft liegt.

4.2 Strukturanalyse

4.2.1 Grundlagen

Entsprechend den Besonderheiten (siehe Abschnitt 4.1) bei Produktionsaufträgen sollte die Terminplanung für diese Auftragsart nur in Stufen durchgeführt werden; d. h. langfristig wird in der 1. Stufe nur grob und kurzfristig in der 2. Stufe fein geplant. Dabei ist zu beachten, daß beide Stufen, die Grob- und Feinplanungsebene, miteinander gekoppelt sind, damit vor allem in der Durchführungsphase bei Planabweichungen die Termine in beiden Stufen in gleicher Weise geändert werden.

Für derartig komplexe Auftragszusammenhänge bietet sich wie bei den Projektaufträgen als Planungsverfahren die Netzplantechnik an. Entsprechend der Unterteilung in zwei Stufen sind in der Strukturanalyse jedoch mehrere Netzpläne, ein Grobnetzplan und voneinander abhängige Feinnetzpläne, für den gleichen Auftrag zu erstellen. Der Auftragsablauf wird damit zweimal erfaßt: Die langfristige Planung wird mit einem Grobnetzplan und die kurzfristige mit Feinnetzplänen durchgeführt. Hierbei erstreckt sich ein Grobnetzplan über den gesamten Auftragsablauf, während ein Grobvorgang des Grobnetzes in der Regel einem Feinnetz entspricht (vgl. Abb. 86).

Diese Stufung des Planungsablaufs weist den großen Vorteil auf, daß sich die Planung flexibel an den jeweils vorhandenen Informationsstand vor und während der Auftragsabwicklung anpassen kann (vgl. Abb. 87); d. h. bei Auftragsbeginn wird zunächst ein Grobnetzplan ermittelt, auf dessen Grundlage der Liefertermin und die Termien der Grobvorgänge errechnet werden. Letztere bezeichnet man auch als Ecktermine.

Mit Hilfe der Feinnetzpläne ist es möglich, die Ecktermine des Grobnetzplanes zu überwachen bzw. den Auftragsablauf so zu steuern, daß der vereinbarte Liefertermin eingehalten wird. Sie sind zweckmäßig wegen der hohen Durchlaufzeit der Produktionsaufträge erst dann zu erstellen und bei den Terminrechnungen miteinzubeziehen, wenn der durch sie ermittelte Ecktermin hinreichend genau ist. Zweckmäßig wird man z. B. zunächst die Feinnetzpläne der Konstruktion und erst später, wenn die Konstruktion beendet ist, die der Fertigung aufbauen. Sobald sie vorhanden sind, können die Ecktermine der Grobvorgänge mit den genaueren Endterminen der zugehörigen Feinnetze verglichen und, wenn nötig, korrigiert werden.

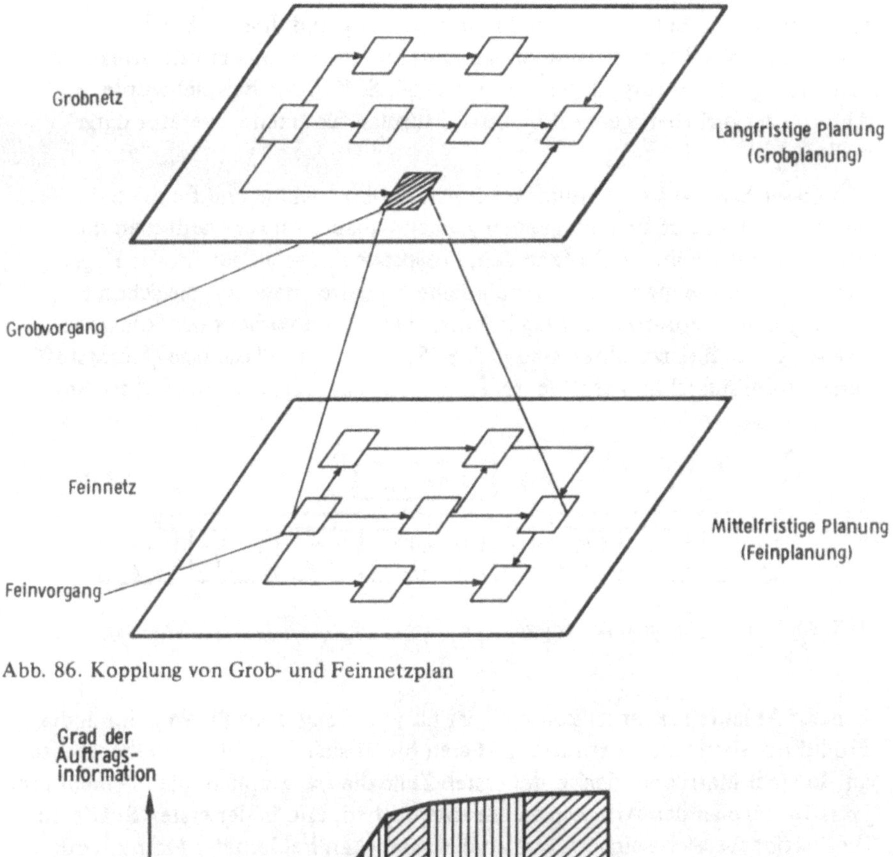

Abb. 86. Kopplung von Grob- und Feinnetzplan

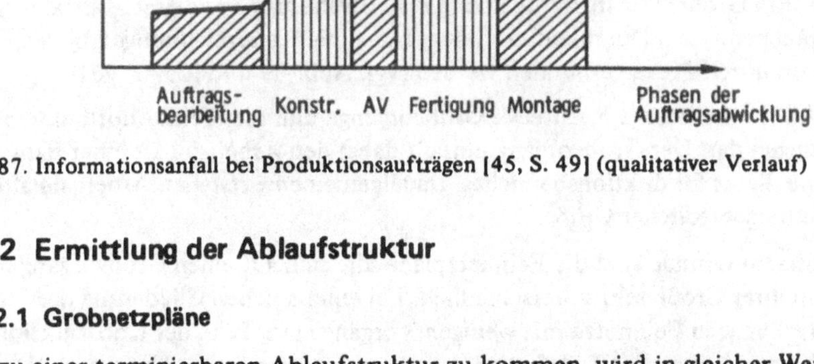

Abb. 87. Informationsanfall bei Produktionsaufträgen [45, S. 49] (qualitativer Verlauf)

4.2.2 Ermittlung der Ablaufstruktur

4.2.2.1 Grobnetzpläne

Um zu einer terminierbaren Ablaufstruktur zu kommen, wird in gleicher Weise wie bei den Projektaufträgen das Erzeugnis in seine Elemente – Erzeugnis, Hauptbaugruppen, Baugruppen, Einzelteile – zerlegt. Die Ordnung dieser Elemente entsprechend ihrer hierarchischen Stellung und ihre Verbindung untereinander gemäß ihrem Zusammenbau führt zu einem Projektstrukturplan, der hier Erzeugnisstrukturplan genannt wird [44, S. 76]. Als Beispiel wurde in Abb. 1 ein objektbezogener Projektstrukturplan für einen Generator dargestellt.

Aus dieser Erzeugnisgliederung lassen sich Grobnetzpläne und Feinnetzpläne herleiten. Zur Erstellung einer groben Ablaufstruktur wählt man die Elemente einer höheren Stufe in dem Projektstrukturplan aus. In der Regel wird es sich um Baugruppen oder ähnliche Einheiten handeln, die schon zu Auftragsbeginn ermittelt werden können, auch wenn vorher noch konstruktive Arbeiten durchzuführen sind [25, S. 58]. Bei einer Blasanlage (Kunststoffverarbeitungsmaschine) ergeben sich z. B. folgende Baugruppen (s. Abb. 88):

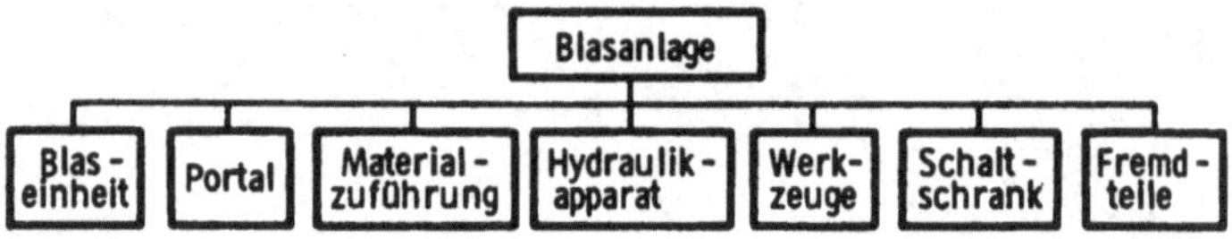

Abb. 88. Baugruppen einer Blasanlage

Um zur Ablaufstruktur zu kommen, ist für jede Baugruppe ihr Weg durch die Produktionsbereiche zu ermitteln. Hierzu bietet sich folgende Vorgehensweise an: In einer Matrix werden in der ersten Zeile die Baugruppen, die in einem Projektstrukturplan den Arbeitspaketen entsprechen, und in der ersten Spalte die Produktionsbereiche eingetragen. In den restlichen Feldern der Matrix wird immer dann ein Kennzeichen (z. B. Rechteck) vorgesehen, wenn die betrachtete Baugruppe den Produktionsbereich durchläuft und dort eine Bearbeitung erfährt. Ein Grobnetzplan ergibt sich in erster Näherung aus dieser Matrix, wenn entsprechend dem Durchlauf der Baugruppen die Kennzeichnungen in den Feldern durch Pfeile verbunden werden (vgl. Abb. 89 und [25, S. 96]).

In Abb. 89 stellen die Rechtecke Grobvorgänge und die Pfeile Anordnungsbeziehungen dar. Der Grobvorgang umfaßt dabei den Arbeitsinhalt einer Baugruppe dieses Produktionsbereiches. Im allgemeinen entstehen Arbeitsinhalte von unterschiedlicher Größe.

Aus diesem Grunde sind die Feinnetzpläne, die sich auf einen Grobvorgang beziehen, in ihrer Größe sehr unterschiedlich. Bei einer solchen Gliederung der Struktur ergeben sich Feinnetze mit wenigen Vorgängen (z. B. in der Konstruktion) und Netze (z. B. in der Teilefertigung) mit mehreren hundert Vorgängen. Da bei diesen unterschiedlichen Netzgrößen die Zentraleinheit der Datenverarbeitungsanlage schlecht ausgelastet wird und da ferner bei einer zu großen Anzahl von

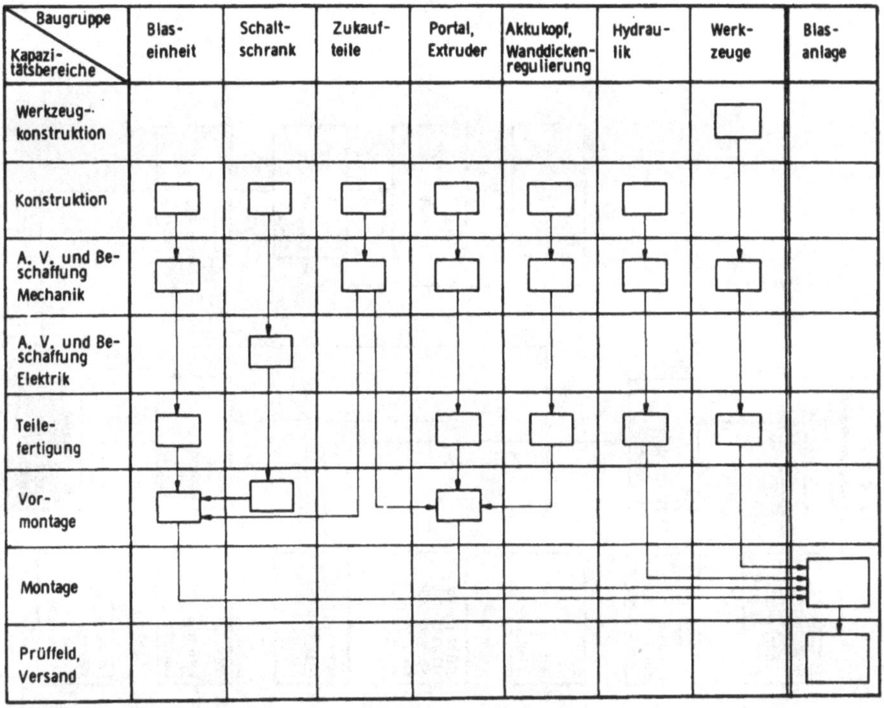

Abb. 89. Grobe Ablaufstruktur für das Erzeugnis „Blasanlage“

Feinvorgängen pro Grobvorgang die Grobterminplanung unnötig ungenau wird, unterteilt man zweckmäßig Grobvorgänge mit zu großem Arbeitsinhalt. Als Ergebnis ergibt sich der gesuchte Grobnetzplan (vgl. Abb. 90).

4.2.2.2 Feinnetzpläne

Die Ermittlung der Ablaufstruktur für die Feinnetze erfolgt in ähnlicher Weise, wie in Abschnitt 2.1.2 beschrieben wurde. Zu beachten ist jedoch, daß sich durch die Aufteilung bzw. Zusammenfassung der Arbeitsinhalte bei der Erstellung des Grobnetzplans auch die Zugehörigkeit der Arbeitspakete zu den Grobvorgängen geändert hat. Nachdem diese Korrekturen im Erzeugnisstrukturplan berücksichtigt wurden, lassen sich in bekannter Weise die Vorgangssammellisten und mit ihrer Hilfe die Feinnetzpläne aufstellen. Untersuchungen in der Praxis haben gezeigt, daß die Feinnetzpläne der Konstruktion

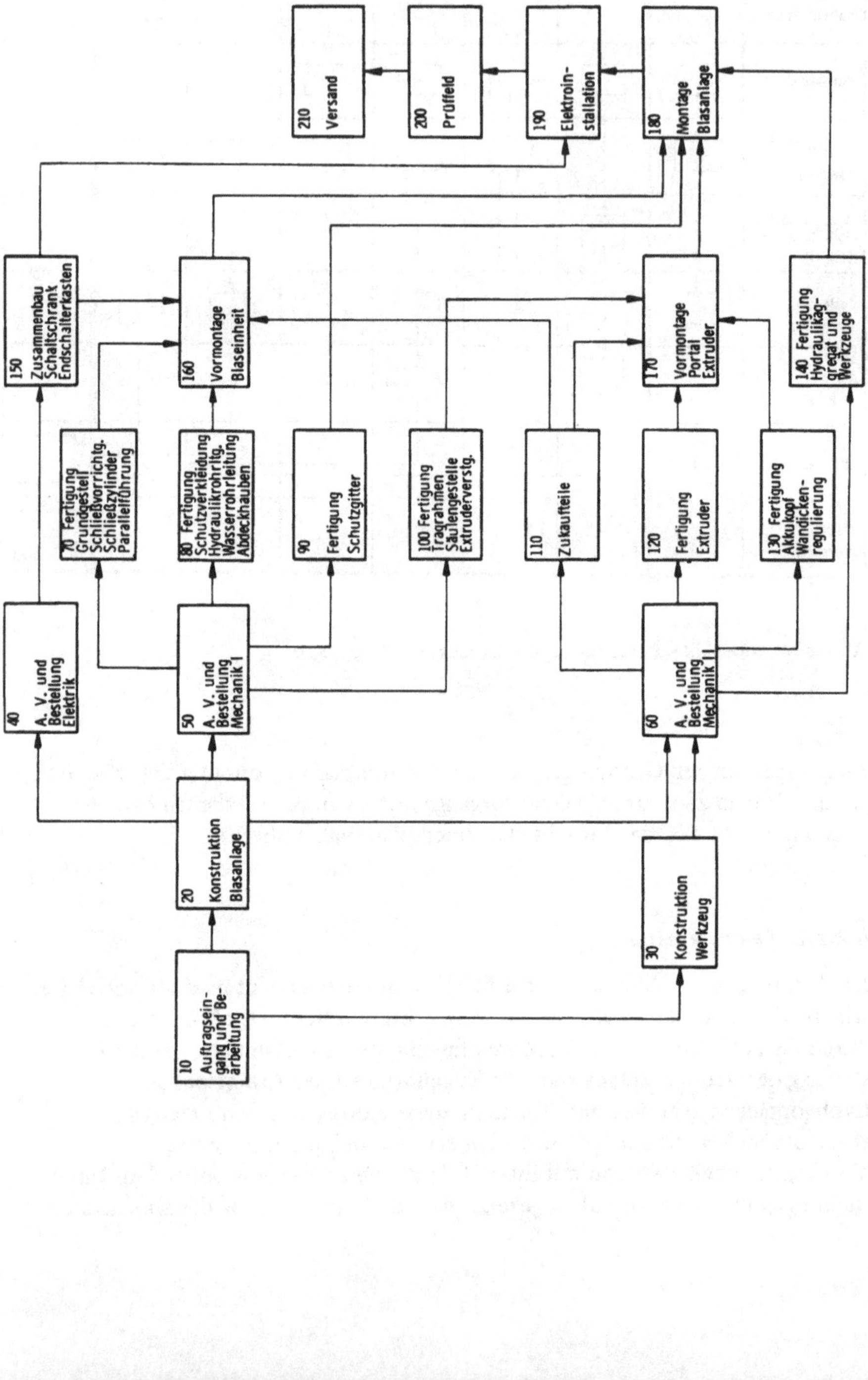

Abb. 90. Grobnetzplan einer Blasanlage

und Montage eine hohe Verknüpfungsdichte, also eine komplexe Ablaufstruktur besitzen, während in der Teilefertigung weitgehend lineare Abläufe vorherrschen, d. h. hier reiht sich ein Arbeitsvorgang eines Loses an den anderen, ohne daß Verbindungen zu benachbarten Losen bestehen [45, S. 56f.].

Die Ermittlung von Feinnetzplänen ist mit einem hohen manuellen Aufwand verbunden. Eigene Untersuchungen haben gezeigt, daß für einen Groß-Generator nahezu 10.000 Feinvorgänge anfallen. In der Praxis zeigt sich jedoch, daß die Erzeugnisse eines Produktionsprogramms im Gegensatz zu den Projekten ähnlich sind. So ist häufig der Grundtyp bei allen Produkten gleich, die Kundenwünsche wirken sich nur in den Varianten aus. Diese hohe Ähnlichkeit bleibt ebenfalls beim Erzeugnisstrukturplan und damit bei den Feinnetzplänen erhalten.

Für das Erstellen von Feinnetzplänen bietet sich daher die Verwendung von sogenannten Standard- oder Komplexnetzplänen an.

Die Standardnetzpläne beinhalten alle Vorgänge und deren Abhängigkeiten, die in der Ablaufstruktur bei jedem Auftrag vorkommen, also standard für das gesamte Produktionsprogramm sind. Es ergeben sich Netzpläne für den Grundtyp und die Varianten. Bei einem konkret vorliegenden Produktionsauftrag werden diese Standardnetzpläne um die spezifischen Kundenwünsche abgeändert. Der auftragsabhängige Feinnetzplan läßt sich hierdurch in kürzerer Zeit und mit weniger Aufwand erstellen.

Beim Kompelxnetzplan sind schon alle möglichen Kundenwünsche im voraus in der Ablaufstruktur berücksichtigt. Er gilt für alle Erzeugnisvarianten eines Produktionsprogramms. Im Gegensatz zum Standardnetzplan werden hier im wesentlichen nicht neue Vorgänge hinzugefügt, sondern vorhandene fortgestrichen, wenn für einen Produktionsauftrag ein auftragsabhängiger Feinnetzplan zu bilden ist.

Die Auswahl der Vorgänge, die aus einem Komplexnetzplan zu entfernen sind, läßt sich mit Hilfe von Entscheidungsknoten rationell durchführen [46, S. 3ff.]. In Abb. 91 ist ein solcher Komplexnetzplan für die Montage einer Kunststoffverarbeitungsmaschine dargestellt.

Neben 15 Entscheidungsknoten (E1 bis E15) enthält dieser Komplexnetzplan sogenannte Hilfsvorgänge (H1 bis H10), die die Eindeutigkeit der Ablaufstruktur gewährleisten. Entsprechend den Symbolen beim Vorgangsknotennetzplan wurde zur Darstellung eines Vorgangs ein Rechteck gewählt, das an den Seiten in der dargestellten Form verändert wurde, wenn am Knotenausgang oder-eingang eine Entscheidung getroffen werden muß. Eine Spitze am Knoteneingang bedeutet: Wenigstens einer der unmittelbar vorgehenden Vorgänge muß realisiert sein, bevor der betrachtete Vorgang ausgeführt werden kann. Eine Spitze am Knotenausgang beinhaltet: Wenn der Vorgang abgeschlossen ist, kann nur einer der unmittelbar nachfolgenden Vorgänge beginnen.

Der Komplexnetzplan in Abb. 91 besteht aus 304 möglichen Variantennetzplänen. Die Darstellungsform mittels Entscheidungsknoten ist besonders für eine Verarbeitung mittels einer Datenverarbeitungsanlage geeignet: Der Komplexnetzplan wird in einer sogenannten Netzplandatenbank gespeichert. Für einen konkreten Produktionsauftrag sind dann nur noch die entsprechenden Entscheidungen für die Knoten E1 bis E15 zu fällen und der gewünschte auftragsspezifische Netzplan läßt sich über einen Plotter oder Schelldrucker ausgeben. Sollten noch nicht berücksichtigte Kundenwünsche vorliegen, so kann der Netzplan vor dem Ausdruck über einen Bildschirm im Dialog mit dem Planer weiter korrigiert werden [47, S. 660].

4.3 Terminplanung von gekoppelten Grob- und Feinnetzplänen

4.3.1 Allgemeine Vorgehensweise

Die Ablaufstruktur bei Produktionsaufträgen wurde in Form von Netzplänen dargestellt. Die Terminierung der einzelnen Vorgänge in diesen Netzplänen erfolgt nach den bekannten Regeln der Netzplantechnik, indem in der Vorwärtsrechnung die frühesten und in der Rückwärtsrechnung die spätesten Anfangs- und Endtermine ermittelt werden. Man beginnt mit dem Grobnetzplan in der ersten Ebene und wird, sobald der Feinnetzplan erstellt ist, in der zweiten Ebene das Feinnetz terminieren. Aus dem Grobnetzplan wird der Beginntermin des entsprechenden Grobvorgangs an das Feinnetz übergeben. Von diesem Starttermin beginnend erfolgt die Terminierung des Feinnetzplanes.

Zeigt sich, daß der errechnete Endtermin des Feinnetzplanes nicht mit dem Termin des Grobnetzvorganges übereinstimmt, so muß der Grobnetzplan neu berechnet werden, da die angenommene Dauer des Grobvorganges durch die Terminierung des Feinnetzplanes nicht bestätigt wurde.

Die neue Dauer des Grobvorganges errechnet sich aus der Differenz des Endtermins des letzten und des Anfangstermins des ersten Vorganges im zugehörigen Feinnetzplan. Mit diesem Wert sollte jedoch nur dann eine neue Grobterminplanung durchgeführt werden, wenn der Zeitwert erheblich von der alten Dauer des Grobvorganges abweicht. Andernfalls besteht die Gefahr, daß nach jeder Feinterminierung eine neue Grobterminierung erfolgt, deren Ergebnisse für die Praxis unbedeutend voneinander abweichen, da sie im Bereich der Datenungenauigkeit liegen. Nur bei markanten Abweichungen in der Feinnetzplanebene sind Terminrechnungen auch in der Ebene des Grobnetzplanes durchzuführen, um rechtzeitig die Auswirkungen auf den Liefertermin und die nachfolgenden Ecktermine kennenzulernen.

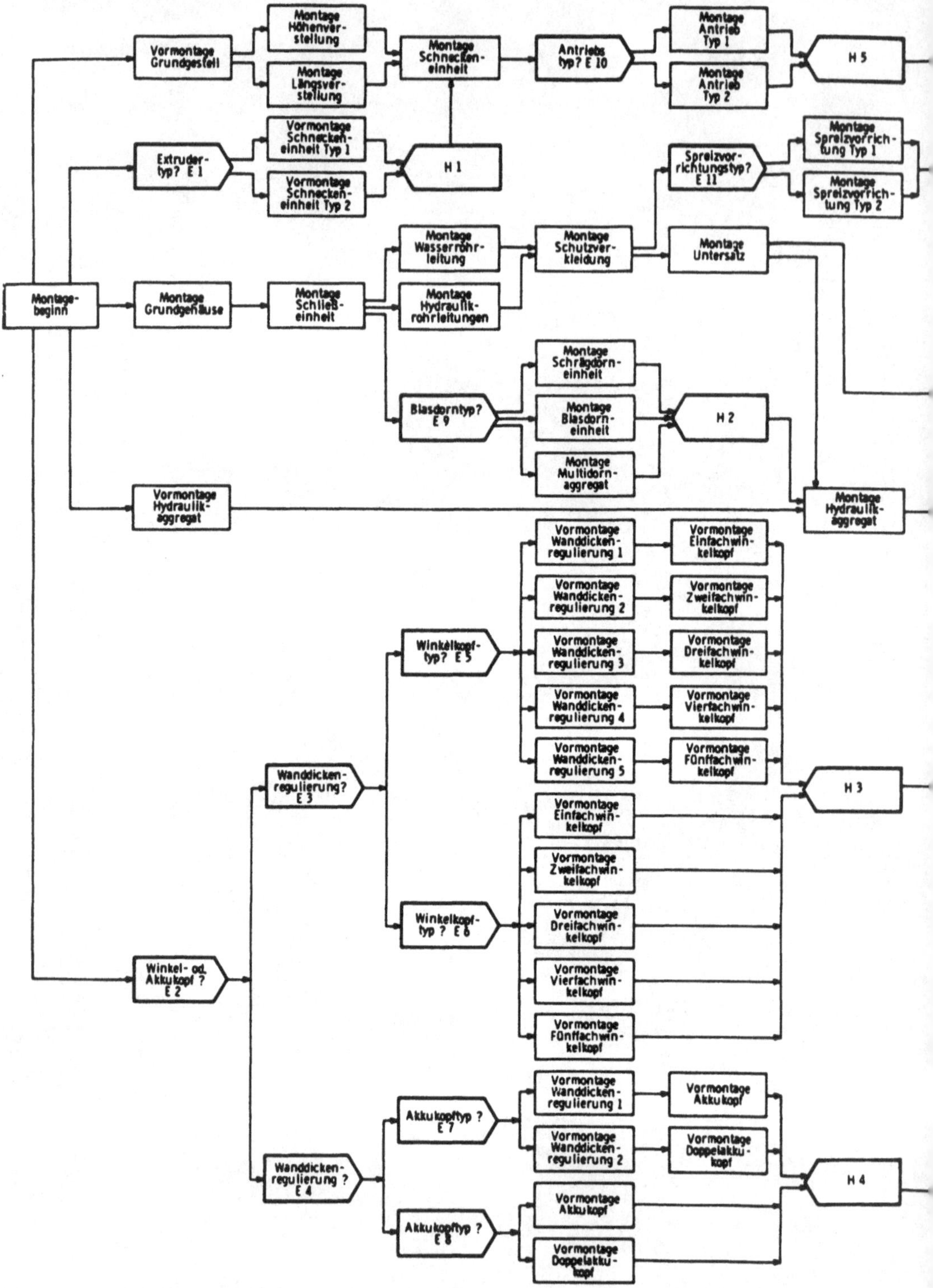

Montagebeginn
Vormontage Grundgestell
Montage Höhenverstellung
Montage Längsverstellung
Montage Schneckeneinheit
Antriebstyp? E 10
Montage Antrieb Typ 1
Montage Antrieb Typ 2
H 5
Extrudertyp? E 1
Vormontage Schneckeneinheit Typ 1
Vormontage Schneckeneinheit Typ 2
H 1
Spreizvorrichtungstyp? E 11
Montage Spreizvorrichtung Typ 1
Montage Spreizvorrichtung Typ 2
Montage Grundgehäuse
Montage Schließeinheit
Montage Wasserrohrleitung
Montage Hydraulikrohrleitungen
Montage Schutzverkleidung
Montage Untersatz
Blasdorntyp? E 9
Montage Schrägdorneinheit
Montage Blasdorneinheit
Montage Multidornaggregat
H 2
Vormontage Hydraulikaggregat
Montage Hydraulikaggregat
Winkel- od. Akkukopf? E 2
Wanddickenregulierung? E 3
Winkelkopftyp? E 5
Vormontage Wanddickenregulierung 1
Vormontage Wanddickenregulierung 2
Vormontage Wanddickenregulierung 3
Vormontage Wanddickenregulierung 4
Vormontage Wanddickenregulierung 5
Vormontage Einfachwinkelkopf
Vormontage Zweifachwinkelkopf
Vormontage Dreifachwinkelkopf
Vormontage Vierfachwinkelkopf
Vormontage Fünffachwinkelkopf
H 3
Winkelkopftyp? E 6
Vormontage Einfachwinkelkopf
Vormontage Zweifachwinkelkopf
Vormontage Dreifachwinkelkopf
Vormontage Vierfachwinkelkopf
Vormontage Fünffachwinkelkopf
Wanddickenregulierung? E 4
Akkukopftyp? E 7
Vormontage Wanddickenregulierung 1
Vormontage Wanddickenregulierung 2
Vormontage Akkukopf
Vormontage Doppelakkukopf
H 4
Akkukopftyp? E 8
Vormontage Akkukopf
Vormontage Doppelakkukopf

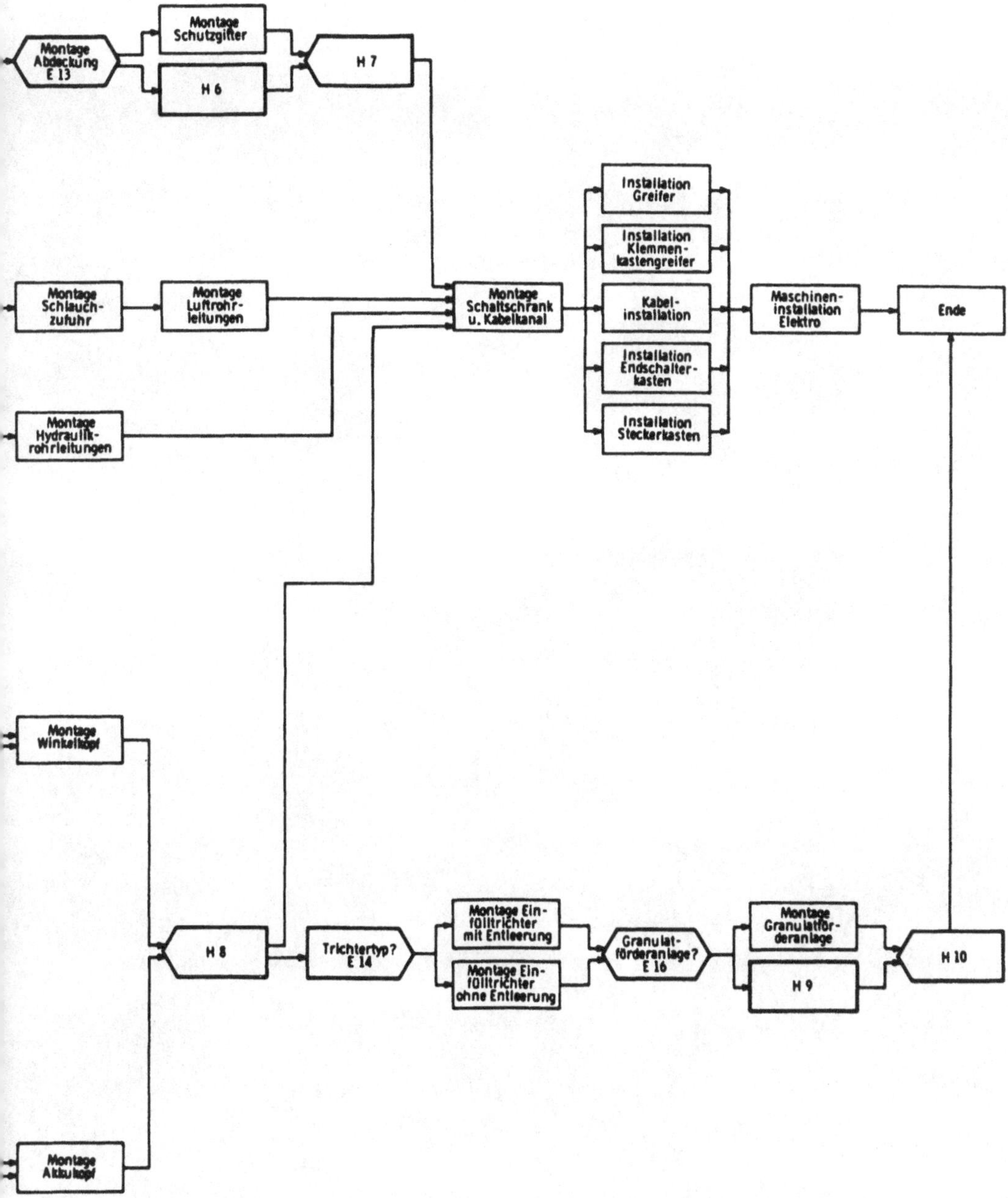

Abb. 91. Komplexnetzplan für die Montage einer Kunststoffverarbeitungsmaschine

4.3.2 Probleme bei der gekoppelten Terminplanung

4.3.2.1 Durchlaufterminierung

Bei der Kopplung von Terminplanungsebenen wird jedem Grobvorgang ein Feinnetzplan zugeordnet. Hierbei ist zu beachten, daß die Summe aller Feinnetzpläne das Gesamtnetz ergeben. Bei der Aufteilung des Gesamtnetzes in diese Feinnetzpläne wird es sich aber immer wieder zeigen, daß von einem Feinnetzplan mehrere Verbindungen (Anordnungsbeziehungen beim Vorgangsknotennetzplan) zu benachbarten Feinnetzplänen auftreten. Eine Terminrechnung läßt sich aber nur dann durchführen, wenn ein Netzplan einen Eingang und einen Ausgang besitzt. Folgende zwei Lösungswege bieten sich an [45, S. 82ff.].

Einführung von zwei Scheinvorgängen

Bei diesem Verfahren werden alle in ein Feinnetz mündenden Pfeile über einen Scheinvorgang geleitet, der sich terminlich nicht auswirkt (Dauer = 0). In gleicher Weise ist bei den von einem Feinnetz ausgehenden Pfeilen zu verfahren, so daß sich jeweils ein Feinnetzplan mit einem Eingang und einem Ausgang ergibt (s. Abb. 92).

Diese Feinnetzpläne lassen sich in bekannter Weise terminieren. Untersuchungen haben jedoch gezeigt [45, S. 75ff.], daß sich mit diesem Verfahren keine genauen Fein- und Grobtermine errechnen lassen. Sie liegen zum Teil wesentlich über den genauen Terminen, so daß vor allem bei zahlreichen Verbindungen zwischen den Feinnetzplänen dieses Verfahrens wenig geeignet ist.

Reduzierter Netzplan

Bei dem Verfahren von Lüttgen [48, S. 92ff.] wird zunächst ein sogenannter reduzierter Netzplan vom gesamten Feinnetzplan erstellt. Dieser Netzplan enthält den Start- und Endvorgang des gesamten Feinnetzplanes und alle Feinvorgänge, die direkte Verbindungen zu Feinvorgängen benachbarter Feinnetzpläne besitzen. Der reduzierte Netzplan wird auf der Grundlage des gesamten Feinnetzplanes durch ein EDV-Programm mit seinen Anordnungsbeziehungen und Zeitwerten automatisch erstellt und berechnet. Die Termine dieser Vorgänge stimmen mit den Terminen der gleichen Vorgänge im Gesamtnetzplan überein. Sie werden in einem weiteren Schritt in die einzelnen Feinnetzpläne übertragen. Bei der anschließenden Terminierung der Feinnetzpläne, die wie in Abb. 92 mit einem Scheinvorgang beginnen und enden, werden die errechneten Termine des reduzierten Netzplanes als fix vorgegeben.

Dieses Verfahren liefert genaue Termine. Von Nachteil ist der relativ große Aufwand bei der Durchführung. Hinzu kommt, daß das Verfahren versagt, wenn der

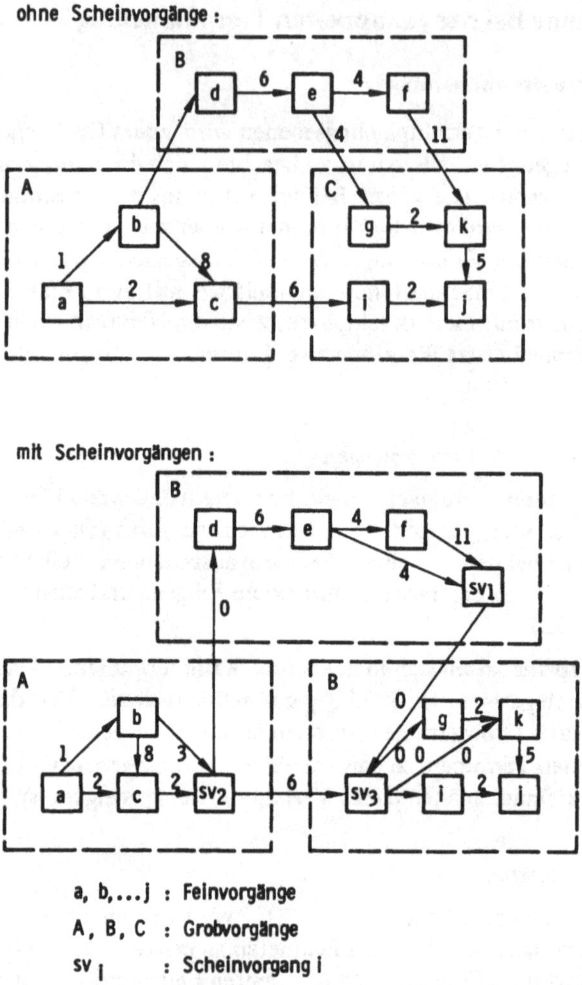

Abb. 92. Feinnetzpläne mit mehreren Ein- und Ausgängen

gesamte Feinnetzplan nicht vorliegt, was bei Produktionsaufträgen zu Auftragsbeginn durchaus auftreten kann.

4.3.2.2 Kapazitätsplanung

Bei der Kapazitätsplanung von Grobvorgängen wird die Kapazitätsnachfrage für einen Grobvorgang aus dem Feinnetzplan errechnet, indem die einzelnen Nachfragen der Feinvorgänge summiert werden. Mit dem so ermittelten Wert kann jedoch noch keine Kapazitätsplanung des Grobnetzplanes durchgeführt werden, da nicht bekannt ist, zu welchem Termin innerhalb der Dauer des Grobvorgangs die Nachfrage anfällt. Ein Kapazitätsbedarf kann grundsätzlich zu Anfang, Ende oder zwischen diesen Terminen bei einem Grobvorgang auftreten. Den geringsten Planungsaufwand erfordert eine gleichmäßige Verteilung der Kapazitätsnachfrage über der Dauer des Grobvorgangs. Wie Untersuchungen gezeigt haben, besteht jedoch bei dieser Verteilungsform die Gefahr, daß zuviel oder zuwenig Belastung in die einzelnen Planungsperioden verteilt wird [45, S. 91]. Das Kapazitätsgebirge kann dadurch verzerrt und in seinem Aussagewert gemindert werden.

Um den Planungsaufwand in Grenzen zu halten und dennoch eine möglichst hohe Genauigkeit zu erhalten, bietet es sich an, die Feinnetzpläne hinsichtlich ihrer Belastungsverteilung über der Dauer des Grobvorganges zu untersuchen. Als Ergebnis ließe sich dann pro Feinnetzplan bzw. Grobvorgang eine spezielle, angenäherte Verteilungsform finden. Neben der Gleichverteilung könnte sich z. B. im Einzelfall eine Dreiecksverteilung oder eine lineare Verteilung, die zum Ende der Dauer des Grobvorgangs ab- bzw. zunimmt, als hinreichend genau ergeben. Bei geänderten oder sogar neuen Baugruppen eines Erzeugnisses, für die noch kein Feinnetzplan vorliegt, sollte bei dieser Vorgehensweise die Verteilungsform einer ähnlich strukturierten Baugruppe bzw. eines Feinnetzplanes zugrundegelegt werden. Bei nicht zu großen Abweichungen der Baugruppen untereinander, dürften auch hier hinreichend genaue Planungsergebnisse mit wenig Aufwand erzielt werden können.

5. Terminplanung von Fertigungsaufträgen

Erzeugnisse, die in größeren Stückzahlen wiederholt hergestellt werden, sind in der Regel in ihrem Umfang und ihrer Struktur vom Käufer nicht mehr zu beeinflussen. Bei diesen Produkten, die in Serien für einen anonymen Markt gefertigt werden, wurden mögliche Kundenwünsche durch Bildung von Varianten des gleichen Erzeugnisses sozusagen schon im voraus berücksichtigt, so daß beim aktuellen Auftrag keine Konstruktionsarbeit anfällt. Der Vertrieb leitet diese Aufträge in der Regel sofort an die Fertigung weiter. Sie durchlaufen von den Produktionsbereichen allein die Beschaffung, Montage und vor allem die Teilefertigung. Wegen dieser starken Ausrichtung auf die Fertigung werden diese Aufträge im weiteren mit Fertigungsauftrag bezeichnet. Die überwiegende Anzahl der Aufträge im Industriebetrieb lassen sich zu den Fertigungsaufträgen zählen. Daher liegen bis heute auch zahlreiche Verfahren und EDV-Programme zur Terminplanung solcher Aufträge vor.

Im Gegensatz zu den Projekt- und Produktionsaufträgen ist der Projektcharakter von Fertigungsaufträgen nur noch im Ansatz zu erkennen. Er entfällt völlig, wenn ein Fertigungsauftrag nur noch Einzelteile beinhaltet, die in Massen, z. B. auf Transferstraßen oder Automaten gefertigt und nicht mehr montiert werden. Dieses sogenannte Massenprodukt stellt aus der Sicht der Terminplanung der Gegenpol zum Projekt dar. Es kann daher festgehalten werden: Je stärker der Übergang von der Einzelfertigung zur Massenfertigung erfolgt, umso geringer tritt der Projektcharakter bei den Erzeugnissen bzw. Aufträgen in den Vordergrund. Je kleiner die zu produzierenden Einheiten werden, umso einfacher sind die Strukturen der Erzeugnisse. Es wird sicherlich nicht sinnvoll sein, eine Strukturanalyse für das Einzelteil einer Massenfertigung durchzuführen. Größere strukturelle Zusammenhänge ergeben sich in der Regel erst bei Serienerzeugnissen. Ihre Struktur im konkreten Einzelfall ist jedoch meist nicht so umfangreich und komplex wie bei Projektaufträgen. Für Fertigungsaufträge ergibt sich aber dennoch in der Praxis vielfach ein wesentlich größerer Aufwand bei der Strukturanalyse, da nicht nur wenige Projekte, sondern oft zahlreiche Erzeugnisse gleichzeitig analysiert werden müssen. Da ferner diese Erzeugnisse im Laufe der Zeit wiederholt bestellt werden, lohnt es sich, ihre Erzeugnisstruktur in einer Datenverarbeitungsanlage abzuspeichern. Die Strukturanalyse kann dann jederzeit bei Bedarf durch ein Programm ausgeführt werden.

5.1 Strukturanalyse

Die bekannte Darstellungsform einer Struktur mit Hilfe eines Projektstrukturplans (vgl. Abschnitt 2.1) wäre zwar prinzipiell auch für Fertigungsaufträge möglich, da diese jedoch untereinander einen hohen Verwandtschaftsgrad aufweisen, würden viele Daten mehrfach abgespeichert. Die Strukturanalyse soll ferner bei Fertigungsaufträgen nicht nur über den Aufbau und die Abhängigkeit der Strukturelemente Auskunft erteilen. Darüber hinaus sind auf ihrer Grundlage in einfacher Weise die Mengen zu ermitteln, mit der die Elemente der untergeordneten Stufe in die nächst höhere Stufe eingehen. Sie schafft somit die Grundlage für die Durchführung der Bedarfsermittlung. In der Vergangenheit wurden daher andere Erzeugnisdarstellungen entwickelt, die diese speziellen Anforderungen erfüllen. In den folgenden Abschnitten wird hierauf näher eingegangen.

5.1.1 Darstellungsmöglichkeiten von Erzeugnissen

Die Strukturanalyse von Erzeugnissen im Industriebetrieb erfolgt meist objekt- und nicht funktionsorientiert. Das Erzeugnis wird wie beim objektorientierten Projektstrukturplan in Hauptbaugruppen, Baugruppen, Einzelteile, Rohteile u.a.m. untergliedert.

Bei der Realisierung der Erzeugnisgliederung treten im Industriebetrieb häufig Schwierigkeiten bei der Abgrenzung der Erzeugnisgruppen auf. In der Konstruktionsabteilung wird häufig das Erzeugnis nach funktionalen Gesichtspunkten unterteilt, während in der Montageabteilung die Gliederung nach Montagegesichtspunkten vorgenommen wird. Der Konstrukteur betrachtet z. B. die Läuferwelle und die dazugehörigen Lagerschalen eines Elektromotors als eine Funktionseinheit. In der Montage wird demgegenüber das Lager der Baugruppe „Ständeranbauteile" zugeordnet, während die Läuferwelle zur Baugruppe „Läufer" gehört.

Diese unterschiedliche Abgrenzung bei der Erzeugnisgliederung führt zu mehreren Erzeugnisdarstellungen des gleichen Produktes. Sowohl die Erstellung als auch die Abspeicherung dieser Versionen und der später durchzuführende Änderungsdienst ist aber aufwendig. Aus wirtschaftlichen Überlegungen sollte daher im praktischen Fall geprüft werden, ob nicht eine Erzeugnisgliederung ausreicht, die beide Gesichtspunkte hinreichend vereinigt. Ein Kompromiß ließe sich z. B. dadurch erzielen, daß gegebenenfalls eine Stufe im Strukturplan speziell für die Konstruktion zusätzlich gebildet wird.

Für die Erstellung einer terminierbaren Ablaufstruktur muß sich jedoch die Erzeugnisgliederung nach Montagegesichtspunkten richten, denn mit Hilfe der Terminplanung soll der zeitliche Ablauf der Erstellung eines Erzeugnisses und nicht sein funktionaler Aufbau geplant werden. Um Abgrenzungsschwierigkeiten schon zu Beginn der Arbeiten zu erkennen und möglichst zu bereinigen, sollten die Erzeugnisgliederungsdaten zentral erfaßt und Abgrenzungsschwierigkeiten gemeinsam von der Konstruktionsabteilung und der Arbeitsvorbereitung bereinigt werden.

Die Erzeugnisstrukturen können prinzipiell für jedes Erzeugnis einzeln, für mehrere Erzeugnisse zusammen, für jedes Erzeugnis einzeln durch mehrere Teilstrukturen in unterschiedlichen Darstellungsformen sichtbar gemacht werden. Auf die wichtigsten Arten soll in den folgenden Abschnitten näher eingegangen werden.

5.1.1.1 Erzeugnisbaum

Beim Erzeugnisbaum werden entsprechend einer Baumstruktur für jedes Erzeugnis getrennt alle Baugruppen und Einzelteile bzw. Rohteile aufgeführt. Diese Form der Darstellung eignet sich vor allem für didaktische Zwecke, da hier die Struktur eines Erzeugnisses optisch leicht zu erkennen ist.

In der Abb. 93 besteht das Erzeugnis E1 aus der Hauptbaugruppe A, der Baugruppe C und den Einzelteilen a bis e und das Erzeugnis E2 aus den Baugruppen B, C und den Einzelteilen b bis f. Im Gegensatz zu einer Projektgliederung können bei einer Erzeugnisgliederung die Elemente der Struktur – Erzeugnis, Baugruppe und Einzelteil – auf unterschiedlichen Stufen angeordnet werden. Für die Praxis bedeutsam sind die Untergliederung nach

- Fertigungsstufen (Baustufen),
- Dispositionsstufen und
- Auflösungsstufen (Komplettierungsstufen).

Wie Abb. 93 zeigt, wird eine einmal gewählte Stufenordnung für alle Erzeugnisse des Produktprogramms beibehalten. Die Zahlen an den Verbindungslinien bedeuten Mengenangabe. Sie beziehen sich auf eine Einheit der übergeordneten Baugruppe.

Bei der Gliederung nach Fertigungsstufen erfolgt die Anordnung der Baugruppen und Einzelteile in der Reihenfolge ihres Zusammenbaus. Jede Baugruppe bzw. Einzelteile kann dabei auf jeder Stufe vorkommen. Die Form der Darstellung entspricht einem objektbezogenen Projektstrukturplan, wenn dieser bis zum Einzelteil untergliedert wird und die entsprechenden Mengenangaben an den Verbindungslinien aufweist.

Sie vermittelt vor allem bei vielstufigen Erzeugnissen einen schnellen Einblick in den strukturellen Aufbau eines Erzeugnisses. Für die Disposition ist sie jedoch weniger geeignet, wenn Einzelteile oder Baugruppen in verschiedenen Stufen auftreten. In diesem Fall muß bei einer Bedarfsermittlung das gleiche Teil mehrfach disponiert werden. Hierdurch steigt der Dispositionsaufwand und in gleicher Weise die Fehlerwahrscheinlichkeit. Daher wird in der Praxis im allgemeinen eine Ordnung der Elemente nach Dispositionsstufen vorgenommen, d. h. jedes Einzelteil bzw. jede Baugruppe erhält als Stufe die niedrigste Fertigungsstufe, in der das Einzelteil bzw. die Baugruppe über alle Erzeugnisse des Produktionsprogramms hinweg vorkommt.

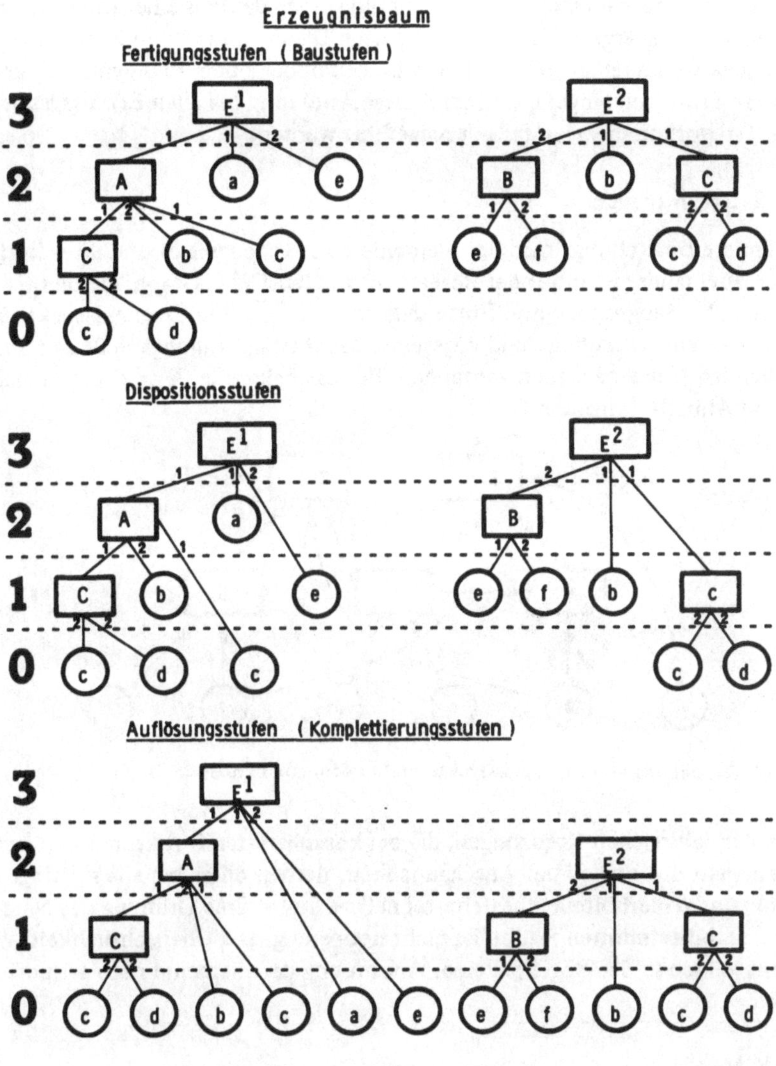

Abb. 93. Unterschiedliche Darstellungsformen von Erzeugnisstrukturen

Bei der Gliederung nach Auflösungsstufen werden auf der niedrigsten Stufe – Stufe 0 – die Einzelteile aller Erzeugnisse aufgeführt. Die nächst höhere Stufe – Stufe 1 – vereinigt alle Baugruppen, die nur aus Einzelteilen bestehen; Stufe 2 alle Hauptbaugruppen, die sich aus Baugruppen und Einzelteilen zusammensetzen, usw. Wie aus dem Beispiel in Abb. 93 zu ersehen ist, können Erzeugnisse auf verschiedenen Stufen auftreten. Von Vorteil ist, daß sich bei dieser Darstellungsform nur bei einer Umstrukturierung eines Bauteils eine Änderung in der Stufenanordnung ergibt. Die Gliederung nach Dispositionsstufen hängt dagegen von der Teileverwendung ab. Wird z. B. ein Einzelteil bei einem Erzeugnis auf einer niedrigen Stufe neu eingefügt, so muß diese Änderung bei allen Erzeugnissen in der dieses Teil vorkommt, ebenfalls durchgeführt werden.

5.1.1.2 Gozintograph

Eine andere Darstellungsform der Elemente eines Erzeugnisses und ihrer Beziehungen zueinander ist unter der Bezeichnung „GOZINTO-Graph“ bekannt[1]. Hier sind alle Baugruppen und Einzelteile über das gesamte Erzeugnisspektrum nur noch einmal aufgeführt und untereinander über Zuordnungspfeile mit entsprechenden Mengenangaben verbunden. Für das bekannte Beispiel ergibt sich damit in Abb. 94 folgender Graph:

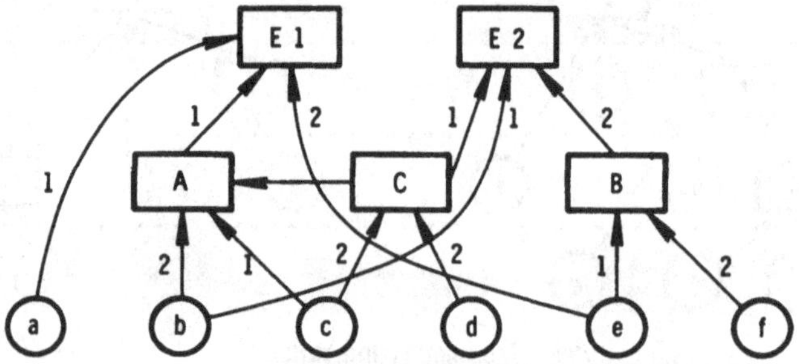

Abb. 94. Darstellung von Erzeugnisstrukturen in Form eines Gozinto-Graphen

Wegen der zahlreichen Kreuzungen, die bei komplizierten Strukturen auftreten können, geht der Vorteil der Anschaulichkeit, der vor allem bei einer geringen Anzahl von Wiederholteilen besteht, schnell verloren. Eine Ordnung des Netzwerkes nach bestimmten Stufen ist nicht notwendig. Die Übersichtlichkeit gewinnt jedoch in der Regel bei einer Anordnung der Elemente nach Dispositionsstufen.

5.1.1.3 Matrix

Die graphische Darstellung einer Erzeugnisgliederung weist u. a. den Nachteil auf, daß sie für eine Verarbeitung auf EDV-Anlagen nicht geeignet ist. Als Lösung des Problems bot sich die Darstellung in Form einer Matrix an (vgl. Abb. 95).

[1] Vazsonyi nennt als Erfinder des „GOZINTO-Graphen“ den Pseudo-Mathematiker Zepartzat Gozinto. Der Name erklärt sich aus dem englischen Satz: the part that goes into (vgl. [49, S. 385, und 50, S. 387]).

	E1	E2	A	B	C	a	b	c	d	e	f
E1	-	-	1	-	-	1	-	-	-	2	-
E2	-	-	-	2	1	-	1	-	-	-	-
A	-	-	-	-	1	-	2	1	-	-	-
B	-	-	-	-	-	-	-	-	-	1	2
C	-	-	-	-	-	-	-	2	2	-	-

Abb. 95. Darstellung von Erzeugnisstrukturen in Form einer Matrix

Bei der Matrixdarstellung sind in der ersten Zeile der Matrix die Erzeugnisse, ihre Baugruppen und Einzelteile und in der ersten Spalte der Matrix nur noch die Erzeugnisse und Baugruppen aufgeführt. Die weiteren Matrixelemente sind Mengenangaben, und zwar geben bei einer sogenannten Baukastenmatrix die Zahlen jeder Zeile nur die Mengen der unmittelbar untergeordneten Bestandteile eines Erzeugnisses oder einer Baugruppe an.

Die Matrix-Darstellung besitzt zwei entscheidende Nachteile. Der Speicheraufwand ist wegen der hohen Zahl der Nullelemente bei einem umfangreichen Erzeugnisspektrum sehr hoch. Ferner können außer den Mengenangaben in der Matrix keine weiteren Struktur- oder Teileinformationen gespeichert werden.

5.1.1.4 Liste

Schließlich läßt sich die Erzeugnisstruktur in Form einer Liste festhalten, die auch im Industriebetrieb mit Stückliste bezeichnet wird. Sie eignet sich besonders bei einer manuellen Organisation und ist schon seit langem von den Konstruktionszeichnungen her bekannt, auf denen der Konstrukteur die Einzelteile aufführt. Da auch heute noch bei einer Strukturanalyse mit Hilfe einer Datenverarbeitungsanlage die Ausgabe der Erzeugnisstruktur fast ausschließlich in Form einer Liste erfolgt, soll in den weiteren Abschnitten hierauf besonders eingegangen werden.

5.1.2 Stückliste

Die Stückliste stellt ein Verzeichnis dar, aus dem hervorgeht, in welcher Weise die Erzeugnisse aus Baugruppen, Einzelteile und Rohteilen zusammengesetzt sind. Die Stückliste gibt damit den Inhalt einer Zeichnung in tabellarischer Form wieder. Nach DIN 6771 ist unter dem Begriff „Stückliste" folgendes definiert:

„Die Stückliste faßt die Geräte, Gruppen, Bauelemente und Teile einschließlich der Normteile zusammen, die zum Zusammenbau der Einheit notwendig sind, die auf der zur Stückliste gehörigen Zeichnung dargestellt ist. Sie bildet den Ausgang für die an die Betriebsorganisation gebundenen Listen zur Arbeitsvorbereitung“ [52, Blatt 2].

Grundsätzlich besteht eine Stückliste aus einem Kopfteil und beliebig vielen Positionszeilen (vgl. Abb. 96). Im Kopfteil findet man Angaben über das Erzeugnis bzw. die Baugruppe, z. B. ihre Identifizierung und Benennung.

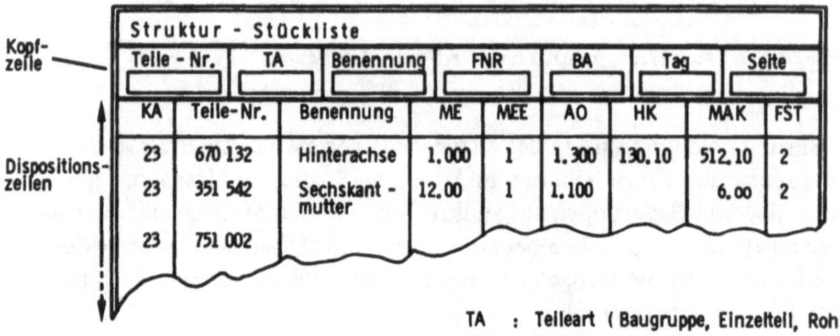

TA : Teileart (Baugruppe, Einzelteil, Rohling, ...)
FNR : Freigabenummer
BA : Beschaffungsart
KA : Kartenart (Zugang / Abgang)
ME : Menge
MEE : Mengeneinheit (Stück, Meter, ...)
AO : Anlieferort
HK : Herstellkosten
MAK : Materialkosten
FST : Fertigungsstufe

Abb. 96. Stückliste

Die Positionszeilen enthalten Identifizierung und Benennung der Bestandteile des Erzeugnisses bzw. der Baugruppe, die Menge für ein Produkt, benötigtes Rohmaterial, Werksnorm-Angabe u.a.m.

5.1.2.1 Bedeutung

Da viele Planungsvorgänge auf die Daten der Stückliste zurückgreifen, kommt ihr im Planungssystem eines Unternehmens eine besondere Bedeutung zu (vgl. auch [51, S. 150]). So dient sie z. B.:

a) der Konstruktionsabteilung als Unterlage zur ständigen technischen Überarbeitung der Erzeugnisse, als Unterlage zur schnelleren Bewältigung ähnlicher Neukonstruktionen, sowie zur Prüfung und Durchführung von Änderungen,

b) der Normenstelle zur Erstellung von Erzeugnisübersichten, zur Erkennung von Wiederholteilen und für Werknorm-Standardisierungen,
c) der Arbeitsplanung zur Vorbereitung des Teilefertigungs- und Montageablaufs, d. h. zur Planung von Material- und Arbeitsaufwand je Erzeugnis,
d) zur Steuerung des Montageprozesses, also zur mengenmäßigen und zeitlich differenzierten Bereitstellung der je Baugruppe benötigten Teile,
e) dem Lager als Information zur Bereitstellung der Teile und eventuell als Entnahmebeleg, ggf. auch als Unterlage zur Lagereinrichtungs- und Lagerablaufplanung,
f) der Fertigung als Montageanleitung (wenn keine Montagearbeitspläne existieren),
g) der Disposition bzw. dem Einkauf zur Material- und Teilebeschaffung,
h) dem Kundendienst oder dem Ersatzteillager zur Ersatzteilbestellung und -bereitstellung,
i) dem Rechnungswesen zur Vor- und Nachkalkulation.

Je nach Aufgabenstellung und nach Struktur der Erzeugnisse haben sich in der Praxis verschiedene Arten von Stücklisten herausgebildet, die wichtigsten sind in Abb. 97 aufgeführt.

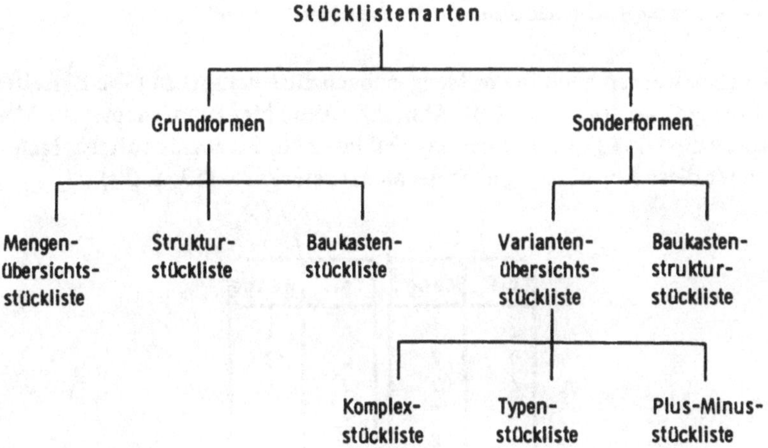

Abb. 97. Stücklistenarten

Häufig wird für den Begriff „Variantenübersichtsliste" auch die Bezeichnung „Variantenstückliste" benutzt. Nach DIN 6771 sind jedoch auf einer Stückliste nur die Teile einer Einheit und nicht auch noch die Teile sämtlicher Varianten zusammengefaßt. Daher sollte richtiger von Variantenübersichtslisten gesprochen werden [51, S. 175]. Die gleichen Überlegungen gelten für die Begriffe

„Komplex-, Typen- und Plus-Minus-Stückliste", die in der Abb. 97 dennoch mit der Bezeichnung „Stückliste" aufgeführt wurden, weil ein anderer Begriff weitgehend ungebräuchlich ist.

5.1.2.2 Mengenübersichtsstückliste

In der Mengenübersichtsstückliste werden für jedes Erzeugnis die Baugruppen, Einzelteile und Rohmaterialien mit ihren Mengen aufgeführt, mit der sie insgesamt in das Enderzeugnis eingehen. Eine Erzeugnisstruktur wird aus der Liste nicht ersichtlich (vgl. Abb. 98).

E 1

Teil	Menge
A	1
C	1
a	1
b	2
c	3
d	2
e	2

E 2

Teil	Menge
B	2
C	1
b	1
c	2
d	2
e	2
f	4

Abb. 98. Mengenübersichtsstücklisten für die Erzeugnisse E1 und E2

Gelegentlich werden auch in der Mengenübersichtsstückliste nur die Einzelteile eines Erzeugnisses aufgeführt (vgl. Abb. 99). Auch hier kennzeichnet die Mengenangabe die Häufigkeit, mit der das Teil in einem Erzeugnis auftritt. Man bezeichnet diese Form häufig auch als Mengenstückliste [53, S. 39].

E 1

Teil	Menge
a	1
b	2
c	3
d	2
e	2

E 2

Teil	Menge
b	1
c	2
d	2
e	2
f	4

Abb. 99. Mengenstückliste für das Erzeugnis E1 und E2

Mit Hilfe einer Mengenübersichtsstückliste läßt sich sehr einfach ein Material- bzw. Teilebedarf ermitteln. Allerdings nur dann, wenn keine Baugruppen vormontiert und auf Zwischenlager gelegt werden. Da die Struktur des Erzeugnisses aus der Stückliste nicht ersichtlich ist, kann daher entweder nur der Bruttobedarf oder der Bedarf für ein einstufiges Erzeugnis errechnet werden.

5.1.2.3 Strukturstückliste

Eine Strukturstückliste (vgl. Abb. 100) unterscheidet sich von einer Mengenübersichtsstückliste in zwei Punkten:

(1) Die Struktur des betreffenden Erzeugnisses wird aus der Liste erkenntlich.
(2) Die Mengenangabe bezieht sich nur auf eine Einheit der unmittelbar übergeordneten Position.

E 1

Stufe			
2	1	0	Menge
A			1
	C		1
		c	2
		d	2
	b		2
	c		1
a			1
e			2

E 2

Stufe			
2	1	0	Menge
B			2
	e		1
	f		2
C			1
	c		2
	d		2
b			1

Abb. 100. Strukturstückliste für die Erzeugnisse E1 und E2

Da aus der Strukturstückliste der Zusammenbau der Einzelteile zu Baugruppen bzw. der Zusammenbau von Einzelteilen und Baugruppen zum Erzeugnis hervorgeht, eignet sich diese Form im Gegensatz zur Mengenübersichtsstückliste:

(1) zur Bedarfsermittlung über mehrere Stufen und
(2) zur stufenweisen Terminierung.

Der wesentliche Nachteil der Strukturstückliste besteht darin, daß sie zu speicheraufwendig ist, wenn

(1) in einem Erzeugnis häufig Wiederholteile auftreten, die mehrfach abgespeichert werden müssen und dann mehrfach in der Stückliste auftreten können,
(2) viele Varianten vorhanden sind.

Im letzteren Fall müssen bei jeder Variante alle Gleichteile nochmals abgespeichert werden.

5.1.2.4 Baukastenstückliste

Aus einer Strukturstückliste ergeben sich Baukastenstücklisten, wenn für das Erzeugnis bzw. die zum Erzeugnis gehörenden Baugruppen nur die unmittelbar in das Erzeugnis bzw. Baugruppen eingehenden Teile bzw. Baugruppen in getrennten Listen aufgeführt werden (vgl. Abb. 101).

E 1

Teil	Menge
A	1
a	1
e	2

E 2

Teil	Menge
B	2
C	1
b	1

A

Teil	Menge
C	1
b	2
c	1

B

Teil	Menge
e	1
f	2

C

Teil	Menge
c	2
d	2

Abb. 101. Baukastenstücklisten für die Erzeugnisse E1 und E2

Die Mengenangaben in diesen Baukastenstücklisten beziehen sich auf das dargestellte Erzeugnis bzw. die aufgeführte Baugruppe. Die Gesamtstruktur eines Erzeugnisses wird durch die Verkettung einzelner Baukastenstücklisten gewonnen.

Der Vorteil dieser Darstellungsweise ist zunächst im geringen Speicheraufwand zu sehen. Bei Mehrfachverwendung der Baugruppen in unterschiedlichen Erzeugnissen wird nur eine Stückliste erstellt und abgespeichert. Damit reduziert sich gleichzeitig der Änderungsaufwand. Allerdings geht bei der Baukastenstückliste die unmittelbare Übersicht über die Erzeugnisstruktur verloren. Bei hoher Variantenzahl kann der Speicherbedarf sehr groß werden. Hier haben sich Variantenstücklisten bewährt.

Eine Verwendung von Baukastenstücklisten ist nur dann sinnvoll, wenn eine Fertigung nach dem Baukastenprinzip vorliegt, d. h. es sollten viele Baugruppen und zahlreiche Wiederholgruppen in den Erzeugnissen vorkommen.

5.1.2.5 Sonderformen

Die Baukasten-Strukturstückliste gleicht in ihrem Aufbau der Strukturstückliste. Allerdings werden einige Baugruppen, vor allem Wiederholgruppen, nicht in ihre Unterbaugruppen bzw. Einzelteile aufgelöst (vgl. Abb. 102 die Baugruppe C).

E 1

Stufe			
2	1	0	Menge
A			1
	C		1
	b		2
	c		1
a			1
e			2

Baugruppe C

Stufe			
2	1	0	Menge
		c	2
		d	2

Abb. 102. Baukasten-Strukturstückliste für das Erzeugnis E1

Die betroffenen Baugruppen sind entsprechend dem Baukastenprinzip in gesonderten Stücklisten gegliedert. Die Gesamtstruktur eines Erzeugnisses setzt sich in diesem Fall aus einer Strukturstückliste und meist mehreren Baukastenstücklisten zusammen.

Variantenübersichtslisten werden immer dann mit Erfolg eingesetzt, wenn mehrere Erzeugnisse in ihrer Struktur sehr ähnlich sind bzw. sehr viele gleiche Teile besitzen. In diesem Fall werden mit einer Liste mehrere Erzeugnisse erfaßt.
Zur Darstellung von Varianten sind in der Praxis Komplex-, Typen- und Plus-Minus-Stücklisten bekannt. Sie können in der Struktur- oder Baukastenform dargestellt werden.

Eine Komplexstückliste beinhaltet sämtliche Varianten einer Variantengruppe (vgl. Abb. 103). Wenn eine spezielle Erzeugnisausführung gewünscht wird, müssen die benötigten Variantenteile gesondert gekennzeichnet werden.

Erzeugnistyp E	Menge
A	1
B	2
C	1
a	1
b	1
b	2
c	2
d	2
e	1
e	2
f	2

Abb. 103. Komplexstückliste für die Erzeugnisse E1 und E2

Bei einer Typenstückliste wird diese zusätzliche Kennzeichnung überflüssig, da jede Variante eine eigene Mengenspalte besitzt (vgl. Abb. 104). Ein weiterer Vorteil besteht darin, daß das gleiche Teil mit unterschiedlichen Stückzahlen in verschiedenen Varianten verwendet werden kann.

Erzeugnistyp E			
	Mengen		
	Gleichteile	Teile in Varianten	
		E 1	E 2
C	1		
c	2	1	
d	2		
A		1	
B			2
a		1	
b		2	1
e			1
f			2

Abb. 104. Typenstückliste für die Erzeugnisse E1 und E2

Eine Plus-Minus-Stückliste bietet sich an, wenn Variantenteile in fast allen Erzeugnissen vorkommen. In diesem Fall werden diese Variantenteile als Gleichteile aufgeführt und bei den wenigen Varianten, bei denen sie nicht auftreten, die Mengenangaben mit einem Minuszeichen versehen (vgl. Abb. 105). Häufig wird in der Stückliste der Grundtyp nur noch als eine Position und die hinzukommenden Teile als „Plus"-Positionen und die entfallenden als „Minus"-Positionen gekennzeichnet.

Erzeugnistyp E			
	Mengen		
	Gleichteile	Teile in Varianten	
		E 1	E 2
C	1		
c	2	1	
d	2		
a	1		-1
f	2	-2	
A		1	
B			2
b		2	1
e		2	1

Abb. 105. Plus-Minus-Stückliste für die Erzeugnisse E1 und E2

Die Vor- und Nachteile der einzelnen Verfahren lassen sich auf der Grundlage dieser zwei sehr einfachen Beispiele nur unvollständig aufzeigen. An dieser Stelle konnte nur das Prinzip dieser Verfahren erläutert werden.

5.2 Bedarfs- und Strukturanalyse eines Auftragsbestandes

Im Abschnitt 5.1 wurden Möglichkeiten und Verfahren der Strukturanalyse beschrieben, um ein gesamtes Erzeugnisspektrum eines Industriebetriebes, soweit es sich um Erzeugnissen aus Fertigungsaufträgen handelt, zu analysieren. In diesem Abschnitt sollen auf der Grundlage eines strukturierten Datenvolumens für einen aktuellen Auftragsbestand die Art und Menge der Strukturelemente (Baugruppen und Einzelteile) des Auftragsbestandes und ihre Fertigungstermine ermittelt werden. Beide Aufgabenstellungen – Terminplanung und Bedarfsermittlung – sind mit der Strukturanalyse so eng verknüpft, daß sie bei Fertigungsaufträgen meist zusammen durchgeführt werden.

5.2.1 Ermittlung des terminierten Bedarfs

Bevor eine genaue terminliche Fixierung der Arbeitsvorgänge in der Teilefertigung vorgenommen werden kann, ist für ein Auftragsbestand zu klären, welche Teile in welchen Mengen zu welchen Terminen fertigzustellen sind. Die Beantwortung dieser drei Fragen soll im folgenden anhand eines Beispiels erläutert werden:

In Abb. 106 liegt in den Planungsperioden 27 bis 30 ein bestimmter Bedarf für die bekannten Erzeugnisse E1 und E2 (vgl. Abb. 93) vor. Da diese Bedarfsnachfrage direkt vom Markt bzw. Kunden stammt, wird sie auch als Primärbedarf bezeichnet.
Im weiteren soll der terminierte Bedarf für das Einzelteil b auf der Grundlage des vorliegenden Auftragsbestandes errechnet werden. Hierzu wird der Primärbedarf, der von den Erzeugnissen E 1 und E 2 herrührt, entsprechend der Erzeugnisstruktur in Baugruppen und Einzelteile weiter aufgelöst. In der Dispositionsstufe 1 der Abb. 106 ergibt sich demnach für die Baugruppe A, die mit der Menge 1 in das Erzeugnis E 1 eingeht, der gleiche Bedarf wie für das Erzeugnis E 1. Allerdings handelt es sich hier um einen aus E 1 abgeleiteten Bedarf, der daher als Sekundärbedarf bezeichnet wird.

Die Baugruppe A wird entsprechend der Erzeugnisstruktur mit den Einzelteilen a und e zum Erzeugnis E 1 montiert. Da für diese sogenannte Endmontage eine bestimmte Zeit benötigt wird, muß der Sekundärbedarf von A um diese Montagezeit, die sogenannte Vorlaufzeit, in Richtung Zukunft vorverlegt werden,

Disposition für Einzelteil b

Disp.-Stufe	Perioden-Nummer	24	25	26	27	28	29	30		24	25	26	27	28	29	30	
0	Primärbedarf				100	120	80	110	E1				50	60	70	50	E2
1	Sekundärbedarf Stufe1				100	120	80	10	1xA								
	Vorlaufverschiebung			100	120	80	110										
	Primärbedarf				10	30	20	10									
	Gesamtbedarf Stufe 1			100	130	110	130	10									
	Zuschlag * (10 %)			10	13	11	13	1									
	Bruttobedarf			110	143	121	143	11									
	Lagerbestand u. offene Betriebs-Auftr.			160		100											
	Nettobedarf Stufe 1				93	21	143	11									
2	Sekundärbedarf Stufe 2				186	42	286	22	2xb				50	60	70	50	1xb
	Vorlaufverschiebung			186	42	286	22					50	60	70	50		
	Sekundärbedarf von anderen Erzeugn.			50	60	70	50										
	Primärbedarf Stufe 2				20	20	40	30									
	Gesamtbedarf			236	122	376	112	30									
	Zuschlag * (10 %)			24	12	38	11	3									
	Bruttobedarf			260	134	414	123	33									
	Lagerbestand u. offene Betriebs-Auftr.			150	100												
	Nettobedarf Stufe 2			110	34	414	123	33									
	Zusammenfassung zu opt. Losgrößen			300		300	300										

* Zuschlag für Ausschuß bei der Fertigung bzw. Mehrverbrauch bei Montage

Abb. 106. Ermittlung des terminierten Bedarfs für das Einzelteil b

damit der Fertigstellungstermin der Erzeugnisse sichergestellt ist. In dem Beispiel in Abb. 106 beträgt die Vorlaufzeit für die Montage eine Woche bzw. Periode. Der Bedarf von A fällt also entsprechend früher an. In der Praxis müssen diese Werte natürlich genauer ermittelt werden, wenn die Fertigstellungstermine der Einzelteile realistisch sein sollen. Zu dem periodengerechten Sekundärbedarf der Baugruppe A in dem Beispiel wird ein weiterer Primärbedarf an A zum Gesamtbedarf summiert, wenn z. B. Ersatzteilbestellungen vorliegen.

Im nächsten Schritt wird der Gesamtbedarf um einen betriebsspezifischen Zuschlag für den Ausschuß bei der Fertigung bzw. den Mehrverbrauch bei der Montage erhöht. Dieser neue Bedarf wird als Bruttobedarf bezeichnet. Aus diesem Bruttobedarf errechnet sich schließlich der Nettobedarf, indem vom Bruttobedarf pro Planungsperiode der Lagerbestand und die offenen Betriebsaufträge subtrahiert werden. Da es sich beim errechneten Nettobedarf für A um eine Baugruppe handelt, wird dieser Bedarf in der nächsten Stufe 2 in bekannter Weise weiter aufgelöst. Bei der Sekundärbedarfsermittlung für das Einzelteil b ist jedoch zu berücksichtigen, daß das Teil b nicht nur in A, sondern auch direkt in das Erzeugnis E 2 eingeht. Aus diesem Grund muß zusätzlich der Sekundärbedarf an b im Erzeugnis E 2 bei Ermittlung des terminierten Nettobedarfs mitberücksichtigt werden.

In gleicher Weise, wie die Disposition für das Einzelteil b durchgeführt wurde, muß in den weiteren Schritten für sämtliche Einzelteile des Auftragsbestandes eine gleiche Rechnung vorgenommen werden. Als Ergebnis erhält man den terminierten Nettobedarf eines bestimmten Auftragsbestandes. Im letzten Schritt wird dieser Bedarf eines Teiles vornehmlich bei Serienprodukten zu optimalen Losgrößen zusammengefaßt, indem der Bedarf aus späteren Planungsperioden solange in Richtung Zukunft verlagert wird, bis die optimale Losgröße erreicht ist. Durch diesen Vorgang verliert das Einzelteil endgültig seine Verbindung zum Auftrag. Hierdurch können zusätzliche Probleme bei der Kapazitätsplanung entstehen, wie im Abschnitt 5.3.2.2 noch gezeigt wird.

5.2.2 Ablaufstrukturen in der Fertigung

Zur Ermittlung der Ablaufstrukturen in der Fertigung werden die bekannten Stücklisten und sogenannte Arbeitspläne der Teilefertigung und Montage benötigt. Arbeitspläne erstellt die Fertigungsplanung. Auf der Grundlage der Konstruktionszeichnung wird für jedes Eigenfertigungsteil auftragsneutral ein möglichst kostengünstiger Fertigungsablauf festgelegt. Das Ergebnis dieser Planungen wird in einer Liste, dem sogenannten Arbeitsplan, festgehalten (vgl. Abb. 107).

Ein solcher Arbeitsplan besteht aus einem Kopfteil, in dem meist die Sachnummer, Teileart, die Teilbenennung u.a.m. aufgeführt sind, und mehreren Positionszeilen, in denen die Arbeitsfolge fixiert ist. Eine solche Arbeitsfolge umfaßt numerische

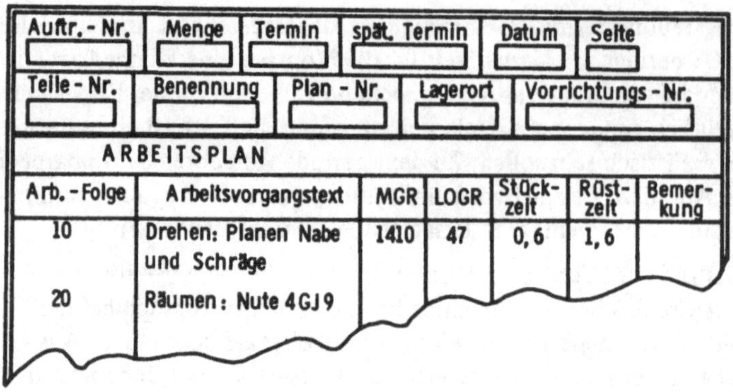

MGR : Maschinengruppe
LOGR : Lohngruppe

Abb. 107. Arbeitsplan

Daten, wie z. B. Maschinengruppennummer, Lohngruppe, Vorgabezeit u.a.m. und Text, der den Arbeitsvorgang beschreibt. Unter einem Arbeitsvorgang versteht AWF „die abgeschlossene Arbeitsverrichtung, die von einem Arbeiter oder einer Gruppe von Arbeitern an einem Arbeitsplatz ausgeführt wird" [54, S. 396ff.]. In der Regel beginnt die erste Arbeitsfolge mit dem Arbeitsvorgang „sägen" oder „anreißen" und endet häufig mit dem Arbeitsvorgang „kontrollieren" oder „entgraten".

Der einzelne Arbeitsvorgang entspricht dem Vorgang einer Vorgangssammelliste, die bei der Ermittlung einer Ablaufstruktur für ein Projekt anfiel (vgl. Abschnitt 2.1.2). Im Gegensatz zu den Vorgängen der Vorgangssammelliste sind die Arbeitsvorgänge jedoch schon geordnet. Sie legen eindeutig die Reihenfolge der Bearbeitungsfolge fest. Es handelt sich hierbei meist um lineare Abläufe, da technologische Verbindungen zu Arbeitsvorgängen anderer Arbeitspläne selten anzutreffen sind.

Eine vermaschte Ablaufstruktur entsteht immer dann, wenn der Montageablauf in die Betrachtung miteinbezogen wird. Für Erzeugnisse, die viele Montagestufen aufweisen, entsteht in der Teilefertigung und Montage eine zusammenhängende Baumstruktur, wie sie beispielhaft in Abb. 108 dargestellt ist [55, S. 58ff.]. Diese Ablaufstruktur findet sich vornehmlich bei Produktionsaufträgen, wenn nur die Bereiche Teilefertigung und Montage dargestellt werden, da deren Produkte überwiegend in Einzelfertigung erstellt werden.

Bei Fertigungsaufträgen werden häufig für die Teilefertigung die Einzelteile aus unterschiedlichen Aufträgen zu einem Los zusammengefaßt, um die Rüstkosten zu verringern. Bei der Montage müssen die Teile dieser Lose auf die einzelnen

Aufträge bzw. bei einer Vormontage auf die Baugruppen wieder aufgeteilt werden. Es ergibt sich daher, wie Abb. 108 zeigt, eine Ablaufstruktur, die nach beiden Seiten offen ist.

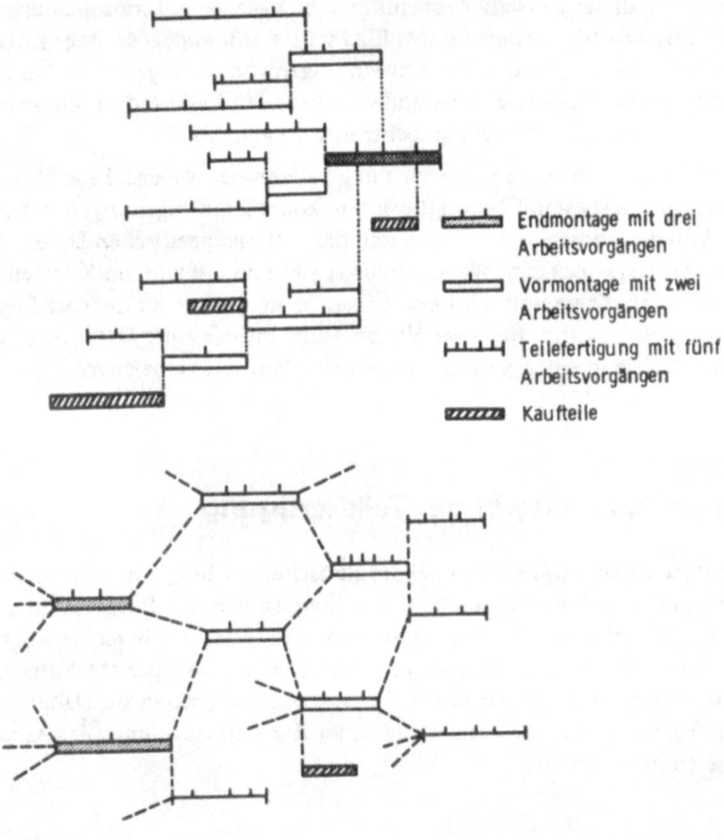

Abb. 108. Ablaufstrukturen in der Fertigung

Terminbestimmend ist das Teil in einem Los, das als erstes für einen Montageauftrag benötigt wird. Die restlichen Teile werden auf Lager gelegt. In der Praxis vereinfachen sich die Ablaufstrukturen der Abb. 108 jedoch erheblich, da zur Zeit überwiegend nur Arbeitspläne für die Teilefertigung in den Betrieben vorliegen, so daß nur eine Terminierung in der Teilefertigung durchgeführt werden kann. Montagearbeitspläne sind heute noch relativ selten anzutreffen. Bei Serienprodukten ist häufig die Montagezeit sehr kurz, so daß vielen Unternehmen eine Terminplanung des einzelnen Montagearbeitsvorganges viel zu aufwendig erscheint. Bei Produktionsaufträgen, die meist in Einzelfertigung erstellt werden, benötigt man wegen der vielstufigen Ablaufstruktur in der Regel zwar zur Montage sehr viel Zeit, da aber hier bei den Erzeugnissen vielfach Neu- und Änderungskonstruktionen auftreten, lassen sich nach Angaben aus der Praxis die Montageabläufe in der geforderten Genauigkeit nur mit viel Aufwand fixieren. Trotz dieser Einwände scheint hier eine genauere Terminplanung auf der Basis von Arbeitsvorgängen sinnvoll zu sein, wenn in der Montage fortwährend Kapazitätsengpässe auftreten. Die Auswirkungen von Verzögerungen bei der Montagearbeit auf Montageecktermine und vor allem den Liefertermin können nur durch eine genaue Terminplanung rechtzeitig erkannt werden.

Nachdem durch die Teilebedarfsermittlung bekannt ist, welche Teile für einen bestimmten Auftragsbestand benötigt werden, können die zugehörigen Arbeitspläne aus der Arbeitsplandatei entnommen und die auftragsspezifischen Daten, wie z.B. Termine, Auftragsstückzahl, Werkstattauftragsnummer u.a.m. im Kopfteil nachgetragen werden. Diese und nur diese Arbeitspläne werden für die nachfolgende Terminplanung benötigt. Bei einer Verarbeitung mittels einer Datenverarbeitungsanlage werden sie in einer gesonderten Arbeitsplandatei gespeichert.

5.3 Terminplanung in der Teilefertigung

Der Montageablauf wurde schon bei der Bedarfsermittlung durch Subtraktion der Vorlaufzeiten vom Liefertermin bzw. den Eckterminen der Baugruppen grob terminiert. Da bei dieser Planung keine Montagekapazitäten berücksichtigt werden, reicht sie nur dann aus, wenn genügend Montagekapazität vorhanden ist. Diese Voraussetzung trifft in der Teilefertigung nur selten zu. Daher wird hier eine Terminplanung, einschließlich einer Kapazitätsplanung aller Arbeitsvorgänge vorgenommen.

5.3.1 Durchlaufterminierung

Die Ermittlung der Termine für jeden Arbeitsvorgang eines aktuellen Auftragsbestandes ohne Berücksichtigung der vorhandenen Kapazitäten ist Aufgabe der Durchlaufterminierung. Bekannt sind:

(1) aus der Bedarfsermittlung Art, Menge und Fertigstellungstermin der Einzelteile,
(2) sämtliche Arbeitsvorgänge und deren Reihenfolge für jedes Einzelteil und
(3) die Durchlaufzeit pro Arbeitsvorgang.

Da die Güte der Durchlaufterminierung entscheidend von der Genauigkeit dieser Durchlaufzeiten abhängig ist, soll auf ihre Struktur und Größe zunächst kurz eingegangen werden.

Die Durchlaufzeit setzt sich in der Regel aus folgenden vier Komponenten zusammen: Bearbeitungszeit, Transportzeit, Kontrollzeit und Liegezeit. Unter Transportzeit wird der Zeitbedarf verstanden, der zum Transport der Werkstücke von einem Arbeitsplatz zum nächsten benötigt wird. In der Praxis werden diese Zeitwerte häufig einer Transportzeitmatrix entnommen. Sie schwanken allgemein je nach Entfernung und Transportmittel zwischen einem halben Tag und mehreren Tagen. Ihr Anteil an der Durchlaufzeit ist, wie Untersuchungen in verschiedenen Betrieben der metallverarbeitenden Industrie gezeigt haben, meist gering. In Abb. 109 beträgt er im Mittel nur 2 % der gesamten Durchlaufzeit [56, S. 12].

Die Kontrollzeit fällt nur dann an, wenn im Arbeitsplan ein eigener Kontrollarbeitsvorgang vorgesehen ist. In der Regel ist diese Zeit wie die Transportzeit im Verhältnis zur gesamten Durchlaufzeit von untergeordneter Bedeutung.

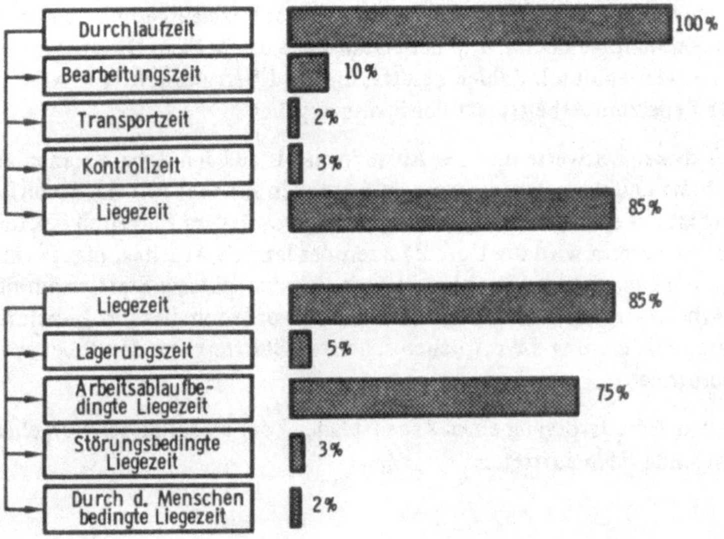

Abb. 109. Zusammensetzung der Durchlaufzeit und der prozentuale Anteil der Teilgrößen

Die Bearbeitungszeit stellt eine Komponente der Durchlaufzeit dar, die relativ genau erfaßt werden kann. Bei Akkordarbeiten entspricht sie mit hinreichender Genauigkeit der Vorgabezeit. Bei Arbeiten, die nicht im Akkord vergeben werden, müssen die Methoden des Vergleichens oder Schätzens angewandt werden. Wenn es sich nicht um sehr lange Bearbeitungszeiten (größer 400 Minuten) handelt, ist ihr Einfluß auf die gesamte Durchlaufzeit ebenfalls gering.

Den Hauptanteil an der Durchlaufzeit weist in den meisten Fällen die Liegezeit auf. Hierunter wird die Zeit verstanden, während der ein Werkstück im Betrieb liegt, ohne eine Veränderung im Sinne des Arbeitsfortschrittes zu erfahren. In dem Untersuchungsergebnis der Abbildung 109 beträgt der Anteil der Liegezeit an der Durchlaufzeit 85 %. Da auf die Größe der Liegezeit zahlreiche unvorhersehbare Störeinflüsse einwirken, läßt sie sich in der Praxis mittels statistischer Verfahren nur sehr grob berechnen. In der Praxis werden zur Zeit vielfach für Arbeitsvorgänge 1,5 bis 2 Tage Liegezeit angesetzt. Hieraus kann gefolgert werden, daß bei vielstufigen Erzeugnissen, die einzeln oder in Serien nach dem Werkstättenprinzip gefertigt werden, die Durchlaufzeit pro Arbeitsvorgang in der Teilefertigung nur sehr ungenau ermittelt werden kann. Sie beträgt bei Arbeitsvorgängen, die weniger als 400 Minuten Bearbeitungszeit aufweisen, in der Praxis 2 bis 3,5 Tage.

Um die Zeitermittlung von der Bearbeitungszeit unabhängig zu machen, werden vielfach nur die Übergangszeiten (Kontroll-, Transport- und Liegezeit), in einer sogenannten Übergangszeitmatrix festgehalten [vgl. 57, S. 164]. In dieser Matrix sind in der ersten Spalte die vorhandenen Arbeitsplätze aufgeführt, die in der gleichen Reihenfolge nochmal in der ersten Zeile erscheinen. Die übrigen Felder der Matrix werden durch Zahlen besetzt, die die Übergangszeit vom Arbeitsplatz der Zeile zum Arbeitsplatz der Spalte angeben.

Mit Hilfe dieser Zeitwerte und der Ablaufstruktur aus den Arbeitsplänen vollzieht sich die Durchlaufterminierung in folgenden Phasen: Aus der Bedarfsrechnung ist der späteste Fertigstellungstermin von jedem Einzelteil bekannt. Von diesem Termin wird die Durchlaufzeit des letzten Arbeitsvorgangs eines betrachteten Einzelteils subtrahiert, womit sich der späteste Starttermin für diesen Arbeitsvorgang ergibt. In gleicher Weise werden in dieser sogenannten Rückwärtsterminierung die restlichen spätesten Starttermine der Arbeitsvorgänge berechnet.

Beim ersten Arbeitsvorgang eines Arbeitsplanes können bei dieser Vorgehensweise folgende Fälle auftreten:

(1) Der späteste Starttermin des ersten Arbeitsvorganges liegt in der Zukunft. In einer Vorwärtsterminierung werden ausgehend vom Termin „heute" die frühesten Starttermine aller Arbeitsvorgänge errechnet, indem auf den Termin „heute" die Durchlaufzeiten der entsprechenden Arbeitsvorgänge addiert werden.
Das Ergebnis dieser Rechnung ist für das Erzeugnis E1 als Balkendiagramm in Abb. 110 festgehalten. Die Fertigstellungstermine für die Einzelteile wurden ausgehend vom Liefertermin über die bekannten Vorlaufzeiten (VZ) festgelegt.

(2) Der späteste Starttermin des ersten Arbeitsvorganges fällt auf den Termin „heute". In diesem Sonderfall sind früheste und späteste Starttermine identisch.

(3) Der späteste Starttermin liegt in der Vergangenheit. Vom Termin „heute" werden in einer Vorwärtsterminierung neue Starttermine ermittelt. Hierbei ergibt sich in jedem Fall eine Verschiebung des Fertigstellungstermins. Um dies zu verhindern können in den Modularprogrammen der EDV-Hersteller folgende Gegenmaßnahmen ergriffen werden:

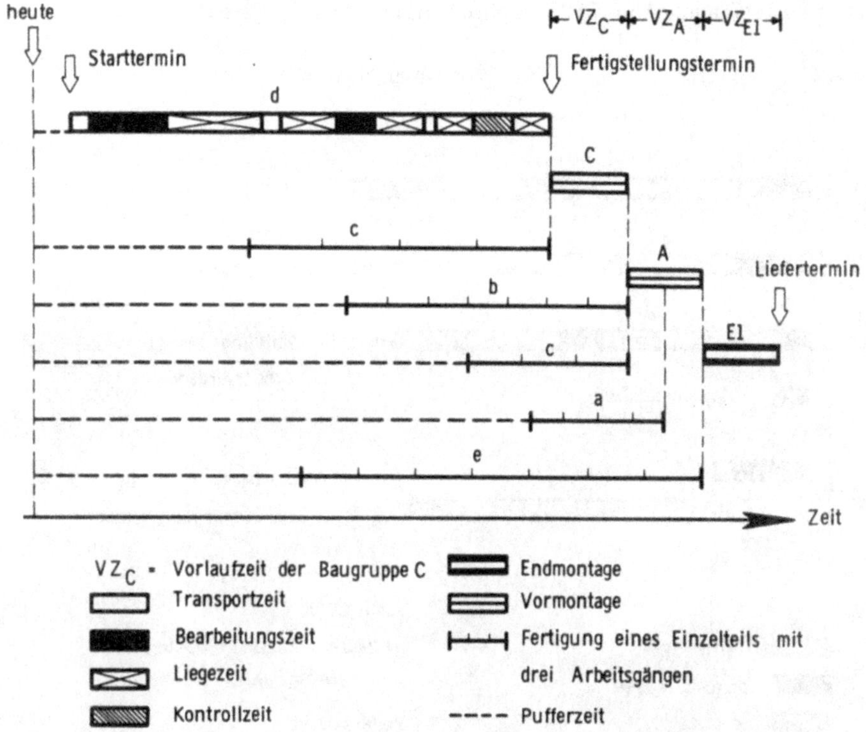

Abb. 110. Terminierter Auftragsablauf für das Erzeugnis E1, dargestellt als Balkendiagramm

a) Durchlaufzeitverkürzung durch Reduzierung der Liegezeit für die betreffenden Arbeitsvorgänge. Die Höhe der Reduzierung, die in der Praxis 30–50 % beträgt, wird bei dem Modularprogramm extern über Parameterkarten festgelegt. Sie kann generell für alle Arbeitsvorgänge des betroffenen Teils erfolgen oder beginnend bei dem ersten Arbeitsvorgang nur solange, bis die Verspätung aufgeholt ist. Im zweiten Fall bliebe den letzten Arbeitsvorgängen diese zeitliche Reserve erhalten, die unter Umständen bei der Kapazitätsplanung benötigt wird.

b) Splittung der Lose, d. h. ein Los wird auf mehrere Maschinen aufgeteilt. Für den Fall, daß dies technisch durchführbar ist, muß zusätzlich die Wirtschaftlichkeit beachtet werden; denn durch die Splittung treten mehrmals Rüstzeiten auf.

c) Überlappte Fertigung. Hierbei beginnt schon der nächste Arbeitsvorgang, bevor der unmittelbar vorhergehende abgeschlossen ist. Dieses Verfahren läßt sich nur bei Losen mit großen Stückzahlen realisieren.

In Abb. 111 sind diese Verkürzungsmöglichkeiten beim Einzelteil d des Erzeugnisses E 1 (vgl. auch Abb. 110) graphisch erläutert.

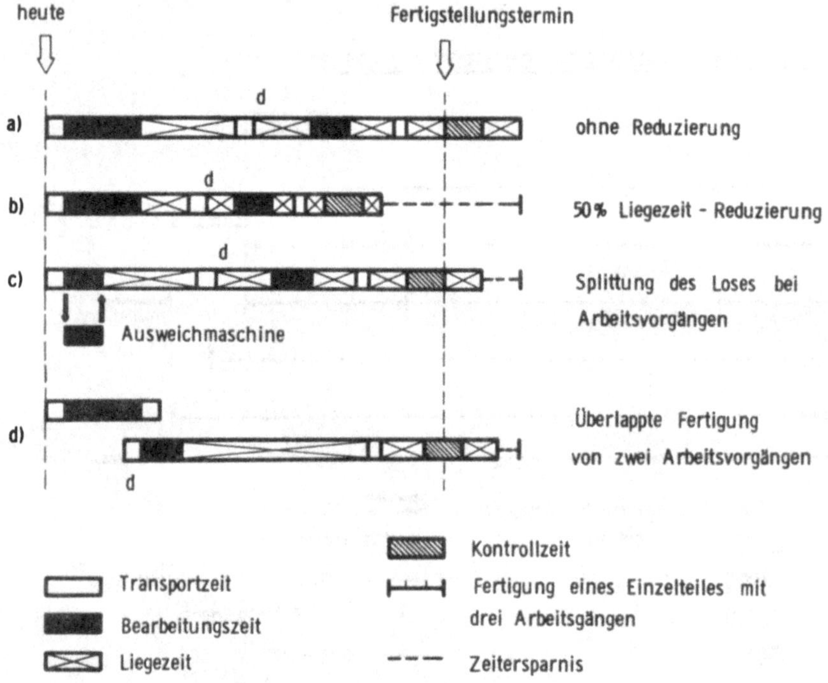

Abb. 111. Möglichkeiten der Durchlaufzeitverkürzung in der Teilefertigung

Wenn keine dieser Maßnahmen möglich ist oder die Zeitreduzierung nicht ausreicht, muß der Fertigstellungstermin des Loses um diesen Betrag verschoben werden. Die neuen Starttermine der Arbeitsvorgänge werden mit reduzierten Durchlaufzeiten in der bekannten Vorwärtsterminierung errechnet. Die weiteren Auswirkungen dieser Terminverschiebung auf die Liefertermine der betroffenen Aufträge können nur dann festgestellt werden, wenn die entsprechenden Ablaufstrukturen und Vorlaufzeiten der betroffenen Aufträge bekannt sind. Die Vorwärtsterminierung endet in diesem Fall dann nicht bei den Fertigstellungsterminen der Einzelteile, sondern wird über die Baugruppen bis zum Liefertermin weitergeführt.

Bei einer manuellen Durchlaufterminierung werden die ermittelten Termine der Arbeitsvorgänge auf entsprechende Arbeitspapiere, wie z. B. dem Arbeitsplan, eingetragen. Bei maschineller Berechnung durch ein EDV-Programm können Listen ausgedruckt werden, die u. a. die Arbeitsvorgangsbezeichnung und die Start- und Endtermine der Arbeitsvorgänge enthalten.

5.3.2 Kapazitätsplanung

Die Termine der Durchlaufterminierung sind nur dann realistisch, wenn bei der Verwirklichung der Arbeitsvorgänge keine Bereichs- (Maschinengruppen) oder Einzelkapazitäten (Maschinen) in bestimmten Zeitspannen überbeschäftigt sind. Da eine solche Situation in der Praxis nur im Ausnahmefall vorkommen kann, z. B. bei extremer Unterbeschäftigung der gesamten Teilefertigung, müssen die Termine der Durchlaufterminierung hinsichtlich ihrer kapazitiven Realisierbarkeit überprüft werden. Diese Überprüfung kann gleichzeitig mit der Durchlaufterminierung oder im Anschluß an die Durchlaufterminierung ablaufen.

Die Kapazitätsplanung erfüllt dabei zwei Aufgaben:

(1) Sie ermittelt für die Teilefertigung die aktuelle Auslastung der Kapazitätseinheiten durch den Auftragsbestand. (Belastungsübersicht)

(2) Sie führt bei einer Überbeschäftigung der Kapazitäten einen Kapazitätsabgleich durch, indem die Kapazitätsnachfrage gewisser Arbeitsvorgänge zeitlich verschoben werden. Diese Verschiebung sollte so durchgeführt werden, daß erstens möglichst keine Überbeschäftigung bei den Kapazitätseinheiten auftritt und zweitens ein wirtschaftlicher Fertigungsablauf verwirklicht wird.

Zusätzlich zu den Daten der Durchlaufterminierung werden für eine Kapazitätsplanung folgende weitere Werte benötigt:

- Vorgabezeit des Arbeitsvorgangs, die der Kapazitätsnachfrage entspricht,
- Belastungsart des Arbeitsvorgangs,
- Kapazitätseinheiten der Teilefertigung (Maschinen oder Maschinengruppen),
- Kapazitätsangebot der Kapazitätseinheiten pro Planungsperiode,
- weitere Werte, wie z. B. Größe der Planungsperiode, Planungszeitraum, Gewichtungsfaktoren für die Prioritätsregeln u.a.m.

Die ersten drei Angaben können dem Arbeitsplan entnommen werden, während die letzteren gesondert zu ermitteln sind.

5.3.2.1 Kapazitätsplanung ohne Berücksichtigung von Kapazitätsgrenzen

In einer weiteren Rechnung wird die Kapazitätsnachfrage eines bestimmten Auftragsbestandes zu den Terminen der Durchlaufterminierung auf die Kapazitätseinheiten der Teilefertigung in folgender Weise verteilt: Sobald der Anfangstermin eines Arbeitsvorgangs den Anfangstermin einer Planungsperiode überschreitet, wird die Kapazitätsnachfrage, deren Größe durch die Vorgabezeit gegeben ist, in die Kapazitätseinheit eingelastet, die der Belastungsart des Arbeitsvorgangs entspricht. Dieser Vorgang wiederholt sich solange, bis die Kapazitätsnachfrage aller Arbeitsvorgänge den entsprechenden Planungsperioden zugeteilt wurde.

Als Ergebnis dieser Rechnungen erhält man einen anlagenbezogenen Belegungsplan für alle Kapazitätseinheiten der Teilefertigung. Diese weisen, wie Abb. 112 zeigt, die Auslastung der Kapazitätseinheiten in graphischer Form für mehrere Wochen im voraus aus. In weiteren graphischen Darstellungen ist das nicht nutzbare Kapazitätsangebot bei frühestmöglichem Start der Vorgänge und außerdem das fehlende Kapazitätsangebot trotz zeitlich maximalen Vorziehens der Arbeitsvorgänge aufgetragen.

Aus dem Vergleich zwischen Kapazitätsangebot und -nachfrage läßt sich bei einer graphischen Darstellung der Auslastung leicht erkennen, welche Planungsperioden unter- bzw. überbeschäftigt sind. Bei einer Überbeschäftigung können in der Regel die Termine der Durchlaufterminierung in der Durchführung nicht verwirklicht werden. Bei einer Unterbeschäftigung wird das eingesetzte Kapital nicht voll genutzt. Für beide Fälle muß daher eine Kapazitätsabstimmung durchgeführt werden, wenn eine wirtschaftliche Fertigung angestrebt wird. Damit ist die zweite Aufgabe der Kapazitätsplanung angesprochen.

5.3.2.2 Kapazitätsplanung mit Berücksichtigung von Kapazitätsgrenzen

Wie schon im Abschnitt 2.4.3 erläutert wurde, läßt sich eine Kapazitätsabstimmung auf unterschiedliche Weise realisieren. Bisher ist jedoch kein EDV-Programmsystem bekanntgeworden, das die zahlreichen Möglichkeiten einer Kapazitätsabstimmung umfaßt. Die bekannten Modularprogramme der EDV-Hersteller führen meist allein einen Kapazitätsabgleich durch. Um dennoch eine möglichst weitgehende Kapazitätsabstimmung zu realisieren, hat sich in der Praxis folgender Ablauf der Terminplanung als zweckmäßig herausgestellt.

Im ersten Schritt wird die Durchlaufterminierung und die Kapazitätsplanung ohne Berücksichtigung von Kapazitätsgrenzen in einem Programmlauf gleichzeitig durchgeführt. Auf der Grundlage des anlagenbezogenen Belegungsplans dieser ersten

DOB MASCHINEN-BELASTUNG DREHBANK 41 ST 3113 SEITE 22

WOCHE	TERMIN-EINHEIT VON BIS	VERF. KAPAZ. STD	KAPAZ. BEDARF FR.ST. STD	KAPAZITAETSBEDARF BEI SPAETESTMOEGL. START STD	NICHT NUTZBARE KAPAZITAET BEI FRUEHESTMOEGL. START STD	FEHLENDE KAPAZITAET TROTZ MAX. VORZIEHENS STD
4	8040-8049	60.0	163.1	39.2	0.0	0.0
5	8050-8059	60.0	115.0	124.6	0.0	43.8
6	8060-8069	60.0	20.1	41.4	0.0	0.0
7	8070-8079	60.0	45.0	30.1	0.0	0.0
8	8080-8089	60.0	46.3	29.6	0.0	0.0
9	8090-8099	60.0	55.7	58.2	0.0	0.0
10	8100-8109	60.0	75.5	116.8	0.0	19.9
11	8110-8119	60.0	77.8	102.6	0.0	42.6
12	8120-8129	60.0	17.5	43.4	0.0	0.0
13	8130-8139	60.0	0.0	26.5	0.0	0.0
	SUMMEN	600.0	616.0	612.4	0.0	106.3

DREHBANK 41 ST 3126

WOCHE	TERMIN-EINHEIT VON BIS	VERF. KAPAZ. STD	KAPAZ. BEDARF FR.ST. STD	KAPAZITAETSBEDARF BEI SPAETESTMOEGL. START STD	NICHT NUTZBARE KAPAZITAET BEI FRUEHESTMOEGL. START STD	FEHLENDE KAPAZITAET TROTZ MAX. VORZIEHENS STD
4	8040-8049	60.0	88.6	88.6	0.0	28.6
5	8050-8059	60.0	124.7	116.7	0.0	56.7
6	8060-8069	60.0	21.3	21.3	0.0	0.0
7	8070-8079	60.0	64.9	72.9	0.0	12.9
8	8080-8089	60.0	62.0	62.0	0.0	2.0
9	8090-8099	60.0	7.4	2.2	0.0	0.0
10	8100-8109	60.0	3.9	9.1	47.2	0.0
11	8110-8119	60.0	0.0	0.0	60.0	0.0
12	8120-8129	60.0	0.0	0.0	60.0	0.0
13	8130-8139	60.0	0.0	0.0	60.0	0.0
	SUMMEN	600.0	372.8	372.8	227.2	100.2

Abb. 112. Auslastung der Kapazitätseinheit „Drehbank 41 ST 3113/3126“ durch den Auftragsbestand [58, S. 72]

Rechnung kann im zweiten Schritt manuell eine Kapazitätsabstimmung durch Veränderung der Kapazitätsgrenzen vorgenommen werden. So läßt sich z. B. das Kapazitätsangebot bei einer Überbeschäftigung durch Überstunden oder durch eine zusätzliche Schicht vermehren. Bei einer Unterbeschäftigung können die Kapazitätsgrenzen durch Abbau von Überstunden oder durch Personalumsetzung gesenkt werden. Erst nach dieser manuellen Kapazitätsabstimmung wird im dritten Schritt maschinell eine noch verbleibende Überbeschäftigung abgeglichen. Diese Maßnahme sollte immer als letzte Möglichkeit gewählt werden, da ein Abgleich häufig mit Terminverschiebungen verbunden ist. Durch die manuelle Kapazitätsabstimmung kann diese Gefahr jedoch erheblich vermindert werden.

Vielfach ist im Einzelfall ein Kapazitätsabgleich nicht zu umgehen. Er tritt immer dann auf, wenn in einer Planungsperiode die Kapazitätsnachfrage die Kapazitätsgrenze übersteigt. In diesem Fall konkurrieren in der Regel mehrere Arbeitsvorgänge zur gleichen Zeit um das Kapazitätsangebot der gleichen Kapazitätseinheit. In der Regel wird die Kapazitätsnachfrage, die über der Kapazitätsgrenze liegt, durch den Planungsalgorithmus in Richtung Zukunft in Planungsperioden mit Unterbeschäftigung verschoben. Die Wahrscheinlichkeit für eine Verlagerung ist für die Arbeitsvorgänge am größten, die zuletzt eingelastet wurden. Die Festlegung einer Reihenfolge konkurrierender Arbeitsvorgänge unter wirtschaftlichen Gesichtspunkten ist ein schwieriges Optimierungsproblem. Bis heute ist es nicht gelungen, ein Verfahren zu entwickeln, das für die Praxis geeignet ist und einen kostenoptimalen Fertigungsablauf garantiert. Aus diesem Grunde hat man sich darauf beschränkt, mit den Planungsalgorithmen wenigstens Teilziele zu erreichen, wie z. B.

- maximale mittlere Kapazitätsauslastung,
- minimale mittlere Durchlaufzeit,
- Einhaltung vorgegebener Termine (minimale mittlere Verspätung).

Aber auch die Realisierung einiger dieser Teilziele führt zu erheblichen Schwierigkeiten, da sie zum Teil gegenläufige Tendenz aufweisen. So erfordern z. B. kürzere Durchlaufzeiten einen kleineren in der Teilefertigung gebundenen Auftragsbestand, während demgegenüber höhere Auslastungen der Kapazitätseinheiten einen größeren Auftragsbestand zur Voraussetzung haben. Diese Erscheinung wurde von Gutenberg als Dilemma der Ablaufplanung bezeichnet [31, S. 160]. Die exakten Verfahren, die schon in Abschnitt 2.4.3.1 vorgestellt wurden, scheiterten bei praxisnahen Aufgabenstellungen bisher alle an dem hohen Rechenaufwand. Wie schon bei der Projektplanung werden auch bei der Terminplanung zur Reihenfolgeplanung in der Teilefertigung Prioritätsregeln eingesetzt. Sie liefern zwar keinen optimalen Terminplan, aber immerhin sollen die bekannten Teilziele wenigstens angenähert erreicht werden.

Ihr großer Vorteil liegt in ihrer einfachen Handhabung und schnellen Entscheidungsfindung. Mit meist nur einem Wert wird für jeden Arbeitsvorgang über eine Prioritätsregel eine Prioritätszahl errechnet. Derjenige Arbeitsvorgang mit der größeren Prioritätszahl wird bei der Kapazitätsplanung vor den Arbeitsvorgängen mit der kleineren Zahl eingeplant. In der Vergangenheit wurden weit über hundert Prioritätsregeln aufgestellt und untersucht. Einige wenige Elementarregeln sollen im folgenden mitgeteilt werden:

- kürzeste Operationszeitregel (KOZ)
  Diese Regel erteilt dem Arbeitsvorgang die höchste Prioritätszahl zu, der die kürzeste Bearbeitungszeit besitzt.
- längste Operationszeitregel (LOZ)
  Bei dieser Regel werden die Arbeitsvorgänge mit der längsten Bearbeitungszeit vorrangig eingeplant (Umkehrung der KOZ-Regel).
- Schlupfzeit- oder Verspätungsregel (SLACK)
  Mit zunehmender Verspätung erhält der Arbeitsvorgang eine höhere Dringlichkeit.
- Fertigungsrestzeitregel
  Der Arbeitsvorgang erhält die höchste Priorität, der die geringste verbleibende Bearbeitungszeit besitzt.

In der Praxis werden vorwiegend die Schlupfzeit- und kürzeste Operationszeitregel eingesetzt. Inwieweit sie die angestrebten Teilziele erreichen, kann trotz zahlreicher Simulationen von Maxwell, Conway, Gräßler u.a.m. [59; 60] nicht endgültig gesagt werden, da die Simulationsmodelle die komplexen Zusammenhänge der Teilefertigung meist nur annähernd genau beschreiben. Hinzu kommt, daß nach Berr und Papendieck diese Prioritätsregeln nur einen geringen Einfluß auf die Kostensituation besitzen [61, S. 196]. Da die Frage nach der Güte der Prioritätsregeln noch offen zu sein scheint, wird an dieser Stelle nur auf die einschlägige Literatur verwiesen [58, S. 91 ff.].

Nicht nur die Wahl einer geeigneten Prioritätsregel, sondern in vielleicht noch stärkerem Maße ist der gesamte Kapazitätsplanungsabgleich dafür verantwortlich, wie gut die angestrebten Teilziele erreicht werden. Theoretisch lassen sich beliebig viele Vorgehensweisen anführen. Im folgenden soll jedoch nur auf einige wichtige näher eingegangen werden:

Strategie 1

Voraussetzungen: Die Arbeitsvorgänge eines Auftragsbestandes sind alle in einer sogenannten Arbeitsvorgangsdatei gespeichert. Jeder Arbeitsvorgang in dieser Datei weist einen frühesten und spätesten Anfangstermin auf, die im Sonderfall identisch sein können (vgl. Abschnitt 5.3.1).

Durchführung: Alle noch nicht eingeplanten Arbeitsvorgänge werden nach ihrem frühesten Anfangstermin sortiert und in dieser Reihenfolge in die entsprechenden Planungsperioden und Kapazitätsgruppen in folgender Weise eingeplant: Sobald der früheste Anfangstermin eines Arbeitsvorganges vor der spätesten Termingrenze einer Planungsperiode liegt, wird der Belastungswert dieses Arbeitsvorganges, der in der Regel der Kapazitätsnachfrage entspricht, in die Planungsperiode eingelastet. Liegt eine Kapazitätsnachfrage von anderen Arbeitsvorgängen schon vor, so wird der Belastungswert zu diesem Wert addiert. Überschreitet dieser Gesamtwert die Kapazitätsgrenze der Planungsperiode, kann die Kapazitätsgrenze häufig um einen geringen Prozentsatz erhöht werden. Falls auch jetzt noch nicht das Kapazitätsangebot ausreicht, wird der zuletzt eingeplante Arbeitsvorgang ausgelastet und in Richtung Zukunft solange verschoben, bis eine Planungsperiode mit genügend freier Kapazität gefunden ist.

Bei dieser Verlagerung des Arbeitsvorganges tritt ein Terminverzug immer dann auf, wenn sein spätester Anfangstermin überschritten wird. Dieser Verzug kann durch die bekannten Maßnahmen wie Übergangszeitreduzierung, Splittung und Überlappung bei den nachfolgenden Arbeitsvorgängen aufgeholt werden (s. Abschnitt 5.3.1).

Bewertung: Bei dieser Strategie werden die Kapazitätseinheiten maximal ausgelastet, die Termintreue ist im Mittel gut, es gibt wenige Eilaufträge. Allerdings werden diese Vorteile durch einen hohen Auftragsbestand in der Teilefertigung erkauft, da viele Arbeitsvorgänge zu früh gefertigt werden. Die Kapitalbindung und die Durchlaufzeit der Teile ist daher im Mittel hoch.

Strategie 2

Voraussetzungen: Siehe Strategie 1

Durchführung: Gegenüber der Strategie 1 erfolgt die Einplanung der Arbeitsvorgänge zunächst zum spätesten Anfangstermin in der beschriebenen Weise. Erweist sich in einer Planungsperiode das Kapazitätsangebot als zu klein, so wird nach freier Kapazität in Richtung Gegenwart bis zum frühesten Starttermin gesucht. Erst wenn diese Planungsperioden ebenfalls ausgelastet sind, kehrt sich die Abgleichrichtung um, und es wird wie bei Strategie 1 ab dem spätesten Anfangstermin nach freier Kapazität gesucht.

Bewertung: Im Vergleich zur Strategie 1 werden im Mittel der Kapitalbestand in der Teilefertigung und damit gleichzeitig die Durchlaufzeiten geringer sein. Erkauft wird diese Verbesserung durch eine Verschlechterung der Kapazitätsauslastung, wenn die Kapazitätsnachfrage das Angebot an Kapazität nicht bei weitem übersteigt.

Für beide Strategien ist die arbeitsgangbezogene Betrachtungsweise kennzeichnend. Der Bezug eines Arbeitsvorgangs zu seinem unmittelbaren Nachfolger ist nur lose, d. h. die Arbeitsvorgänge, deren frühester Anfangstermin in eine Planungsperiode fallen, werden zunächst insgesamt eingeplant. Im zweiten Schritt werden alle Arbeitsvorgänge dieser Periode eingeplant usw. Dabei kann es durchaus vorkommen, daß der erste Arbeitsvorgang eines Teiles als erster eingelastet wird und der zweite des gleichen Teiles als letzter in der Warteschlange steht, so daß die Wahrscheinlichkeit eines Überschreitens der Kapazitätsgrenze für diesen Arbeitsvorgang allein aufgrund der Reihenfolge, in der die Arbeitsvorgänge eingelastet werden, wesentlich höher ist. Der Bezug zum Auftrag fehlt.

Strategie 3

Voraussetzungen: Jeder Werkstattauftrag bildet mit seinen Arbeitsvorgängen eine Einheit. Die Arbeitsvorgänge der Werkstattaufträge weisen die bekannten Termine auf.

Durchfühgung: Im Gegensatz zur Strategie 1 und 2 werden die Arbeitsvorgänge eines gesamten Werkstattauftrages hintereinander eingelastet. Erst wenn für alle Arbeitsvorgänge freie Kapazität gefunden wurde, erfolgt die Einplanung des nächsten Werkstattauftrages. Die Einlastung der entsprechenden Belastungswerte kann wiederum wie bei Strategie 1 zum frühesten bzw. wie bei Strategie 2 zum spätesten Termin erfolgen. Der Kapazitätsabgleich muß in der beschriebenen Weise ablaufen.

Bewertung: Es zeigen sich bezogen auf den gesamten Auftragsbestand im wesentlichen die gleichen Vor- und Nachteile, wie sie bei Strategie 1 bzw. Strategie 2 aufgeführt sind. Für den einzelnen Werkstattauftrag ergeben sich jedoch Vorteile, da eine gezielte Einplanung der anstehenden Werkstattaufträge möglich ist; d. h. die Reihenfolge der Werkstattaufträge kann so festgelegt werden, daß der terminlich dringende Auftrag zuerst bzw. die weniger wichtigen Aufträge zuletzt eingeplant werden. Als Reihenfolgekriterien kommen die bekannten Prioritätsregeln zur Anwendung (s. Abschnitt 5.3.2.2).

Strategie 4

Voraussetzungen: Siehe Strategie 3

Durchführung: Die Vorgehensweise ist bis auf eine wichtige Bedingung identisch mit Strategie 3: Bei einem Kapazitätsabgleich darf der zeitliche Abstand von zwei unmittelbar benachbarten Arbeitsvorgängen zwar kleiner, aber nicht größer als die Übergangszeit ausfallen. Sollte z. B. diese Bedingung bei der Einplanung des letzten Arbeitsvorganges verletzt werden, so sind alle vorhergehenden Arbeitsvorgänge des Werkstattauftrages auszulasten und wieder neu einzuplanen.

Bewertung: Diese Strategie sollte immer dann angewendet werden, wenn die Werkstattbestände in erheblichem Maße zu senken sind. Die Liegezeiten sind kurz, die Umschlagsgeschwindigkeit des Kapitals in der Teilefertigung hoch.

Weniger günstig wird die Kapazitätsauslastung und Termintreue ausfallen. Außerdem wird der Rechenaufwand bei dieser Strategie gegenüber allen übrigen wesentlich höher liegen, wenn zahlreiche Kapazitätsabgleiche durchgeführt werden müssen, da in diesem Falle die Einplanung für den gleichen Arbeitsvorgang unter Umständen mehrmals stattfinden muß.

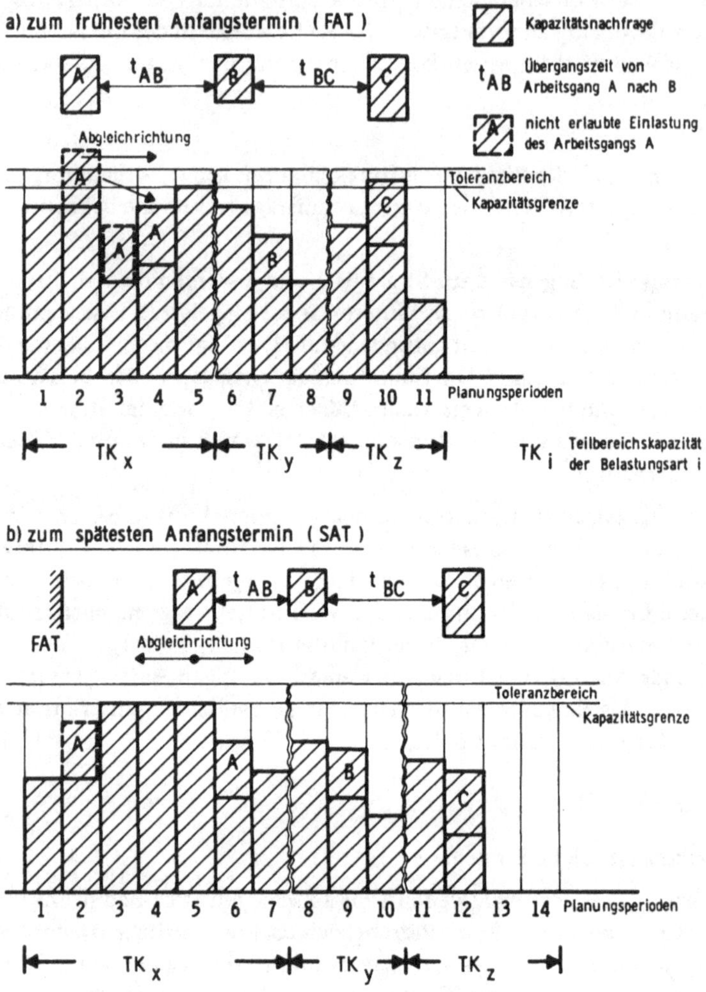

Abb. 113. Kapazitätsabgleich nach Strategie 4

Strategie 5

Voraussetzungen: Wie die Abb. 108 „Ablaufstrukturen in der Fertigung" zeigt, sind die Werkstattaufträge in den meisten Fällen nicht voneinander unabhängig.

Sobald eine Montage für eine Baugruppe oder ein Enderzeugnis durchgeführt werden soll, besitzen alle Werkstattaufträge, die zur Montage benötigt werden, eine Verbindung untereinander. Diese Verbindungen erzeugen ein sogenanntes Werkstattauftragsnetz, das z. B. für das Erzeugnis E 1 folgendes Aussehen hat (vgl. Abb. 114).

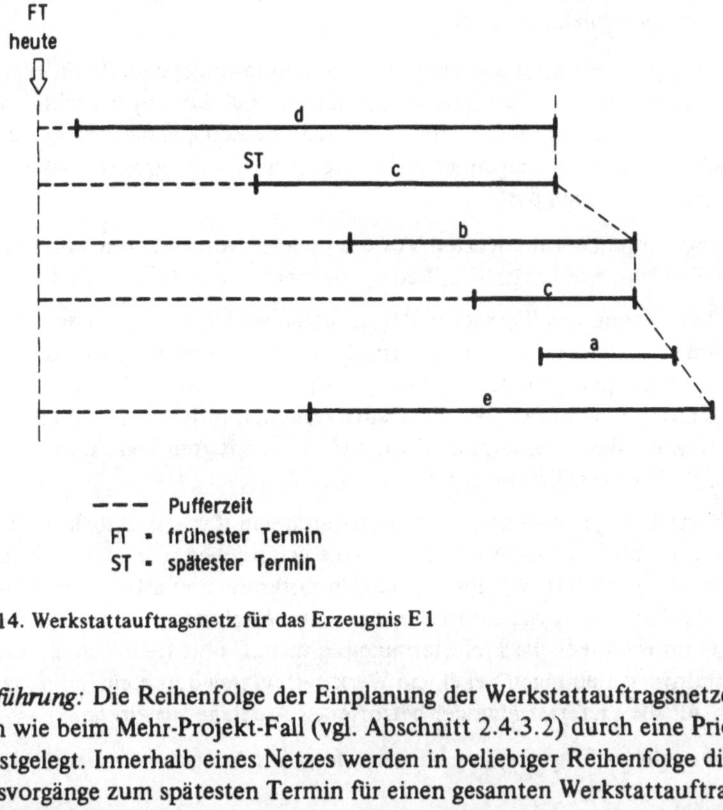

Abb. 114. Werkstattauftragsnetz für das Erzeugnis E 1

Durchführung: Die Reihenfolge der Einplanung der Werkstattauftragsnetze wird ähnlich wie beim Mehr-Projekt-Fall (vgl. Abschnitt 2.4.3.2) durch eine Prioritätszahl festgelegt. Innerhalb eines Netzes werden in beliebiger Reihenfolge die Arbeitsvorgänge zum spätesten Termin für einen gesamten Werkstattauftrag eingelastet. Ist das Kapazitätsangebot einer Planungsperiode erschöpft, so wird der Arbeitsvorgang wie bei der Strategie 2 in Richtung Gegenwart bis maximal zum Termin „heute" verschoben. Ist in diesen Planungsperioden ebenfalls keine freie Kapazität, erfolgt die Suche ab spätestem Anfangstermin in Richtung Zukunft, nachdem eine entsprechende Durchlaufzeitverkürzung vorgenommen worden ist. Verschiebt sich dabei der Fertigstellungstermin des Werkstattauftrages, so wird eine neue Netzterminierung durchgeführt. Alle übrigen Werkstattaufträge im Netz erhalten dabei eine größere Pufferzeit, da sich ihr Fertigstellungstermin um den gleichen Betrag mitverschiebt.

Bewertung: Bei dieser Strategie werden im Gegensatz zu Strategie 1 und 4 häufiger Fertigstellungstermine überschritten, da sich eine Verschiebung über die

Vernetzung sofort auf die Termine der anderen Werkstattaufträge im Netz voll auswirkt. Die Kapazitätsauslastung ist daher im Mittel schlechter, die Kapitalbindung in der Teilefertigung aber meist geringer.

Strategie 6

Voraussetzungen: Siehe Strategie 5

Durchführung: Diese Strategie unterscheidet sich in folgendem Punkt von der vorherigen Einlastungsweise: Beim Kapazitätsabgleich kommt die schon von Strategie 4 her bekannte Bedingung hinzu, daß die Zeitspanne zwischen zwei unmittelbar aufeinanderfolgenden Arbeitsvorgängen nicht größer als die Übergangszeit betragen darf.

Bewertung: Gegenüber der letzten Vorgehensweise werden deren Vor- und Nachteile durch diese zusätzliche Bedingung noch verstärkt.

Bei der Einplanung von Werkstattauftragsnetzen wird die Zuordnung der Werkstattaufträge zu den Netzen problematisch, wenn einzelne Werkstattaufträge in mehrere Baugruppen bzw. Erzeugnisse eingehen. In diesen Fällen sollten die Aufträge nur einmal in dem Werkstattauftragsnetz mit der höchsten Priorität aufgeführt werden, damit sichergestellt ist, daß die benötigten Teile sofort eingeplant und somit frühestmöglich fertiggestellt sind.

Ein weiteres Problem entsteht, wenn sich durch den Kapazitätsabgleich die Fertigstellungstermine einiger Werkstattaufträge verschieben. Bei der Ermittlung des terminierten Bedarfs zu einer optimalen Losgröße umfaßt ein Los bzw. Werkstattauftrag die Bedarfsanforderungen aus verschiedenen Aufträgen, die in der Regel unterschiedliche Liefertermine besitzen. Damit stellt sich die Frage, wie sich Terminverschiebungen bei einem Werkstattauftrag durch einen Kapazitätsabgleich auf die Liefertermine der betroffenen Aufträge auswirken.

Zur Lösung dieser Fragestellung bestehen folgende Vorgehensweisen:

(1) Die Ermittlung des terminierten Bedarfs wird ein zweites Mal durchgeführt. Allerdings mit dem Zusatz, daß in jeder Dispositionsstufe der Bedarf eines Teiles für ein Erzeugnis vom terminierten und durch die Terminplanung korrigierten Bedarf der ersten Rechnung subtrahiert wird. Sollte dieser sogenannte realistische terminierte Bedarf der zweiten Rechnung zur Befriedigung des Bedarfs eines Teils aus der ersten Rechnung nicht ausreichen, so muß der Bedarf aus nachfolgenden Perioden gedeckt werden. Diese terminliche Verspätung läßt sich leicht errechnen und kann jetzt eindeutig dem betroffenen Erzeugnis angelastet werden, d. h. man weiß genau, bei welchem Erzeugnis sich um welche Zeitspanne der Liefertermin verschiebt.

(2) Außer den Bedarfszahlen werden gleichzeitig die Erzeugnisstruktur mit ihren Vorlaufzeiten über eine Adreßverkettung festgehalten, so daß man bei einer Terminverschiebung immer wieder ohne großen Aufwand feststellen kann, welches Erzeugnis betroffen wird und wie hoch die Lieferterminverschiebung ist [62, S. 544ff.].

Bei der Auswahl und Anwendung einer Kapazitätsabgleichstrategie sind die speziellen Gegebenheiten und Zielsetzungen des Unternehmens zu beachten. Von Bedeutung für die Entscheidungsfindung werden z. B. die Fertigungsarten (Massen- oder Serienfertigung), die augenblickliche betriebliche Konjunktur, die Unternehmenspolitik u.a.m. sein. Da diese Einflußgrößen zum Teil zeitbedingt sind, kann es vorkommen, daß von Planungszyklus zu Planungszyklus von einer Strategie auf eine andere gewechselt werden muß.

6. Auftragsinformationssystem

Um die Produktionsfaktoren Arbeitsleistung, Betriebsmittel und Werkstoff möglichst wirtschaftlich einsetzen zu können, benötigt die Unternehmensführung aktuelle Informationen über den augenblicklichen Zustand, die Eigenschaften und die geplanten Verwendungen dieser Faktoren. In den bisherigen Abschnitten wurde dargelegt, in welcher Weise und mit welchen Verfahren die terminliche Planung von Aufträgen erfolgen kann. Abschließend soll erläutert werden, wie diese und weitere Auftragsinformationen beschafft, verwaltet und der Unternehmensführung zweckmäßig zur Vergügung gestellt werden können.

6.1 Auftragsinformationssystem im Unternehmenssystem

Zahlreiche unterschiedliche Informationen werden fortwährend in einem Unternehmen erzeugt und verarbeitet. Um einen Einblick in die komplexen Zusammenhänge der Informationsflüsse zu gewinnen, soll das Unternehmen nach den Regeln der Systemtechnik als System aufgefaßt und kurz grob analysiert werden. Unter einem System wird allgemein „eine Gesamtheit von Elementen mit Beziehungen zwischen diesen Elementen und ihren Eigenschaften" [63, S. 373] verstanden. In Abb. 115 ist das Unternehmen als ein solches System dargestellt, das sich selbst weiter in die drei Teil- oder Untersysteme dem Führungs-, Produktions- und Informationssystem aufgliedert, vgl. [64]. Sie bilden die erste Stufe eines hierarchisch aufgebauten Systems. Das Informationssystem wird häufig auch mit „Management-Informations-System" (MIS) bezeichnet, wenn der Mensch bzw. Manager, der die Informationen einspeichert oder abfragt, in das System miteinbezogen wird [65, S. 368].

Die drei Untersysteme sind durch sogenannte Hüllflächen bzw. Systemgrenzen voneinander abgegrenzt und stehen nur über Eingangs- und Ausgangsgrößen (I bzw I′) miteinander in Verbindung. Diese Informationsgrößen (I) bestehen in Wirklichkeit aus zahlreichen Einzelinformationen, auf deren Grundlage das gesamte Unternehmen geführt wird. In Abb. 116 sind die Termin- und Kapazitätsinformationen zwischen den betrieblichen Abteilungen und den Planungsstufen detaillierter aufgeführt. Es handelt sich hierbei einmal um die Darstellung des Informationsflusses innerhalb des Informationssystems und zum andern zwischen dem Führungs- bzw. Produktionssystem und dem Informationssystem.

In Abb. 116 wird der Informationsfluß der Plandaten (durchgezogene Pfeile) und der Istdaten (gestrichelte Pfeile) verdeutlicht. Beide Informationsarten gehören zum Gesamtsystem, in dem sie sogenannte Regelkreise bilden. Ohne ak-

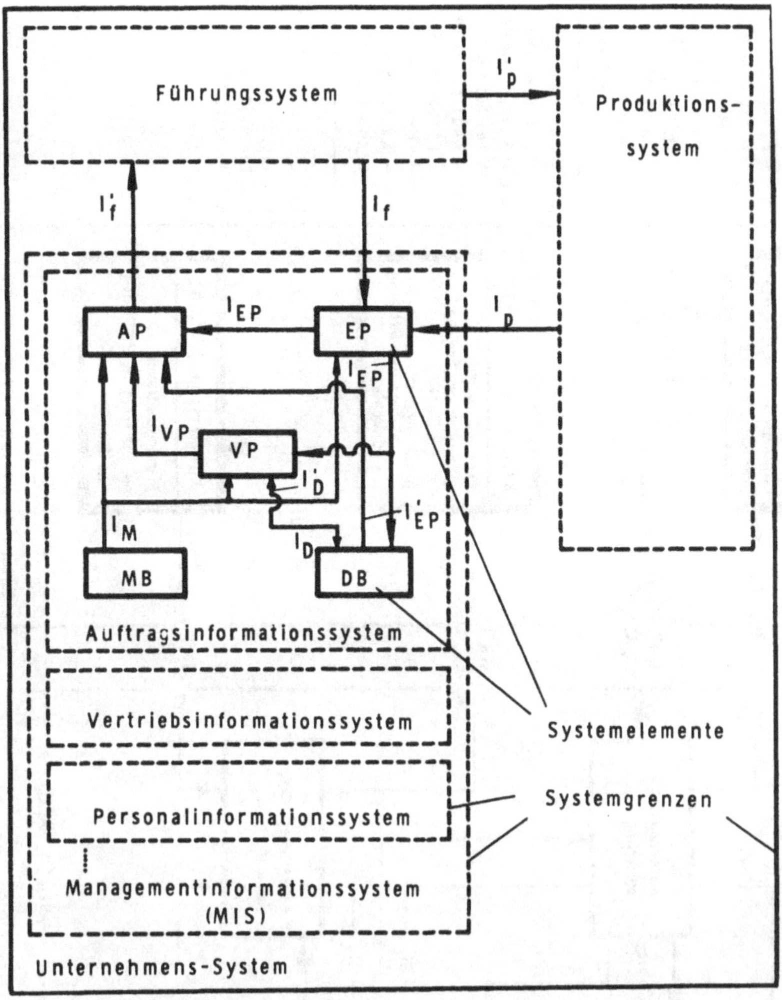

Abb. 115. Struktur des Unternehmenssystems

tuelle Istdaten können die Plandaten die Wirklichkeit nur ungenau beschreiben. Das System ist nicht vollständig. Da diese Tatsache in der Praxis häufig übersehen wird, soll an dieser Stelle nochmals betont werden, daß das reale Geschehen im Produktionssystem nur dann hinreichend genau durch Plandaten im voraus ermittelt werden kann, wenn ein funktionsfähiges Rückmeldesystem vorhanden ist. Erst dann können alle benötigten Werte in möglichst kurzer Zeit an die Planungen bzw. Steuerungsabteilungen vermittelt werden.

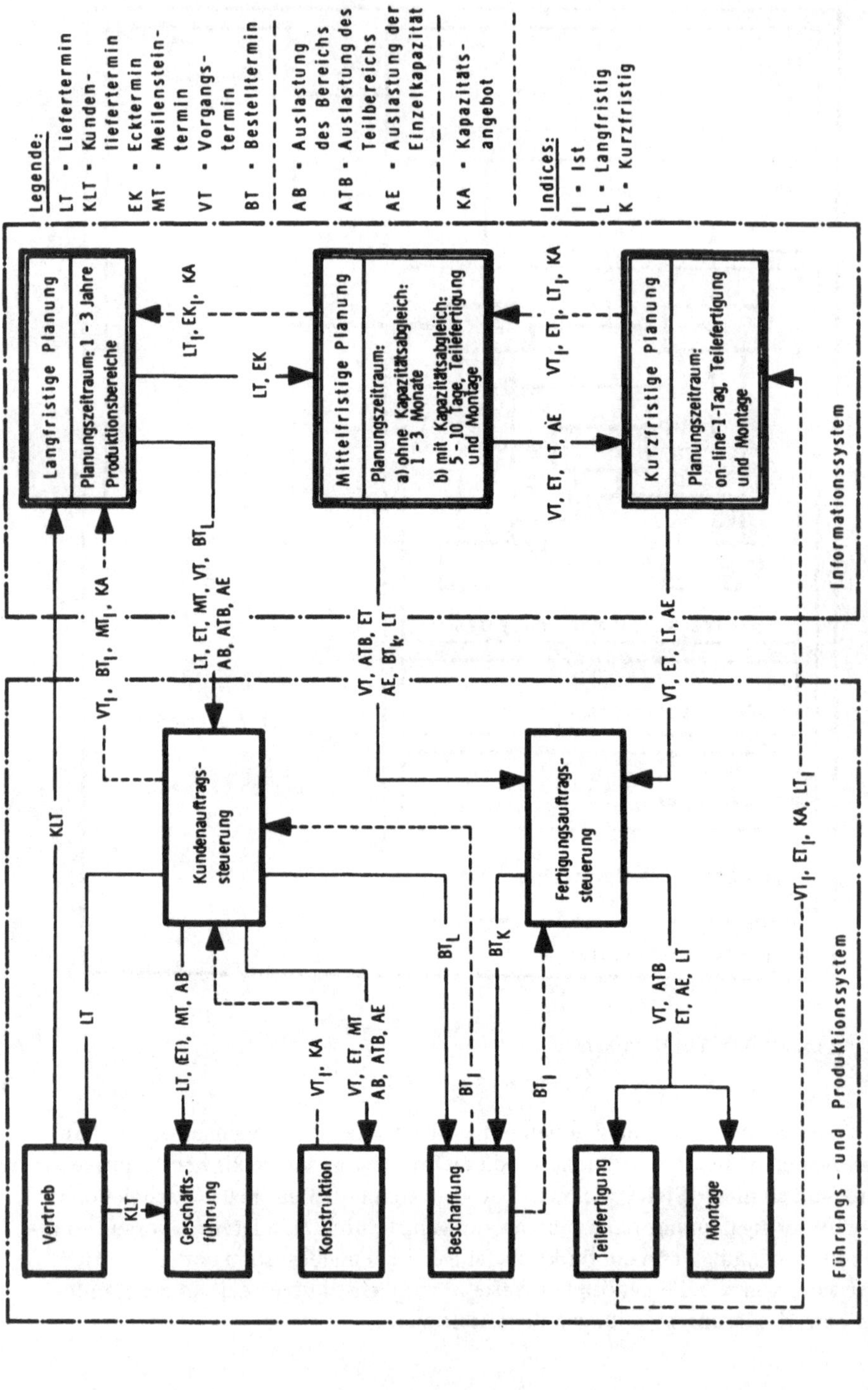

Abb. 116. Termin- und Kapazitätsinformationen im Unternehmenssystem

Das Informationssystem setzt sich in Abb. 115 aus weiteren Teilsystemen, wie z. B. das Auftrags-, Vertriebs- und Personalinformationssystem zusammen, die untereinander und mit dem Führungs- und Produktionssystem verbunden sind. Eine weitere Unterteilung wird im folgenden allein für das Auftragsinformationssystem durchgeführt, da Termininformationen vorwiegend hier lokalisiert sind.

6.2 Struktur des Auftragsinformationssystems

Ein Auftragsinformationssystem beinhaltet unter anderem Struktur-, Zeit-, Termin-, Kosten- und Kapazitätsdaten der vorliegenden Aufträge, die mittels geeigneter EDV-Programme verarbeitet und zu neuen Informationen für die am Auftrag Beteiligten aufbereitet werden. Hierbei ist es gleichgültig, ob es sich um Projekt-, Entwicklungs-, Produktions- oder Fertigungsaufträge handelt. Die innere Struktur des Systems wird hierdurch nicht beeinflußt.

Generell setzt sich jedes Teil-Informationssystem aus folgenden wichtigen Elementen zusammen (vgl. Abb. 115):

(1) Eingabeprozeß (EP), der Informationen aus dem Führungssystem (I_f) und Produktionssystem (I_p) auf Richtigkeit prüft.
(2) Verarbeitungsprozeß (VP), der die Informationen transformiert.
(3) Ausgabeprozeß (AP), der die Informationen des Verarbeitungsprozesses (I_f bzw. I_D) für das Führungssystem oder die Datenbank aufbereitet.
(4) Datenbank (DB), in der die Projektinformationen in Dateien abgespeichert sind, deren Elemente miteinander verkettet sind.
(5) Methodenbank (MB), in der die Anwenderprogramme in aufbereiteter Form geladen sind.

6.2.1 Eingabeprozeß

Die Informationen, die in das Auftragsinformationssystem eingegeben werden, lassen sich in drei Gruppen unterteilen: Auftragsdaten, Befehle einer Abfragesprache und Befehle einer Dialogsprache. Die Auftragsdaten werden in der Regel auf Ablochbelegen erfaßt, abgelocht und dem Eingabeprozeß zur Verfügung gestellt. Dort werden die Daten mittels zahlreicher Fehlersuchprogramme auf Abloch- und Strukturfehler überprüft. Werden Eingabefehler festgestellt, erfolgen über den Ausgabeprozeß entsprechende Meldungen. Durch zweckmäßig gestaltete Ablochbelege können in der Praxis zahlreiche Erfassungs- und Ablochfehler vermieden werden. Die einzelnen EDV-Programme weisen daher unterschiedlich strukturierte Belege auf.

Bei den Verfahren der Netzplantechnik unterscheidet man beispielsweise zwischen Vorgangs-, Parameter- und Steuerkarten. Die eigentlichen Netzplandaten werden in eine Vorgangskarte eingetragen. In Abb. 117 ist ein solcher Beleg dargestellt.

Mit diesem Beleg werden sowohl die Vorgangsstammdaten, z. B. Vorgangsnummer, Teilnetznummer, Vorgangsdauer, Vorgangsbeschreibung u.a.m., wie auch die Strukturdaten gemeinsam erfaßt. Bei vielen Programmsystemen existiert für die Strukturdaten, also die Verbindung zu den unmittelbar nachfolgenden Vorgängen, ein gesonderter Beleg [74, S. 54]. Hierdurch wird mehr Platz für die Vorgangsstammdaten gewonnen. Allerdings muß dieser Vorteil gegenüber dem Erfassungsformular in Abb. 117 durch ein Mehr an Belegen und Lochkarten erkauft werden. Außerdem geht die Zuordnung von Vorgang und Struktur auf einem Beleg verloren, was die Übersichtlichkeit beeinträchtigt.

Mit der Parameterkarte werden zusätzliche Informationen in das System eingegeben, wie z. B. Berichtstermin, Fixtermin u.a.m. Die Steuerkarten enthalten Anweisungen, welche Auswertungen in welcher Form durchgeführt werden sollen, z. B. ob Terminlisten, Terminkarten, Belastungsdiagramme u.a.m. erwünscht sind.

Eine Kommunikation zwischen Benutzer und Auftragsinformationssystem kann über eine Abfrage- oder Dialogsprache erfolgen. Mit der Abfragesprache lassen sich über den Eingabe- und Verarbeitungsprozeß Daten in der Datenbank aufsuchen bzw. verändern oder Anwenderprogramme aus der Methodenbank in den Verarbeitungsprozeß laden. Die gewünschten Informationen werden durch den Ausgabeprozeß auf einem Ausgabegerät (Bildschirm oder Schnelldrucker) zur Verfügung gestellt. Mit Hilfe einer Dialogsprache kann der Benutzer real-time durch Eingabe bestimmter Anweisungen auf einem Terminal mit dem System in Dialog treten. Informationen können sofort abgefragt und neue eingegeben werden. Wenn erforderlich, wird der Benutzer durch das System zur Eingabe weiterer Informationen veranlaßt.

6.2.2 Datenbank

Sämtliche Informationen in einem Informationssystem werden zentral in einer sogenannten Datenbank gespeichert. Die Datenbank selbst besteht aus mehreren Dateien, die sich in Datensätzen weiter gliedern. In einem Datensatz sind meist zahlreiche Daten, das kleinste Element einer Datenbank, gespeichert. Dateien und Datensätze könne über bestimmte Ordnungskriterien in beliebiger Weise miteinander verkettet und abgerufen werden. Die Daten selbst sollten nur einmal in der Datenbank abgespeichert sein (redundanzfreie Speicherung). Ferner ist an ein Datenbanksystem die Forderung der Datenunabhängigkeit zu stellen,

mandas NETZPLAN - ABLOCHBELEG **B**

KA	NNR	TNR	VNR	KONR		KC	VDA	VORGANGSBESCHREIBUNG
1	2 3 4	5 6 7	8 9 10 11	12 13 14 15 16	17 18 19	20	21 22 23	24 25 26 27 28 29 30 31 32 33 34 35 36 37 38 39 40 41 42 43 4
V								
V								
V								
V								
V								
V								
V								
V								
V								
V								
V								
V								
V								
V								
V								
V								
V								
V								
V								
V								
V								
V								
V								
V								
V								
V								
V								
V								
V								
V								

Abb. 117. Ablochbeleg für die Vorgangsdaten eines Netzplans

VORGANGSKARTE	Blatt: von :

AACHEN fir

1. AO		2. AO				3. AO						
DAO	NFNR	KC	AAO	DAO	NFNR	KC	AAO	DAO	NFNR	MV		FK
51 52 53	54 55 56 57	58	59	60 61 62 63	64 65 66 67	68	69	70 71 72 73	74 75 76 77	78	79	80

ZEICHENERKLARUNG

KA : Kartenart
V:Vorgangskarte

NNR : Netzplannummer

TNR : Teilnetznummer

VNR : Vorgangsnummer

KONR: Kostenstellennr.

KC : Kalendercode
leer,A:arbeitstgl.
T:taglich

VDA : Vorgangsdauer

AO : Anordnungsbeziehg.

AAO : Art der Anord.-beziehung
Min. Zeitabstand
A:Anfangsfolge
E:Endfolge
N,leer:Normalfolge
S:Sprungfolge
Max. Zeitabstand
1:Anfangsfolge
2:Endfolge
3:Normalfolge
4:Sprungfolge

DAO : Dauer der Anordnungsbeziehg.

NFNR: Nachfolgernummer

FK : Folgekarte
leer:keine Folgek.
1-8:1.-8.Folgekarte
9:9.u.weitere Folgekarten

MV : Meilensteinvorgang
leer:kein M.vorgang
1-Z:Meilensteinvorg.

▚ : wird nicht eingelesen

d. h. Veränderungen bei den Daten der Datenbank dürfen keine Veränderung in den Anwenderprogrammen zur Folge haben.

Eine Datenbank muß mindestens aus zwei Dateien, einer sogenannten Stamm- und Kettdatei, bestehen. Sie kann mehrere Stamm- und Kettdateien umfassen, deren maximale Anzahl von Hersteller des Datenbanksystems vorgeschrieben wird. Die Größe der Datenbank hängt vom Anwendungsfall und der Kapazität der EDV-Anlage ab.

Der Aufbau und die Wirkungsweise eines Datenbanksystems wird am besten an einem einfachen Beispiel gezeigt. Hierzu eignet sich das Abspeichern von Stücklistendaten, da nur zwei Dateien benötigt werden. Die anfallenden Daten werden in einer sogenannten Teilestammdatei (Stammdatei) und Strukturdatei (Kettdatei) abgespeichert.

In einem Satz der Teilestammdatei werden sämtliche Informationen über das betreffende Teil erfaßt, wie z. B. Sach-Nr., Teilebenennung, Beschaffungszeit, Ausschußsatz, wirtschaftliche Losgröße, Vorlaufzeit, Bearbeitungszeit usw. Generell können in den Teilestammsatz Daten zur Identifizierung und Benennung des Teils, für die Konstruktion, Arbeitsplanung, für die Lagerbestandsrechnung und Statistik, für die Disposition, Kalkulation und Kostenrechnung aufgenommen werden. In der Praxis treten Teilestammsätze von mehreren hundert Stellen auf [51, S. 195].

In der Strukturdatei werden vornehmlich die Beziehungen von Erzeugnis, Baugruppe und Einzelteil untereinander festgehalten. In einem Satz der Strukturdatei sind u. a. die Adressen zum Teilestammsatz, zum nächsten Struktursatz, strukturbezogene Daten, wie z. B. Mengenangaben, abgespeichert. Mit dieser Trennung von Struktur- und Stammdaten wird verhindert, daß der umfangreiche Stammdatensatz mehrfach in einer Datei auftritt, wenn die gleichen Teile in den Erzeugnissen wiederholt vorkommen. Die Struktursätze eines Erzeugnisses sind über ihre Adressen miteinander verkettet. Das Auffinden einer sogenannten Adreßkette soll an einem Beispiel verdeutlicht werden. In Abb. 118 wurden hierzu für die Erzeugnisse E 1 und E 2 eine Teilestamm- und Strukturdatei aufgebaut.

Für die Erzeugnis-Baugruppe E 1 soll aus den beiden Dateien in Abb. 118 eine Baukastenstückliste gewonnen werden. Hierzu wird zunächst im Teilestammsatz die Baugruppe aufgesucht, für die eine Stückliste erstellt werden soll. Die Stammdaten des Erzeugnisses E 2 sind unter der Adresse 101 abgespeichert worden. In diesem Teilestammsatz befindet sich ferner die Adresse 201, die auf den ersten Struktursatz in der Strukturdatei verweist. In Abb. 118 wurde diese Verbindung mit der Nummer 1 markiert. Unter der Adresse 201 findet sich u. a. eine Adresse 103, die zur Teilestammdatei verweist (gestrichelte Verbindung mit der Nummer 2). Unter dieser Adresse 103 sind die Teilestammdaten der untergeordneten Baugruppe B zu finden. Unter der gleichen Adresse 201 im Struktursatz führt eine Folgeadresse 202 zum zweiten Struktursatz. Im zweiten Struktursatz sind wie im ersten die Adressen zum Teilestammsatz (104) und zum dritten Struktursatz (202) abgespeichert. Dieser Vorgang wiederholt sich so lange, bis der letzte Struktursatz, im vorliegenden Beispiel der Satz unter der Adresse 204, gelesen wurde. Anschließend wird die Stückliste in bekannter Form ausgedruckt.

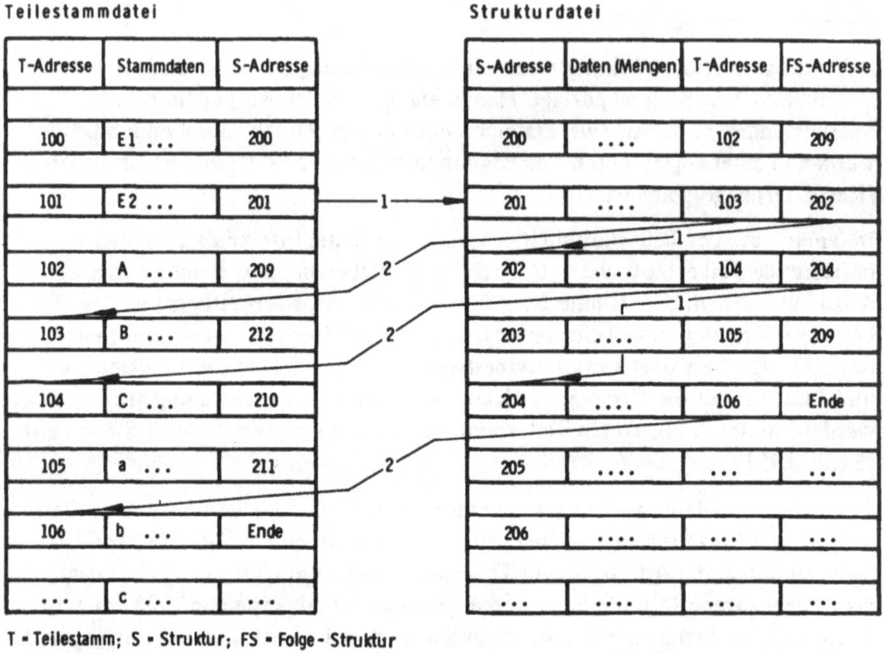

Abb. 118. Adreßverkettung der Teilestamm- und Strukturdatei für die Erzeugnisse E1 und E2

Eine Erweiterung um einige Stamm- und Kettdateien müßte durchgeführt werden, wenn nicht nur Stücklisten erstellt, sondern auch für anstehende Aufträge Termin- und Kapazitätsrechnungen vorgenommen werden sollen. Bei den bekannten Modularprogrammsystemen [73] lassen sich für den vorliegenden Anwendungsfall spezielle Datenbankstrukturen erzeugen. Eine vielfach vorkommende Grundstruktur in der Praxis zeigt die Abb. 119 [66, S. 1435].

Die Pfeile in Abb. 118 kennzeichnen die Verknüpfungsmöglichkeiten zwischen den Dateien. Mit ihrer Hilfe und entsprechenden Anwenderprogrammen lassen sich für Fertigungsaufträge Stücklisten auflösen, Bedarfsmengen ermitteln, Termin- und Kapazitätsplanungen u.a.m. durchführen. Für Projekt- bzw. Produktionsaufträge ergibt sich eine andere Datenbankstruktur. In Abb. 120 sind die wichtigsten Dateien und ihre Verknüpfungen untereinander einer solchen Datenbank aufgeführt [67, S. 660].

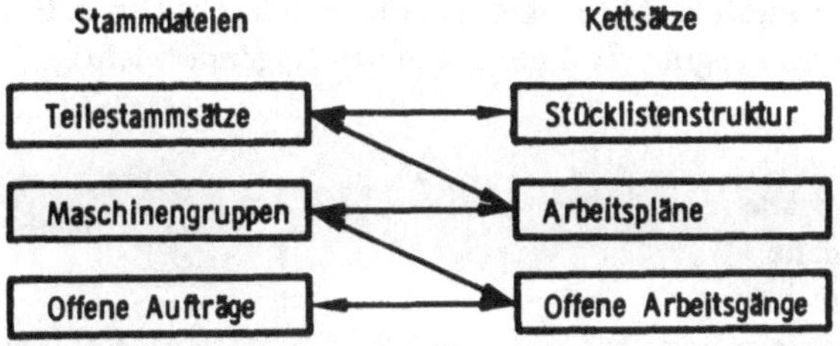

Abb. 119. Struktur einer Datenbank für Fertigungsaufträge

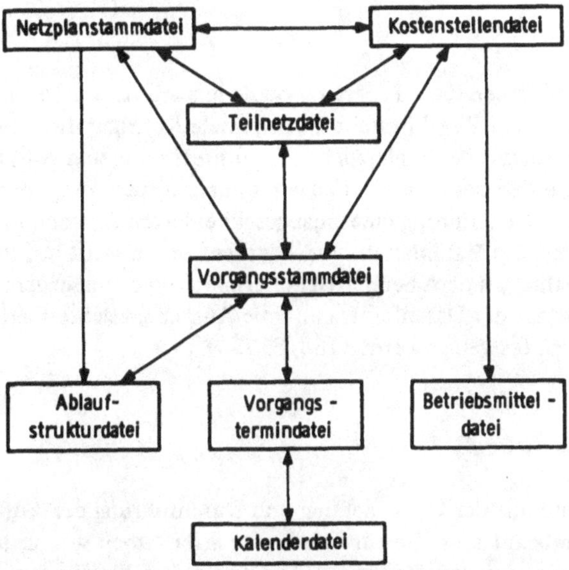

Abb. 120. Struktur einer Datenbank für Projekt- und Produktionsaufträge

Der Aufbau einer Datenbank hängt allein vom Anwendungsfall ab. Das Grundprinzip der Verkettung von Daten bleibt zwar immer erhalten, die Anzahl und Art der Dateien und ihre Verknüpfung untereinander hat jedoch der Anwender zu bestimmen.

6.2.3 Methodenbank und Verarbeitungsprozeß

Neben Daten benötigen der Verarbeitungs-, der Eingabe- und der Ausgabeprozeß spezielle EDV-Programme. Diese Programme werden durch die Steuerungsbefehle oder Befehle der Abfrage- bzw. Dialogsprache aus der Methodenbank gemäß der Bearbeitungsfolge abgerufen. Hierbei handelt es sich z. B. bei der Terminplanung um Programmodule, mit denen folgende wichtige Operationen erledigt werden:

– Dateneingabe – Fehlersuche	Eingabeprozeß
– Terminrechnung – Kapazitätsplanung – Kostenrechnung/Finanzplanung	Verarbeitungsprozeß
– Auswählen, Verdichten von Daten – Ausgabe der Daten (Schnelldrucker, Plotter, Bildschirm)	Ausgabeprozeß

Vom Anwender können diese Programmodule je nach Anwendungsfall zusammengestellt werden. In der Regel besteht die minimale Konfiguration bei der Terminplanung aus Dateneingabe, Fehlersuche, Terminrechnung und Ausgabe. Die anderen Module werden bei Bedarf hinzugenommen. Neuere Programmentwicklungen sehen eine Generierung eines maßgeschneiderten Anwendungsprogramms auf der Grundlage des Maximalfalls vor. Hierbei werden nicht nur die benötigten Module ausgewählt, sondern bei der Generierung können außerdem der Dateiaufbau (Größe und Art der Datenfelder) und die Ausgabeberichte flexibel je nach Anwenderwunsch festgelegt werden [68, S. 754].

6.2.4 Ausgabeprozeß

In der Praxis sind mit der Überwachung und Durchführung der Aufträge zahlreiche Personen beauftragt, die zur Erledigung ihrer Arbeit sehr unterschiedlich strukturierte Informationen benötigen. Die wenig detaillierten Überblicke über Ablauf und Stand der Aufträge interessieren ebenso wie detaillierte Informationen. Bei der Realisierung der Informationszusammenstellung ist daher grundsätzlich zu beachten, daß jede am Auftrag beteiligte Person bzw. Abteilung möglichst aktuelle, überschaubare und leicht verständliche Unterlagen über den Auftragsablauf erhält. Nur wenn die Berichte des Ausgabeprozesses diese drei Zielsetzungen erfüllen, ist die Durchfühgung und Überwachung des Auftrages gemäß der Planung möglich. Der Ausgabeprozeß erhält daher im Informationssystem eine besondere Bedeutung.

6.2.4.1 Standard-Ausgabeberichte

Auf dem Gebiet der Terminplanung werden im allgemeinen die Informationsbedürfnisse der Anwender durch folgende Standard-Ausgabeberichte befriedigt:

- Listen z. B. Stücklisten, Terminlisten, Arbeitsverteilerlisten u.a.m.
- Balkendiagramme, meist in Form von Gantt-Tafeln
- Graphiken z. B. für die Darstellung von Kapazitätsangebot und -nachfrage
- Strukturdarstellungen z. B. in Form von Netzplänen

Form und Inhalt dieser Ausgabeberichte sind nicht genormt. Vielfach können die Berichte bei EDV-Anwenderprogrammen den betrieblichen Gegebenheiten und Wünschen über entsprechende Parameter angepaßt werden. An dieser Stelle sollen wegen der Vielfalt der Möglichkeiten [58, S. 71 ff.] beispielhaft nur aus dem Gebiet der Netzplantechnik einige EDV-Ausdrucke vorgestellt werden[1]:

In einer *Terminliste* erscheinen alle oder ausgewählte Vorgänge eines Projektauftrages, sortiert nach einem vom Anwender zu bestimmenden Sortierbegriff.

Als wichtigste Informationen können aus der Liste entnommen werden: Vorgangsnummer, Vorgangsbeschreibung, Termine und Pufferzeiten. Darüber hinaus werden, wie Abb. 121 zeigt, je nach vorhandenem Platz in der Druckzeile weitere Angaben ausgegeben.

Die Informationen der Terminliste sind bis auf wenige Ausnahmen auch in einem *Balkendiagramm* enthalten. Beide unterscheiden sich vornehmlich in der graphischen Darstellungsform der Vorgangsdauer und Gesamtpufferzeit. In der Terminliste erscheinen sie als Zahlen, im Balkendiagramm in graphischer Form. Hierdurch wird im Balkendiagramm nicht nur ein sehr anschaulicher Eindruck vom terminlichen Projektablauf erzielt, sondern gleichzeitig lassen sich die Sonn- und Feiertage oder auch Betriebsferien aus dem Diagramm erkennen. In Abb. 122 treten an diesen Tagen in der Balkendarstellung Lücken auf.

Vornehmlich für den Netzplantechniker ist der Netzplan ein weiterer wichtiger Ausgabenbericht, da diese graphische Darstellung den Projektablauf umfassend und vor allem eindeutig wiedergibt, so daß keine unterschiedlichen Interpretationen später möglich sind. An zusätzlichen Informationen gegenüber der Terminliste und dem Balkendiagramm wird eine eindeutige Aussage über die Reihenfolge der Vorgänge gemacht. Netzpläne können auf verschiedene Weise manuell und maschinell erstellt werden.

In Abb. 123 ist ein Netzplan wiedergegeben, der von einem Schnelldrucker einer EDV-Anlage ausgegeben wurde [69, S. 90ff.]. Darstellungen eines Netzplans auf einem Bildschirm [70, S. 183ff.] oder über ein Plottergerät [71, S. 212ff.] sind ebenfalls möglich.

6.2.4.2 Ausgabeberichte zur gezielten Bereitstellung von Projektinformationen

In der Praxis reichen diese aufgeführten Standard-Ausgabeberichte – Terminliste-, Balkendiagramm und Netzplan – in der dargestellten Form nicht aus, wenn Pro-

[1] Die Ausdrucke wurden von dem Programmsystem MANDAS erstellt, vgl. [7].

```
*** F I R - M A N D A S ***     T E R M I N L I S T E

NETZPLANNUMMER   1            PROJEKT            STAPELANLAGE

GESAMTNETZ

*****************************************************************
*
*VORG. TATZ. KOST. KNF.        VORGANGSBESCHREIBUNG
* NR.   NR.   NR.
*
*****************************************************************
*    1    1  A1000   0   AUFTRAGS-     EINGANG
*    2    1  A1000 125 GROBPLANUNG
*    3    1  A1000 120 VORENTWURF 1
*    4    3  K9000  24 STATIK HALLE
*    5    1  A1000 160 FEINPLANUNG 1
*    6    1  A1000  50 FEINPLANUNG 2
*    8    3  A1000   1 BEST. DACH-U.WANDVERKL.
*    9    3  K9000 175 KONSTRUKTION HALLE
*   10    2  K9000  30 KONSTRUKTION D-REGALE
*   11    2  K9000  30 KONSTRUKTION E-REGALE
*   12    2  A1000   2 BESTELLUNGEN
*   13    1  A1000   8 UEBERGABE-    GESPRAECH
*   14    5  A1000   2 BESTELLUNGEN
*   15    5  A1100   0 LIEFERZEIT    ZULIEFERTEILE
*   17    5  A1100   0 LIEFERZEIT    HALBFABRIKATE
*   18    5  A1100   0 LIEFERZEIT    ROHMATERIAL
*   19    4  AV200  24 AV    LASTAUF-NAHME
*   20    4  AV200  24 AV - UW-ZUG
*   21    4  AV200   8 AV - MASTEN
*   23    2  AV110   0 LIEFERZEIT    ZULIEFERTEILE
*   24    2  AV110   0 LIEFERZEIT    ROHMATERIAL
*   25    2  AV200  20 AV- E.-REGALE
*   26    2  AV200   8 AV- D.-REGALE
*   27    3  AV200  48 AV- HALLE
*   28    3  A1100   0 LIEFERZ. DACHU.WANDVERKLEIDUNG
*   29    3  F3000 980 FERTIGUNG     HALLE
*   30    2  F3000  90 FERTIGUNG D.-REGALE
*   31    2  F3000  45 FERTIGUNG E.-REGALE
*   32    5  F3000  60 FERTIGUNG VERBINDUNGSSTUECKE
*   33    5  F3000 120 FERTIGUNG     MASTEN
*   34    5  F3000  60 FERTIGUNG UW
*   35    5  F3000   0 FERTIG. LAST-AUFNAHMEMITT.
*   36    5  M0700  24 INSTALLATION
*   37    5  M0700  30 INSTALLATION
*   38    5  M0700   6 INSTALLATION
*   39    5  M0700  16 INSTALLATION
*   40    2  M0700  72 MONTAGE       REGALE
*   42    6  M0700 230 ENDMONTAGE
*   44    5  M0700 200 MONTAGE       GERUEST
*   45    3  A1000   1 BEST. ROHMATERIALIEN
*   46    3  A1100   0 LIEFERZEIT
*   47    6  A1000  24 UEBERPRUEF.   FUNKTION
*   48    6  A1000   3  INBETRIEBNAHME
*   49    6  A1000  15 ABNAHME
*  120    4  K9000  40 KONSTRUKTIONSSYSTEMATIK
*  130    4  K9000  34 KONSTR. LAST-AUFNAHME
*  140    4  K9000  15 KONSTRUKTION UW
*  150    4  K9000  13 KONSTRUKTION MAST
*****************************************************************
```

Abb. 121. Terminliste eines Projektauftrages

BERICHTSTERMIN 1 ZEITEINHEIT TAG
SORTIERT NACH VORGANGSNUMMERN
PLANUNGSDATUM 0. 0. 0

BEMERKUNG	VORG. DAUER (TAGE)	BEGINN FRUEHEST	BEGINN SPAETEST	ENDE FRUEHEST	ENDE SPAETEST	GESAMT PUFFER (TAGE)	FREIER PUFFER (TAGE)
KRIT.	0	02.11.72	02.11.72	02.11.72	02.11.72	0	0
	25	02.11.72	28.11.72	06.12.72	04.01.73	18	0
KRIT.	20	09.11.72	09.11.72	06.12.72	06.12.72	0	0
	12	07.12.72	07.02.73	22.12.72	22.02.73	41	37
KRIT.	20	05.01.73	05.01.73	01.02.73	01.02.73	0	0
KRIT.	10	05.02.73	05.02.73	16.02.73	16.02.73	0	0
	1	19.02.73	19.06.73	19.02.73	19.06.73	81	0
	25	19.02.73	28.02.73	23.03.73	03.04.73	7	0
	10	19.02.73	24.05.73	02.03.73	07.06.73	65	0
	10	19.02.73	24.05.73	02.03.73	07.06.73	65	0
	2	16.02.73	04.06.73	19.02.73	05.06.73	72	0
KRIT.	2	02.02.73	02.02.73	05.02.73	05.02.73	0	0
	1	15.02.73	18.05.73	15.02.73	18.05.73	63	0
	29	15.02.73	18.06.73	15.03.73	16.07.73	123	55
	16	14.02.73	22.05.73	01.03.73	06.06.73	97	10
	20	17.02.73	24.05.73	08.03.73	12.06.73	96	0
	8	28.03.73	15.06.73	06.04.73	27.06.73	52	0
	8	26.03.73	01.06.73	04.04.73	13.06.73	45	0
	8	22.03.73	14.06.73	02.04.73	26.06.73	55	0
	21	20.02.73	22.06.73	12.03.73	12.07.73	122	23
	15	19.02.73	07.06.73	05.03.73	21.06.73	108	9
	8	05.03.73	08.06.73	14.03.73	20.06.73	65	0
	8	05.03.73	08.06.73	14.03.73	20.06.73	65	0
	8	26.03.73	04.04.73	04.04.73	13.04.73	7	7
	41	20.02.73	20.06.73	01.04.73	30.07.73	120	120
KRIT.	106	16.04.73	16.04.73	30.07.73	30.07.73	0	0
	15	15.03.73	22.06.73	04.04.73	12.07.73	65	0
	15	15.03.73	22.06.73	04.04.73	12.07.73	65	0
	12	12.03.73	25.06.73	27.03.73	10.07.73	69	0
	10	03.04.73	27.06.73	16.04.73	10.07.73	55	0
	14	05.04.73	14.06.73	26.04.73	04.07.73	45	0
	10	09.04.73	28.06.73	24.04.73	11.07.73	52	0
	8	16.04.73	05.07.73	27.04.73	16.07.73	52	7
	10	25.04.73	03.07.73	09.05.73	16.07.73	45	0
	6	13.04.73	09.07.73	24.04.73	16.07.73	55	10
	8	22.03.73	05.07.73	02.04.73	16.07.73	69	24
	12	05.04.73	13.07.73	24.04.73	30.07.73	65	45
KRIT.	49	31.07.73	31.07.73	17.09.73	17.09.73	0	0
	20	10.05.73	17.07.73	07.06.73	13.08.73	45	45
KRIT.	1	16.02.73	16.02.73	16.02.73	16.02.73	0	0
KRIT.	56	19.02.73	19.02.73	15.04.73	15.04.73	0	0
	4	18.09.73	19.09.73	21.09.73	24.09.73	1	1
KRIT.	1	25.09.73	25.09.73	25.09.73	25.09.73	0	0
KRIT.	3	20.09.73	20.09.73	24.09.73	24.09.73	0	0
	10	19.02.73	25.04.73	02.03.73	09.05.73	45	0
	17	05.03.73	21.05.73	27.03.73	14.06.73	52	0
	15	05.03.73	10.05.73	23.03.73	30.05.73	45	0
	13	05.03.73	24.05.73	21.03.73	13.06.73	55	0

```
*** F I R . M A N D A S ***   B A L K E N D I A G R A M M

NETZPLANNUMMER   1           PROJEKT             STAPELANLAGE

GESAMTNETZ

BAHN  1
*********************************************************************
*
*
*VORG.  KOST.  VORGANGSBESCHREIBUNG                           BEMER-
* NR.    NR.                                                  KUNGEN
*
*********************************************************************
*
*   12  A1000  BESTELLUNGEN                                   BEGINN
*
*    8  A1000  BEST. DACH-U.WANDVERKL.
*
*   14  A1000  BESTELLUNGEN
*
*   17  A1100  LIEFERZEIT   HALBFABRIKATE
*
*   15  A1100  LIEFERZEIT   ZULIEFERTEILE
*
*   28  A1100  LIEFERZ. DACHU.WANDVERKLEIDUNG
*
*   46  A1100  LIEFERZEIT                                     KRIT.
*
*   18  A1100  LIEFERZEIT   ROHMATERIAL
*
*   24  AV110  LIEFERZEIT   ROHMATERIAL
*
*   23  AV110  LIEFERZEIT   ZULIEFERTEILE
*
*   25  AV200  AV- E.-REGALE
*
*   26  AV200  AV- D.-REGALE
*
*   27  AV200  AV- HALLE
*
*   21  AV200  AV - MASTEN
*
*   20  AV200  AV - UW-ZUG
*
*   19  AV200  AV   LASTAUF-NAHME
*
*   32  F3000  FERTIGUNG VERBINDUNGSSTUECKE
*
*   30  F3000  FERTIGUNG D.-REGALE
*
*   31  F3000  FERTIGUNG E.-REGALE
*
*   33  F3000  FERTIGUNG    MASTEN
*
*   34  F3000  FERTIGUNG UW
*
*   29  F3000  FERTIGUNG    HALLE                             GRZ S
*
*   35  F3000  FERTIG. LAST-AUFNAHMEMITT.
*
*    9  K9000  KONSTRUKTION HALLE
*
*   10  K9000  KONSTRUKTION D-REGALE
*
*   11  K9000  KONSTRUKTION E-REGALE
```

Abb. 122. Balkendiagramm für einen Projektauftrag

```
                 BERICHTSTERMIN   74                  ZEITEINHEIT   TAG
        SORTIERT NACH    KOSTENSTELLEN     UND FRUEHESTEM ANFANGSTERMIN
                                                  PLANUNGSDATUM     2.11.72
           BEGINNZEITPUNKT 27. 2.73                  ENDZEITPUNKT 30. 4.73


*********************************************************************************
      * 3              *               MAR 73             *              APR 73
      *  ****************************************************************************
DAUER* MDMDFSS       MDMDFSS        MDMDFSS        MDMDFSS       MDMD
(TAG)*       MDMDFSS        MDMDFSS        MDMDFSS        MDMDFSS
      *      26FEB73        12MAR73        26MAR73        09APR73
*********************************************************************************
      *
    2 * OX     .      .      .      .      .      .      .      .
      *
    1 * *X     .      .      .      .      .      .      .      .
      *
    1 * *X     .      .      .      .      .      .      .      .
      *
   16 * *XXXXXXXXXXXXXXXX      .      .      .      .      .      .
      *
   29 * * XXXXXXXXXXXXXXXXXXXXXXXXXXXXX      .      .      .      .
      *
   41 * * XXXXXXXXXXXXXXXXXXXXXXXXXXXXXXXXXXXXXXXXX      .      .
      *
   56 * * IIIIIIIIIIIIIIIIIIIIIIIIIIIIIIIIIIIIIIIIIIIIIIIIIIIIIIIIII
      *
   20 * *   XXXXXXXXXXXXXXXXXXXX      .      .      .      .      .
      *
   15 * * XXXXXXXXXXXXXXX      .      .      .      .      .      .
      *
   21 * *  XXXXXXXXXXXXXXXXXXXXX      .      .      .      .      .
      *
    8 * *      .      . XXX  XXXXX .      .      .      .      .
      *
    8 * *      .      . XXX  XXXXX .      .      .      .      .
      *
    8 * *      .      .      .      .      . XXX  XXXXX .      .
      *
    8 * *      .      .      .      .      .      XXXXX  XXX    .
      *
    8 * *      .      .      .      .      .      . XXX  XXXXX .
      *
    8 * *      .      .      .      .      .      .    X XXXXX  XX
      *
   12 * *      .      .      .    X XXXXX  XXXXX  X      .      .
      *
   15 * *      .      .      .      XXXXX  XXXXX  XXXXX  .      .
      *
   15 * *      .      .      .      XXXXX  XXXXX  XXXXX  .      .
      *
   10 * *      .      .      .      .      .      .      .  XX  XXXX
      *
   14 * *      .      .      .      .      .      .      .      XXXX
      *
  106 * *      .      .      .      .      .      .      .      . II
      *
   10 * *      .      .      .      .      .      .      .      . XX
      *
   25 * *XXXX  XXXXX  X XXX  XXXXX  XXXXX  XX     .      .      .
      *
   10 * *XXXX  XXXXX  X      .      .      .      .      .      .
      *
   10 * *XXXX  XXXXX  X      .      .      .      .      .      .
```

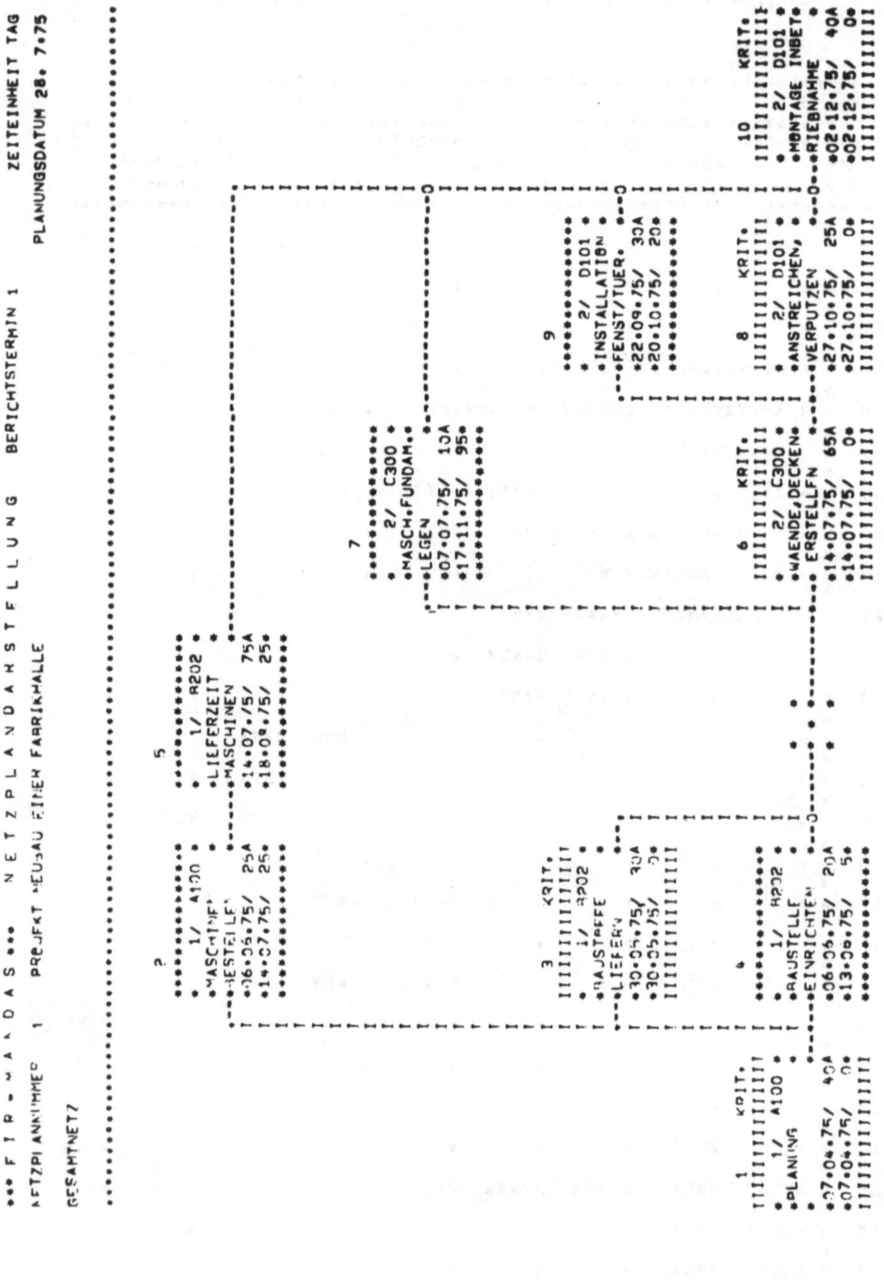

Abb. 123. Mit dem Schnelldrucker erstellter Netzplan

jektaufträge von tausend und mehr Vorgängen mit der Netzplantechnik terminlich zu planen sind. In diesen Fällen können diese Ausgabeberichte vor allem als Balkendiagramm oder Netzplan eher Verwirrung als Klarheit stiften, da sie häufig für die Projektbeteiligten zu viele Informationen enthalten. Es wurden daher gerade auf dem Gebiet der Netzplantechnik neue Formen der Informationsauswahl und -verdichtung unter Beachtung folgender grundlegender Gesichtspunkte entwickelt [72, S. 662ff.]:

(1) Die verdichteten Informationen für übergeordnete Stellen ergeben sich auf der Grundlage exakter Detailinformationen.
(2) Die vertikale Kommunikation zwischen über- und untergeordneten Stellen erfolgt durch gleichstrukturierte Informationen.
(3) Die horizontale Kommunikation zwischen gleichgeordneten Stellen wird durch eine überlappte Darstellung der Informationen an den Schnittstellen ermöglicht.

Meilensteintechnik

Die Meilensteintechnik ist die wohl am häufigsten angewandte Form der Informationsverdichtung bei der Projektplanung. Bei dieser Technik werden Ereignisse, denen im Projektablauf eine besondere Bedeutung zukommt, zu Meilensteinen deklariert. Die Beschreibung und die errechneten Termine dieser Meilensteine lassen sich in sogenannten Meilensteinberichten oder Meilensteinbalkendiagrammen als Informationsverdichtung zusammenfassen.

Das Verdichtungsprinzip besteht darin, daß direkte Verbindungswege, die in der detaillierten Struktur zwischen zwei Meilensteinen bestehen, zu einer Abhängigkeit in der verdichteten Struktur zusammengefaßt werden. Mit direkten Verbindungswegen zwischen zwei Meilensteinen sind Wege gemeint, die nicht über einen dritten Meilenstein im Netzplan führen. In Abb. 124 ist ein detaillierter Netzplan und der dazugehörige Meilensteinnetzplan dargestellt.

Das Prinzip der Verdichtung wird an den Meilensteinen 10 und 40 erläutert. Die Meilensteinabhängigkeiten erscheinen in der Abb. 123 als doppelte Linien. Durch eine Gewichtung der Meilensteine läßt sich auf einfache Weise eine Meilensteinhierarchie aufbauen, mit der es möglich ist, Meilensteine für verschiedene Informationsebenen unterschiedlichen Verdichtungsgrades zusammenzufassen. In Abb. 125 sind Netzpläne für drei Informationsebenen dargestellt.

Der Netzplan auf der oberen Ebene, der zweiten Verdichtungsebene, ist ein Meilensteinnetzplan, der sich auf den gesamten Projektablauf erstreckt. Der schraffierte Bereich in diesem Meilenstein-Gesamtnetzplan ist auf der mittleren Ebene, der ersten Verdichtungsebene, als detailliertes Meilenstein-Teilnetz dargestellt. Der schraffierte Bereich in diesem Meilenstein-Teilnetz wurde auf der unteren Ebene, der Detailebene, als Teilnetz aufgelöst, in dem neben den Meilensteinen auch die einzelnen Vorgänge angegeben sind.

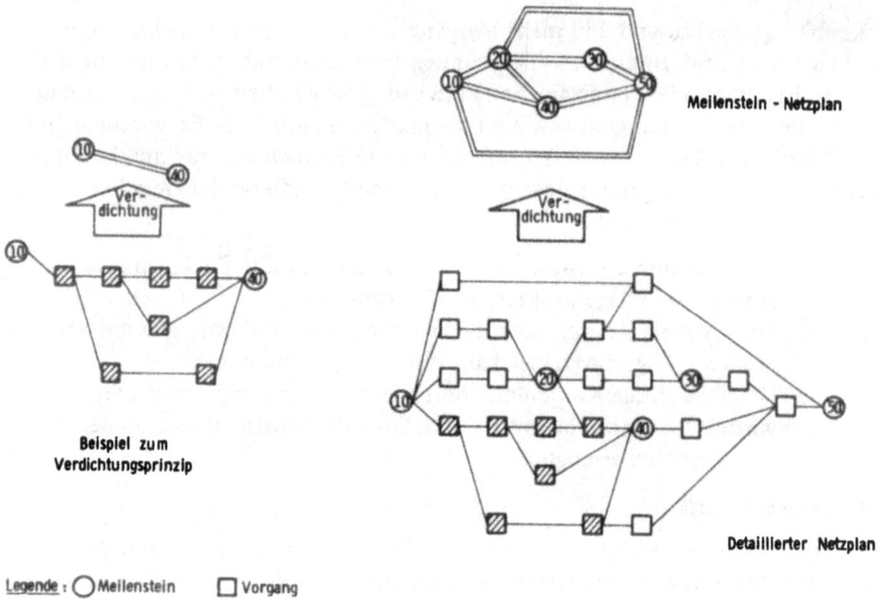

Abb. 124. Verdichtung bei der Meilensteintechnik

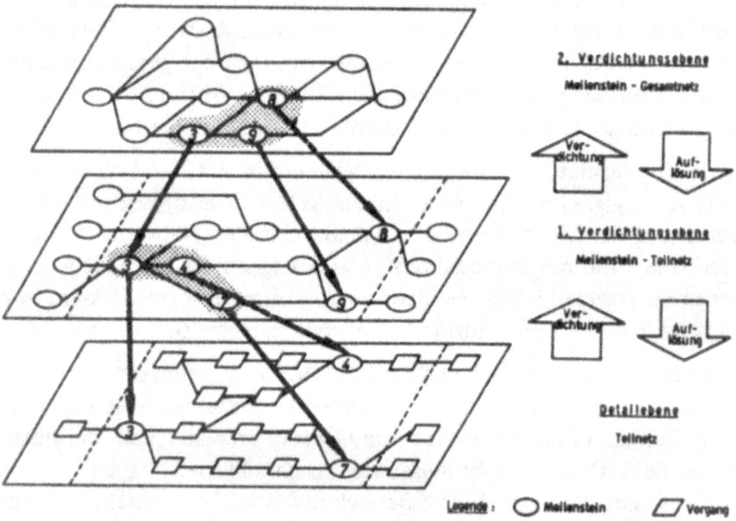

Abb. 125. Verdichten und Auflösen von Informationen mit der Meilensteintechnik

In der Abb. 124 spannt sich das Meilenstein-Teilnetz auf der mittleren Ebene zwischen den Meilensteinen 3, 8 und 9, auf, und das Teilnetz auf der unteren Ebene zwischen den Meilensteinen 3, 4 und 7. Diese Meilensteine treten in gleicher Form in den benachbarten Ebenen auf, und zwar die Meilensteine 3, 8 und 9 in der 2. Verdichtungsebene und 3, 4 und 7 in der Deteilebene. Diese für die Ebenen gemeinsamen Bezugspunkte bieten sich für eine vertikale Kommunikation an. Um die horizontale Kommunikation zu erleichtern und nicht den Zusammenhang zum Gesamtnetz verlorengehen zu lassen, werden in der Abb. 124 auch alle unmittelbar vorhergehenden und nachfolgenden Anschlußknoten mit in die Meilenstein- bzw. Teilnetzdarstellung aufgenommen. Sie sind durch eine gestrichelte Linie von den übrigen Vorgängen getrennt.

Obgleich Meilensteinnetzpläne gegenüber Meilensteinberichten oder Meilensteinbalkendiagrammen die bekannten Vorteile der Netzplantechnik aufweisen, kommen sie in der Praxis selten zu Anwendung, da der manuelle Aufwand für die Ermittlung der Abhängigkeiten zwischen den Meilensteinen relativ hoch ist. Erst wenn die Meilensteindarstellung maschinell durchgeführt werden kann, wie dies für eine Ausgabe auf dem Schnelldrucker bei dem EDV-Programmsystem MANDAS realisiert ist, wird sie in der Praxis weitere Verbreitung finden.

Teilnetztechnik

Für das am Projekt beteiligte Linienmanagement ist die Meilensteintechnik zur Kommunikation weniger geeignet, da sich mit ihr keine klare und eindeutige Trennung der durchzuführenden Vorgänge nach Zuständigkeits- und Verantwortungsbereichen vornehmen läßt. Eine solche Trennung kann erreicht werden, wenn man die einzelnen Vorgänge eines Netzplans durch einen Organisationsschlüssel den Bereichen zuordnet, von denen sie durchgeführt werden sollen.

Bei größeren Projekten bietet sich eine Unterteilung des Gesamtplans unter Umständen auch entsprechend der Projektstruktur an. So ließen sich z. B. alle Vorgänge gemäß ihrer Zugehörigkeit zu den Teilaufgaben einer Ebene im Projektstrukturplan aufgliedern. Beide Vorgehensweisen führen zu der bisher in der Netzplantechnik bekannten Form der Teilnetztechnik. In Abb. 126 wurde beispielhaft ein Gesamtnetzplan in drei Teilnetze zerlegt. Zwischen den Teilnetzen bestehen in der Regel mehrere Verbindungen, die eine gesonderte Terminierung einzelner Teilnetze erheblich erschweren.

Auf der Basis der Teilnetztechnik lassen sich ähnlich wie bei der Meilensteintechnik auch Informationsverdichtungen in Netzplanform durchführen. In Abb. 126 sind drei verschiedene Verdichtungsformen aufgeführt. Möglichkeit A zeigt eine Verdichtung in Form eines Teilnetz-Knoten-Netzplans. Die Knoten enthalten allgemeine teilnetzbezogene Angaben, die Pfeile repräsentieren die Abhängigkeiten zwischen den Teilnetzen. Die Abhängigkeiten besitzen jedoch nur wenig

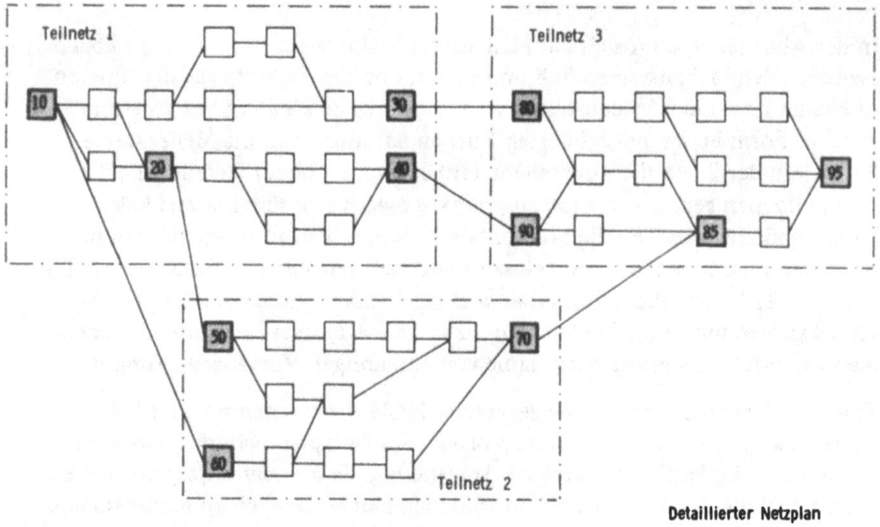

Abb. 126. Teilnetzdarstellung

Aussagekraft, da sie sich nicht zeitlich quantitativ bewerten lassen, wenn zwischen zwei Teilnetzen mehrere Verbindungen bestehen. Ferner besitzt ein Teilnetz-Knoten-Netzplan keine gemeinsamen Bezugspunkte mit der unverdichteten Darstellung (vgl. Abb. 126 mit Abb. 127), um die vertikale Kommunikation zu erleichtern.

Möglichkeit B in Abb. 127 stellt eine weitere Form der Verdichtung dar. Da in dieser verdichteten Darstellung nur Knoten aufgenommen werden, die einen oder mehrere Vorgänger bzw. Nachfolger in benachbarten Teilnetzen besitzen bzw. Anfangs- oder Endknoten des Gesamtnetzes sind – in Abb. 126 sind dies alle numerierten Knoten – wird diese Form als Anschlußknoten-Netzplan untergeordneter Teilnetze bezeichnet. Die Verdichtung innerhalb eines Teilnetzes erfolgt nach demselben Prinzip wie in der Meilensteintechnik. Diese Verdichtungsform weist folgende Vorteile auf:

- Eindeutige Definition der Abhängigkeiten zwischen den Knoten der verdichteten Darstellung.
- Schnittstellen zwischen den Teilnetzen werden ersichtlich.
- Anschlußknoten bieten gemeinsame Bezugspunkte für vertikale Kommunikation.

Verdichtungsmöglichkeiten C ordnet die Anschlußknoten in der Ebene nach den untergeordneten Teilnetzen. Diese Form wird daher als flächenhaft gegliederter

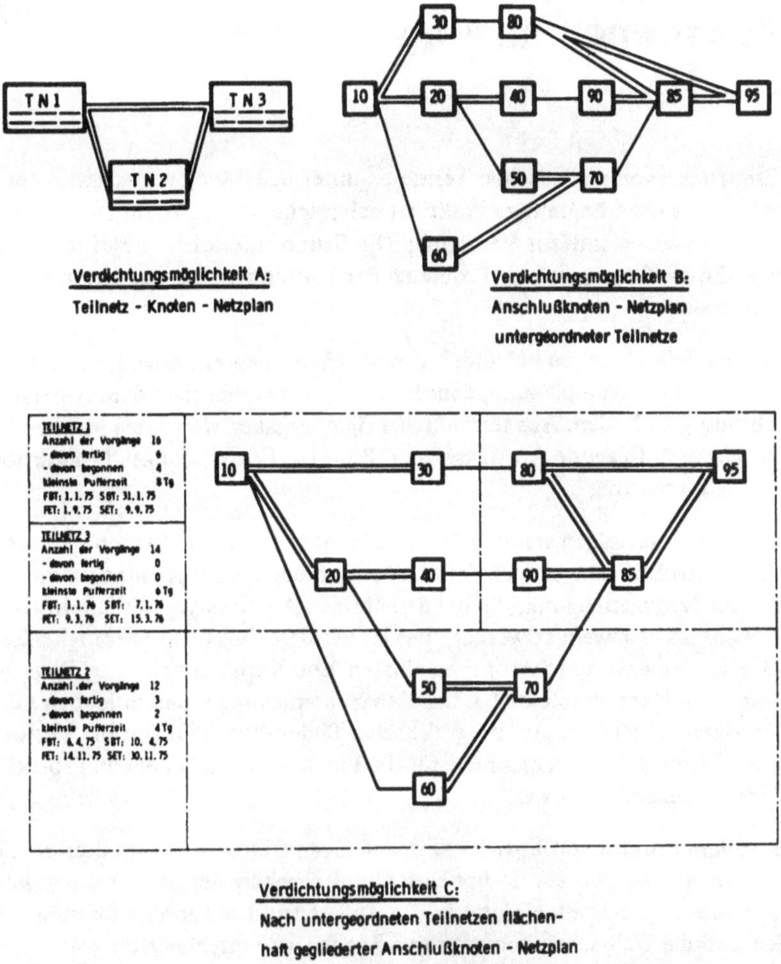

Abb. 127. Informationsverdichtung auf der Basis der Teilnetztechnik

Anschlußknoten-Netzplan bezeichnet. Ein solcher verdichteter Netzplan weist außer den Vorteilen der Möglichkeit B folgende weitere Vorzüge auf:

- Allgemeine teilnetzbezogene Angaben können den Teilflächen zugeordnet werden.
- Die Schnittstellen zwischen den Teilnetzen werden graphisch durch die Begrenzungslinien der Teilflächen klar erkennbar.

Wegen dieser Vorteile scheint die Verdichtungsmöglichkeit C auf der Basis der Teilnetztechnik für die Praxis besonders geeignet zu sein.

7. Zusammenfassung

Zur Ermittlung von realistischen Terminen unter Beachtung wirtschaftlicher Gesichtspunkte stehen heute dem Praktiker zahlreiche Verfahren und umfangreiche Terminplanungssysteme zur Verfügung. Die Grundfunktionen dieses Instrumentariums, die Verfahren und die Probleme der Terminplanung wurden in diesem Buch erörtert.

Bei der Darstellung des zu behandelnden Stoffes schien es sinnvoll, nach dem Gegenstand der Terminplanung, dem Erzeugnis bzw. allgemein dem Auftrag, eine Ordnung zu finden. Aus terminlicher Sicht ergaben sich dabei in einem Industriebetrieb folgende Auftragstypen: Projekt-, Entwicklungs-, Produktions- und Fertigungsauftrag.

Bei den Projektaufträgen standen im Mittelpunkt der Betrachtungen die Verfahren der Strukturanalyse, der Zeitanalyse und der Terminplanung, vornehmlich die der Netzplantechnik, die bei den übrigen Auftragstypen in modifizierter Form ebenfalls angewendet werden. Ferner wurden eingehend die Möglichkeiten und Grenzen einer projektbezogenen Kosten- und Kapazitätsplanung dargestellt. Die sehr komplexen Probleme bei der Kapazitätsplanung konnten jedoch nur soweit erörtert werden, wie sie von praktischer Bedeutung sind. Auf die Verwendung der Terminplanungsergebnisse für die Finanzplanung bei einem Projekt wurde abschließend hingewiesen.

In der Ablaufstruktur von Entwicklungsaufträgen treten an bestimmten Stellen Entscheidungen auf, die erst in der Durchführungsphase getroffen werden können. Um trotz dieser hohen Flexibilität in der Ablaufstruktur Termine für mögliche Ereignisse und die Wahrscheinlichkeit ihrer Realisierung errechnen zu können, mußten die herkömmlichen Verfahren der Netzplantechnik weiterentwickelt werden. Es entstand das Gebiet der Entscheidungsnetzplantechnik, von denen die drei wichtigsten Verfahren nebst ihren Anwendungsmöglichkeiten erläutert wurden.

Probleme der Kopplung von Terminplanungsebenen ergeben sich bei den Produktionsaufträgen, da sich die Fertigstellung der Aufträge oft über mehrere Jahre erstreckt, so daß aus Gründen der Genauigkeit die Terminplanung in eine lang- und kurzfristige Planung aufzuteilen ist. Zur Abstimmung dieser Planungen in der Planungs- und später in der Durchführungsphase, in der häufig die Ablaufstruktur weiterzuentwickeln ist, bestehen zur Zeit noch keine Verfahren, die für einen Einsatz in der Praxis geeignet sind. Dennoch lassen sich brauchbare Lösungsansätze aufzeigen, die wegen der Bedeutung der Fragestellung eingehend beschrieben wurden.

Im Gegensatz zu den bisher genannten Auftragstypen, handelt es sich bei den Fertigungsaufträgen um Produkte, die in großen Stückzahlen wiederholt gefertigt werden. Die Strukturanalyse und Terminplanung läßt sich daher besonders gut maschinell durchführen. Von den zahlreich vorhandenen EDV-Programmlösungen wurden die EDV-gerechten Lösungswege hinsichtlich der Strukturanalyse (Stücklistenwesen) und Terminplanung eingehend dargestellt. Auch hier ging es in erster Linie um das Erkennen von Problemen und vorhandenen Lösungen und nicht um das Abhandeln einer speziell in der Praxis realisierten Vorgehensweise.

Abschließend wurde kurz auf die prinzipielle Struktur eines Informationssystems in einem Unternehmen eingegangen, um zu zeigen, wie zweckmäßig die Planungsdaten mit Hilfe der Datenverarbeitung abgespeichert und für die Benutzer aufbereitet werden. Als Beispiel wurden die Informationen eines Projektes gewählt, für die besondere Verfahren der Informationsauswahl und -verdichtung bekannt sind.

Literatur

[1] Siemens: SINETIK, Terminplanung, Betriebsmittelplanung, Finanz- und Kostenplanung, Beschreibung. München 1971.
[2] IBM: GRASP Anwenderbeschreibung. IBM-Form 71455-0.
[3] Bull, General Electric: Netzplanprogramm ASTRA/DISC. Ref.-Nr.: 00.60.781 D. 1970.
[4] IBM: PMS IV, Project Management System IV. IBM-Forms SH 12-3067-0 und 012-0509-0.
[5] IBM: Project Analysis and Control System (PROJACS). Program Reference Manual, 5746-XP1, 1973.
[6] Bundesministerium für Verteidigung: PPS-System, Netzplantechnik: Ein Mittel zur Planung, Steuerung und Überwachung von Projekten. 1968.
[7] Autorenkollektiv: Netzplanprogrammsystem MANDAS, Version 2. Anwender-Dokumentation. Forschungsinstitut für Rationalisierung, Aachen 1973.
[8] IBM: CLASS, IBM Modularprogramm für die Kapazitätsplanung. Einführungsschrift. IBM-Form 80713-0.
[9] IBM: PICS, Produktions-, Informations- und Steuerungssystem, Einführungsschrift. IBM-Form Nr. 80617, Sindelfingen 1970.
[10] Honeywell Bull: MIACS, Funktionsbeschreibung. Ref.-Nr. 25.60.680 D, 1973.
[11] Siemens: ISI, Industrielles Steuerungs- und Informationssystem, Verfahrensbeschreibung. München 1973.
[12] Telefunken: PSS, Planungs- und Steuerungssystem für die Produktion. Telefunken Computer Best.-Nr.: 31.G1.01.
[13] AWF: Begriffserklärungen Fertigungsplanung – Fertigungssteuerung. (Hrsg.), Ausschuß für Wirtschaftliche Fertigung e.V., Mitteilungen des AWF 35(1960)9.
[14] Gewald, K., K. Kasper u. H. Schelle: Netzplantechnik, Methoden zur Planung und Überwachung von Projekten. Bd. 2: Kapazitätsoptimierung. München, Wien 1972.
[15] Schmitz, H.: Projektplanung – Ein Beitrag zur Planung und Überwachung von komplexen Entwicklungsvorhaben. VDI-Taschenbücher T 32, Düsseldorf 1972.
[16] Autorenkollektiv: Netzplantechnik. Ein Fortbildungskurs im Medienverbund Fernsehen. Düsseldorf 1971.
[17] DNA: Begriffe der Netzplantechnik. DIN 69900, Blatt 1. Berlin, Köln 1973.
[18] Borges, A.: Entwicklung eines Regressionsmodells zur Ermittlung universeller Planzeitwerte für Handformereien. Diss. T. H. Aachen 1970.
[19] REFA-Buch, Bd. 2: Zeitvorgabe. München 1954.
[20] Golenko, D. I.: Statistische Methoden der Netzplantechnik. Stuttgart 1972.
[21] Richter, H.: Wahrscheinlichkeitstheorie. Berlin, Göttingen, Heidelberg 1956.
[22] Remington Rand (Hrsg.): Netzwerktechnik, Planung mit PERT und CPM. Nr. 010763/600 FFM, Zürich 1963.
[23] Thumb, N.: Grundlagen und Praxis der Netzplantechnik. München 1968.
[24] Wille, H., K. Gewald u. H. D. Weber: Netzplantechnik. Methode zur Planung und Überwachung von Projekten. Bd. I: Zeitplanung. München, Wien 1966.
[25] Heyn, W.: Eine Systematik zur Erstellung und Berechnung von Netzplänen. Diss. T. H. Aachen 1969.
[26] Buttler, G.: Netzwerkplanung. Würzburg, Wien 1968.
[27] Zimmermann, H. J.: Netzplantechnik. Berlin, New York 1971.
[28] Kern, W.: Die Messung industrieller Fertigungskapazitäten und ihre Ausnutzung. Köln, Opladen 1962.
[29] Dienstdorf, B.: Kapazitätsanpassung durch Personalverschiebung. In: Zeitschrift für Wirtschaftliche Fertigung 67(1972)3.
[30] Dienstdorf, B.: Der Kapazitätsbegriff und seine Anwendung auf Betriebe mit Werkstättenfertigung. In: Zeitschrift für Wirtschaftliche Fertigung 68(1973)4.

[31] Gutenberg, E.: Grundlagen der Betriebswirtschaftslehre. I. Bd: Die Produktion. 7. Aufl. Berlin, Göttingen, Heidelberg 1962.
[32] IBM: GRASP, Anwenderbeschreibung. IBM-Form 71455-0.
[33] IBM: Projekt Management System IV, (PMS) IV, Netzplanprocessor, Programmbeschreibung. 1972.
[34] Müller, E.: Simultane Lagerdisposition und Fertigungsablaufplanung bei mehrstufiger Mehrproduktfertigung. Berlin, New York 1972.
[35] Hauk, W.: Beitrag zur Lösung des Reihenfolgeproblems bei der Auftragsplanung. Diss. T. H. Aachen 1972.
[36] Eisner, H.: A Generalized Network Approach to the Planning and Scheduling of a Research Project. In: Operations Research 10, No. 1, (1962).
[37] Elmaghraby, S. E.: An Algebra for Analysis of Generalized Activity Networks. In: Management Science 10, No. 3, (1964).
[38] Elmaghraby, S. E.: Some Network Models. In: Lecture Notes in Operations Research and Mathematical Systems. Berlin, Heidelberg, New York 1970.
[39] Völzgen, H.: Stochastische Netzwerkverfahren und deren Anwendungen. Berlin, New York 1971.
[40] Pritsker, A. A. B.: User Manual for GERT Simulation Programm. Research Report.
[41] Pritsker, A. A. B., u. R. R. Burges: The GERT Simulation Programs: GERTS III, GERTS III Q, GERTS III C and GERTS III R. Veröffentlichung anläßlich des 36. ORSA-Meeting, Miami Beach 1969.
[42] Sawitzki, P.: Planung von Entwicklungsvorhaben. VDI-Z 112(1970)17.
[43] Arping, H.: Anwendungsmöglichkeiten von Entscheidungsnetzplänen zur Terminplanung und Auftragssteuerung in Industriebetrieben. Unveröff. Bericht, Aachen 1972.
[44] Autorenkollektiv: T10, Elektronische Datenverarbeitung bei der Produktionsplanung und -steuerung I, Produktionsterminplanung und -steuerung. Düsseldorf 1971.
[45] Stommel, H. J.: Entwicklung des Terminplanungssystems Dylamit und Untersuchungen über den Zusammenhang zwischen Grob- und Feinterminplanung. Diss. T. H. Aachen 1970.
[46] Arping, H., P. Lakenbrink u. A. Schmitz: Entscheidungsnetzplantechnik bei der Auftragsabwicklung in Industriebetrieben mit Einzel- und Kleinserienfertigung. In: Industrial Engineering 4(1974)1.
[47] Lakenbrink, P. u. P. Eßer: Abfragesprache und Datenbank als Ausbaustufen des Netzplanprogrammsystems MANDAS zu einem Projektinformationssystem. In: Zeitschrift für wirtschaftliche Fertigung 68(1973)12.
[48] Lüttgen, H.: Reduktion und Dekomposition von Planungsnetzen. In: Ablauf- und Planungsforschung 7(1966)2.
[49] Vazsonyi, A.: Die Planungsrechnung in Wirtschaft und Industrie. Wien, München 1963.
[50] Trux, W.: Einkauf und Lagerdisposition mit Datenverarbeitung. München 1968.
[51] Dinius, G. u. N. Schacht: Die Anwendung der elektronischen Datenverarbeitung in der Fertigungsplanung und -steuerung. Berlin, Köln 1972.
[52] DIN 6771, Blatt 2: Zeichnungen, Stückliste, Vordrucke, Erläuterungen. Beuth-Vertrieb GmbH, Berlin 1949.
[53] Autorenkollektiv: T28, Elektronische Datenverarbeitung bei der Produktionsplanung und -steuerung III, Informations- und Stücklistenwesen. Düsseldorf 1972.
[54] Mitteilungen des Ausschusses für Wirtschaftliche Fertigung e.V. (AWF). In: Zeitschrift für wirtschaftliche Fertigung 35(1960)9.
[55] Kinzer, D.: Ein Verfahren zum mittelfristigen Kapazitätsabgleich bei Werkstattfertigung. Diss. T. H. Aachen 1971.
[56] Stommel, H. J. u. D. Kunz: Untersuchungen über Durchlaufzeiten in Betrieben der metallverarbeitenden Industrie mit Einzel- und Kleinserienfertigung. Opladen 1973.
[57] Kernler, H. K.: Fertigungssteuerung mit EDV. DV Praxis 8 (1972).
[58] Autorenkollektiv: T23, Elektronische Datenverarbeitung bei der Produktionsplanung und -steuerung II, Fertigungsterminplanung und -steuerung. Düsseldorf 1971.
[59] Conway, R. W.: An experimental Investigation of Priority. Assigment in a Job Shop. Memorandum RM-37 89-PR, Santa Monica 1964.

[60] Gräßler, D.: Der Einfluß von Auftragsdaten und Entscheidungsregeln auf die Ablaufplanung von Fertigungsstraßen. Diss. T. H. Aachen 1968.
[61] Berr, U. u. A. J. Papendieck: Produktionsreihenfolgen und Losgrößen der Serienfertigung in einem Werkstattmodell. In: Zeitschrift für industrielle Fertigung 60(1970)4.
[62] Gross, F.: Die Kapazitätsplanung in PICS. In: IBM Nachrichten 20(1970)204.
[63] Büchel, A.: Systems Engineering. In: Industrielle Organisation 38(1969)9.
[64] Hildebrandt, F.: Leitfaden zur Vorlesung Systemtechnik, Unveröff. Bericht, T. H. Aachen 1972.
[65] Lutz, T. u. H. Beutler: Management Informations Systems (MIS). In: IBM-Nachrichten 18(1968)191.
[66] IBM-Schule für Fertigungsindustrie: DBOMP-Programmlehrgang. IBM Form-Nr. R 12-1029-1, 1973.
[67] Lakenbrink, P. u. P. Eßer: Abfragesprache und Datenbank als Ausbaustufen des Netzplanprogrammsystems MANDAS zu einem Projektinformationssystems. In: Zeitschrift für wirtschaftliche Fertigung 68(1973)12.
[68] Bullinger, H. J., H. Graf, R. Hickert u. W. Kunerth: Rationalisierung in der Konstruktion, Problematik und Vorgehensweise. In: wt-Zeitschrift für industrielle Fertigung 62(1972)12.
[69] Schmitz, A.: Entwicklung eines Verfahrens zur graphischen Darstellung von Netzplänen mit Hilfe elektronischer Datenverarbeitung. Diss. T. H. Aachen 1974.
[70] Fangmeier, G. u. H.-D. Hopf: GRAPPA – graphic project planning by network techniques. Ed.: M. Ogander, Stockholm, New York, Toronto 3 (1972).
[71] Gramlich, R. u. U. Tiemeyer: Automatically network construction by computer and plotter. In: The practical application of project by network techniques. Ed.: M. Ogander, Stockholm, New York, Toronto 3(1972).
[72] Schmitz, A., H. J. Stommel u. W. Theis: Auswählen und Verdichten von Projektinformationen in Netzplanform mit dem Netzplanprogrammsystem MANDAS. In: Zeitschrift für wirtschaftliche Fertigung 68(1973)12.
[73] Hammer, H.: Integrierte Produktionssteuerung mit Modularprogrammen. Wiesbaden 1970.
[74] IBM: Project Analysis and Control System (Projacs), Allgemeine Information. IBM Form GH 12-3140-1.

Sachverzeichnis

Kolibri 360 GmbH
Ferdinand-Jühlke-Straße 7
99095 Erfurt, Deutschland
produktsicherheit@kolibri360.de